美国海洋经济地理

张耀光 著

科学出版社

北京

内 容 简 介

美国是世界上的海洋大国、强国，海域宽广、海洋资源丰富，海洋经济发达。本书内容分为绪论篇、海洋经济与海洋产业篇和海洋经济区篇。第一篇绪论篇阐述了美国领土的扩张过程，沿海地区的划分，以及主要海洋资源的数量与分布。第二篇海洋经济与海洋产业篇，主要阐述了美国海洋经济发展特征与区域差异，并对工程建筑业、渔业、油气业、船舶制造业、旅游业、港口与运输业等十多个海洋产业的发展、产业结构与分布特征以及贸易状况进行阐述。第三篇海洋经济区篇重点论述了美国海洋经济区划分，并对所划分的西部、东部和南部海洋经济区发展、特点及产业结构特征进行阐述。

本书可供人文与经济地理学、世界经济学及国际问题等方面的学者参考，也可作为海洋类高校及科研机构、政府部门及管理人员的读物。

审图号：GS（2022）6号

图书在版编目（CIP）数据

美国海洋经济地理 / 张耀光著. —北京：科学出版社，2022.2

ISBN 978-7-03-071350-6

Ⅰ. ①美… Ⅱ. ①张… Ⅲ. ①海洋经济－经济地理－美国
Ⅳ. ①F171.299

中国版本图书馆 CIP 数据核字（2022）第 017837 号

责任编辑：孟莹莹 程雷星 / 责任校对：王 瑞
责任印制：赵 博 / 封面设计：无极书装

科学出版社出版
北京东黄城根北街 16 号
邮政编码：100717
http://www.sciencep.com
固安县铭成印刷有限公司印刷
科学出版社发行 各地新华书店经销
*
2022 年 2 月第 一 版 开本：720 × 1000 1/16
2025 年 1 月第二次印刷 印张：15 1/4
字数：307 000

定价：119.00 元

（如有印装质量问题，我社负责调换）

前　言

世界海洋经济地理是从时空维度研究世界各洲、各沿海国家和地区的海洋资源、海洋产业分布和海洋经济海（地）域系统的学科。

从学科体系而言，世界海洋经济地理是经济地理学和区域地理学的重要组成部分，更是世界经济地理的组成部分，是与人类经济活动结合十分密切的基础应用学科。

世界经济地理研究世界上所有的国家和地区，而世界海洋经济地理则着重研究有海岸带的沿海国家和地区。国家（别）海洋经济地理，是世界海洋经济地理学科体系中的重要组成部分。

研究国家（别）海洋经济地理，可为国家外交服务，为国家制定新的（海洋）地缘政治与（海洋）地缘经济政策提供依据，为国家发展服务，同时进一步完善经济地理学科体系。

美国作为当今世界上的头号海洋强国，无论从地理还是历史上看，都与海洋有着不解之缘。美国本土三面环海，东有大西洋，西有太平洋，南有墨西哥湾，其海岸线长度位居世界前列。其专属经济区内的海域面积达 1135.1km^2，超过美国 50 个州土地面积的总和。200 多年来，美国的综合国力、国家安全和经济发展紧密地同海洋联系在一起。

美国的诞生、存在依赖于海洋，美国的海洋发展经历了从陆权大国到海权大国、海权强国以及综合性海洋强国的变化。同时美国又是世界上海洋经济大国、强国，海洋经济产值（增加值）位居世界前列。

美国国家海洋和大气管理局启动的《国家海洋经济计划》（National Ocean Economics Program，NOEP）将美国的海洋产业划分为工程建筑业、生物产业、矿业、造船业、旅游业和运输业六类。本书按照中国海洋产业分类系统，在美国 NOEP 的六类海洋产业的基础上，增加了盐与盐化工业（包括海水利用业）、海洋能与风能产业以及海洋矿业和海洋生物医药业，同时把港口业从海洋运输业中划分出来。

全书共三篇十九章。

第一篇为绪论，包括第一至第四章。其中，第一章美国的领土扩张与可管辖海域，重点阐述美国如何通过武力扩张领土范围，成为当前世界海洋大国；第二章美国行政区与海洋地区，重点阐述沿海 8 个地区的划分（当前美国出版的海洋经济数据库的海洋产业是以沿海 8 个地区和沿海 30 个州为统计单位的）；第三章美国的人口与沿海地区劳动力就业，分析美国沿海地区人口及分布、主要海洋产业就业特点；第四章美国海洋资源，重点阐述美国的渔业资源、油气资源、港口资源和旅游资源。

第二篇为海洋经济与海洋产业布局，包括第五至第十五章。其中，第五章美国海洋经济，具体阐述美国海洋经济的提出与发展，重点阐述有关六类海洋产业的布局特点；第六章美国海洋工程建筑业布局，重点阐述美国主要桥隧通道与主要围海造地工程；第七章美国海洋渔业布局，重点阐述美国渔业的发展、渔类贸易主要类型及渔业地区分布；第八章美国海洋油气产业布局，重点阐述海洋油气开采与生产、石油贸易、发展天然气水合物（可燃冰）产业及石油产业分布；第九章美国造船业布局，重点阐述美国造船业概况、发展，造船的能力水平，船舶贸易，造船业分布；第十章美国滨海旅游业布局，重点阐述旅游业的发展、旅游类型、邮轮业及旅游业分布；第十一章美国港口布局，重点阐述港口的生产与发展、港口集装箱运输、港口集装箱吞吐量区域分布及海关港口区；第十二章美国海洋运输业布局，重点阐述商船数量发展及比例变化、商船组成发展及其地位、海洋运输贸易、美国海上交通线及海洋运输分布；第十三章美国盐与盐化工产业布局，重点阐述盐的生产与品种、盐化工业及海水淡化的发展；第十四章美国海洋能与风能产业布局，重点阐述海洋能产业和风能产业布局；第十五章美国海洋矿业与海洋生物制药业，重点阐述海洋矿产开采与海洋生物制药业发展趋势。

第三篇为海洋经济区，包括第十六至第十九章。其中，第十六章美国海洋经济区划分，提出海洋经济区与海洋经济区划、海洋经济区划分的依据、海洋经济区分区体系及特征；第十七章美国西部海洋经济区，重点阐述美国西部海洋经济区概况，介绍太平洋沿岸、阿拉斯加半岛海洋经济区和夏威夷海洋经济区三个二级海洋经济区，以及加利福尼亚州海洋经济区——三级海洋经济区；第十八章美国东部海洋经济区，重点阐述美国东部海洋经济区概况、海洋经济发展与海洋产业构成，并对东部海洋经济二级区进行阐述，同时对三级海洋经济区纽约州海洋经济区进行介绍，并对纽约长岛海洋经济进行分析；第十九章美国南部海洋经济区，重点介绍南部海洋经济区概况、发展及特征，对佛罗里达州海洋经济区的海洋经济发展、主要海洋产业分布与海洋经济区划分进行阐述。

本书涉及的海洋经济内容广、海洋产业门类多，特别是在各类海洋产业的贸易内容中，涉及全球五大洲众多的国家和地区。书中有关内容难以收集到近期较为完整的资料和数据，这是本书的不足之处。

对国家（别）海洋经济地理的撰写，是一个崭新的命题。由于初次撰写美国海洋经济地理著作，书中不足之处在所难免，敬请各位专家和广大读者批评指正。

本书撰写过程中，王圣云、王涌、刘桂春、刘桓、刘锴、安筱鹏、许淑婷、杜鹏、张卓、张岩、范斐、尚颜颜、赵良仕、胡伟、高源、彭飞等师生在数据采集、图件制作、外文翻译、文献整理等方面做了大量工作，同时辽宁师范大学海洋经济与可持续发展研究中心的研究生卞扬、欧文文、周雅慧、柴聪、杨文毅在书稿完成过程中做了大量的辅助性工作，在此致以谢意！

本书的出版得到辽宁师范大学海洋经济与可持续发展研究中心和辽宁师范大学人文地理重点学科的资助，在此致以谢意！

张耀光

2020年5月于大连

目　录

第二篇 海洋经济与海洋产业布局

第一篇　绪　　论

第一章　美国的领土扩张与可管辖海域

第一节　美国的区位与海洋战略地位

一、美国的区位

美利坚合众国（The United States of America）简称美国，位于北美洲中部，三面环海，西临太平洋，东濒大西洋，南接墨西哥湾和加勒比海，具有世界上独一无二的海洋区位。美国陆界长约 9080km，总面积约 937 万 km^2。美国本土跨越的纬度和经度都很大，介于 66°50′～124°30′W，25°30′～49°N，而阿拉斯加州和夏威夷州都远离本土。其中，阿拉斯加州位于北美洲西北部，扼守着出入北冰洋和太平洋的白令海峡和阿留申群岛。夏威夷州位于北太平洋中部的夏威夷群岛，处在太平洋国际航线的黄金水道上。美国海岸线长 22 680km，有 26 000 多个岛屿及无数的海湾、河口、潮间带和湿地。200 海里（1 海里 = 1852m）专属经济区面积 1135.1 万 km^2。美国有 30 个州属于沿海州，还有 7 个联邦领地（如波多黎各、关岛、中途岛、北马里亚纳群岛、约翰斯顿岛、美属维尔京群岛和美属萨摩亚群岛）是沿海地区或海洋岛屿，沿海地区面积占全国面积的 17%。在地理空间上，美国已是名副其实的海洋大国。

二、美国海洋的战略地位

著名的海权理论家马汉认为，影响一个国家海上实力的因素主要包括地理位置、自然构造、领土范围、人口数量、民族性格、政府的特征和政策六大部分。美国之所以重视海洋发展战略，与其自然环境和地缘政治、经济利益是分不开的，这些是美国国家海洋发展战略的基础和前提。因此可以说，美国海洋发展战略的基础就在于其卓越的地理要素条件和巨大的海洋利益。

从具体地理位置来看，美国实际上有着天然的“海洋岛国属性”。美国占据着北美大陆纬度最为适宜的中间地带，东部有大西洋做天然屏障，使其与欧洲各国有效地分隔开来，进而使其得以长期远离欧洲各国错综复杂的矛盾与斗争；西部浩瀚的太平洋也将其与人口稠密的亚洲东部地区相阻隔，来自这一地区的不确定因素也同样最大限度得到了抵消；南北只与墨西哥和加拿大两国接壤，安全优势无以媲美。此外，墨西哥湾和加勒比海则为其保有丰足的矿产油气资源和潜在贸易航路。同时，这种三海相拥的格局也为美国舰船的扬帆起航提供了多个方向上极其宏大的活动舞台。其所控制的海洋区域总面积几乎比美国陆地面积大 3.19 倍。美国 75%以上的人口居住在邻近大西洋、太平洋、墨西哥湾和五大湖地区的沿海（湖）地带，美国沿海地区是世界人口密度较高的地区之一。海洋不仅为美国提供了赖以生存的资源与能源，也为美国提供了通向世界的便利通道，为其获得全球利益提供了得天独厚的条件。美国利用海上通道，将其“触角”伸到了全球的每一个地方，以达到其获得各种利益的目的。200 余年的美国史说明，美国依靠海洋，向外拓宽本土领地和殖民地、发展经济，这些是其成为世界经济、军事强国的重要因素（李双建和于保华，2016）。

第二节　美国的海陆领土扩张

一、美国海陆领土的扩张缘由

1. 马汉“海权论”的提出是美国称霸的理论基础

马汉“海权论”的核心思想就是通过控制海洋来控制世界贸易，通过控制世界财富来控制世界本身。其中，“控制海洋”是不可或缺的必要前提，因而“海权论”成为“制海权”的思想理论基础，“制海权”成为支撑“海权论”的有力工具。

马汉通过对 17 世纪和 18 世纪的英国历史进行推导，设定了六项普遍适用、永恒不变的“影响海权的一般条件”：地理位置、自然构造、领土范围、人口数量、民族性格、政府的特征和政策。

马汉曾预言，美国将是下一个海上强国，甚至成为海上霸主。为了实现强国梦想，美国必须放弃“大陆政策”，走向海洋，占领海外殖民地，保护海上商船队。“海权论”的提出恰逢美国经济上升、经济实力超过欧洲海洋强国之时。马汉的理论后来被西奥多·罗斯福总统和威尔逊总统奉为国策并积极地付诸实施，为美国向外扩张、走上称霸海洋道路奠定了理论基础（施燕斌和敬卿，2001）。

2. 称霸海洋成为国家发展的长期国策

美国很早就在谋划建立世界霸业。第二次世界大战之后，美国实现了称霸世界的战略目标，其中包括称霸海洋，成为世界海洋霸权国家。1945 年 9 月，美国总统杜鲁门发布公告，宣布美国对邻接美国海岸的大陆架拥有管辖权，由此引发了世界性的“蓝色圈地”运动。1961 年，肯尼迪总统宣布“海洋与宇宙同等重要”，“为了生存”，美国必须把海洋作为国家长期发展的战略目标。此后，美国一直把称霸海洋作为美国国家战略的重要组成部分。随着美国对海洋的认识不断深化，海洋战略和海洋政策也在不断地调整，成为引领世界海洋事务发展的风向标。

20 世纪中叶以来，美国曾在海洋领域采取过几次具有里程碑意义的举措，对美国的海洋工作乃至世界的海洋形势都产生过重大影响。这些举措包括1945年的《杜鲁门公告》、1969 年的《斯特拉特顿报告》，以及 20 世纪 60～70 年代提出的海岸带概念、海洋和海岸带综合管理概念等。20 世纪 60 年代，美国提出国家海洋政策概念，把海洋科学研究、海洋资源开发和管理提升到国家政策的高度。在此之前，在世界各国的国家政策层面，涉及海洋的主要是海军战略和政策问题，超出军事范围的海洋问题一般无法进入国家政策层面。美国的行动又一次走在世界前面，海洋的地位、作用和海洋事务被整体提升到国家政策的地位。2000 年，根据国会当年通过的《2000 年海洋法令》，美国成立了国家海洋政策委员会，重新审议和制定美国新的海洋战略。2004 年 9 月国家海洋政策委员会公布了国家海洋政策报告《21 世纪海洋蓝图》。2010 年 9 月，奥巴马总统签署行政令，颁布美国新的国家海洋政策。2018 年 6 月，特朗普总统签署行政法令，宣布废除奥巴马政府时期以“保护脆弱的海洋环境”为宗旨的国家海洋政策，取而代之的是“有效开发利用海洋资源，促进海洋经济发展”的施政方针。

二、美国海陆领土的扩张过程

美国独立后走上了领土扩张的道路，通过购买、兼并、武力占领等方式成功地扩大了国土面积，在自然空间上成为世界上国家版图面积较大的国家之一。

美国在建国初期，第二任总统约翰·亚当斯曾说过，美国的领土“预先注定”要扩张到整个北美大陆。

17 世纪以前，西班牙已在现今北美洲的佛罗里达、佐治亚、南卡罗来纳、亚拉巴马和墨西哥湾沿岸建立殖民点。法国、荷兰（今尼德兰）和英国殖民者也相继侵入。英国于 1607 年首先在今弗吉尼亚的詹姆斯河口建立了詹姆斯城，其是英国在北美的第一个殖民点。1609 年荷兰在哈得孙河开始建立殖民地，称新尼德兰。各国殖民者为争夺北美殖民地展开了激烈的斗争。1664 年英国夺得荷兰的新尼德兰，到 1733 年，英国已占据了东起大西洋沿岸，西到阿巴拉契亚山脉的南北狭长地带，共建立了 13 个殖民地。经过英法七年（1756～1763 年）战争，英国取得阿巴拉契亚山脉以西直至密西西比河的广阔地区，但当时最主要的地区仍是大西洋沿岸的 13 个殖民地（马萨诸塞、罗得岛、新罕布什尔、康涅狄格、宾夕法尼亚、纽约、新泽西、特拉华、弗吉尼亚、马里兰、北卡罗来纳、南卡罗来纳和佐治亚），这里是移民集中地，也是工业、农业、商业和港口的主要分布地区。

1776 年美国脱离英国独立时，领土只有大西洋沿岸的 13 个州。1783 年，英美签订《凡尔赛和约》，英国承认美国独立，把阿巴拉契亚山脉以西，密西西比河以东，北起加拿大边境，南至佛罗里达边界的全部土地划归美国，并入13个州，面积共达230万km^2，约占现在美国本土面积的30%。

1789年，美国联邦政府成立，美国彻底摆脱了英国的殖民统治，开始走上了自主的经济发展道路，同时也开始了不断开疆拓土的历程。

1803年，美国利用拿破仑在英法战争中遭遇的困难处境，仅用1500万美元就从法国人手中“购得”位于密西西比河以西、落基山以东被称为“路易斯安那”的大片土地，面积约215万km^2，领土猛然翻了一番，将美国领土扩大到墨西哥湾。

1810～1819年，美国采取先派兵强占，然后出低价购买的手段，仅花500万美元就从西班牙手里夺得了佛罗里达半岛。1818年，美国与英国签订两国共管俄勒冈的条约。

1845～1850年，美国吞并得克萨斯。

1846年，美国挑起了对墨西哥的战争，结果墨西哥战败，被迫割让了加利福尼亚、亚利桑那和新墨西哥等，美国付给墨西哥1500万美元。同年，美国以战争相威胁，迫使英国放弃了49°N以南的俄勒冈地区。

1853年，美国又以1000万美元强行“购买”现今新墨西哥和亚利桑那两州南部的狭长地带。在19世纪上半叶的半个多世纪中，美国的领土从原来的230万km^2扩展到770万km^2。

1867年美国从俄国手中购买了整个阿拉斯加151万km^2的土地。这样，美国领土的总面积达到920余万平方千米，从大西洋延伸到太平洋，约占北美大陆的一半。美国领土范围从大西洋向西推进了2414km，直抵太平洋沿岸。

1898年，美国发动了美西战争，从西班牙手中夺取了夏威夷。

19世纪通过侵略扩张，美国的领土向南伸展到墨西哥湾，向西伸展到太平洋东岸，构成了今天美国本土的轮廓（图1-1）（东北师范大学地理系，1984）。

三、美国海陆领土扩张的阶段

对刚刚完成陆地扩张的近代美国来说，海洋扩张的首选地区就是广阔的太平洋和毗邻的加勒比海地区。为此，美国共和党创始人西沃德则曾毫不隐讳地说：“我们的人口注定要不可阻挡地冲破北方的冰障，在太平洋海岸与东方文明交会。”“美国必须是支配海洋的帝国，这才是唯一真正的帝国。”

以上美国领土扩张的过程，大致可以划分为三个阶段。

1. 独立初期

美国在独立后的一个时期，主要开发建设本国领土，尽管在建国之后的相当长一段时期内，海洋在美国的发展中并未显示出重要地位，但利用海洋及发展海

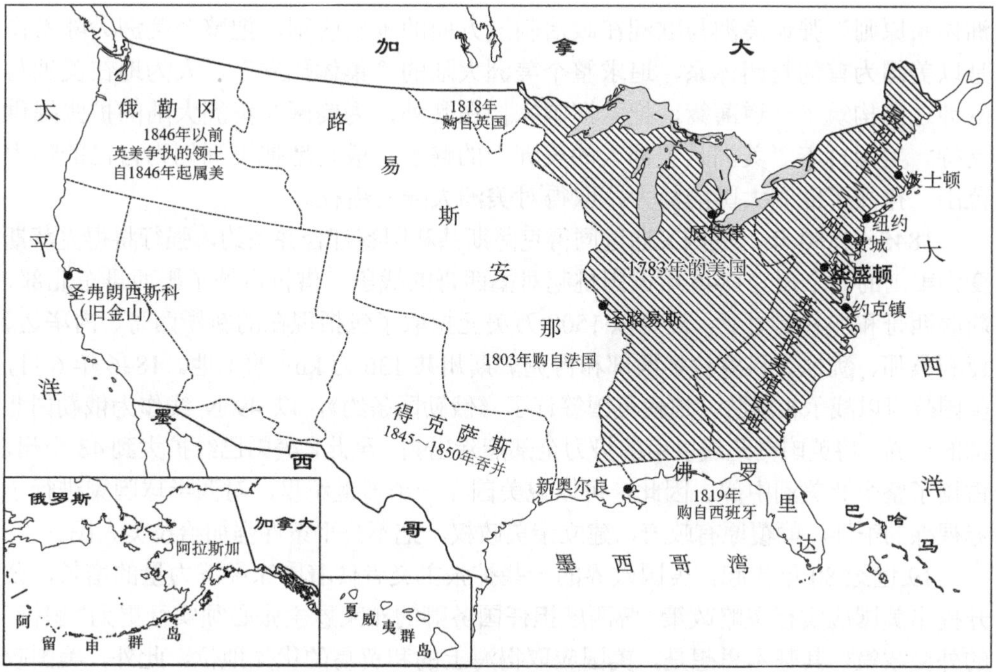

图 1-1　美国海陆领土扩张图

军进行本土防卫的理念却已经在独立战争时期萌生。受西方海洋商业文明的影响，海上对外贸易成为其国家经济活动的重要内容，也是国家实力增强的重要手段，美国在短短 200 多年的时间里摆脱了英国的殖民统治与控制。1783 年独立战争胜利后的一段时期，美国主要的任务是本土开发和建设，在美洲扩张领土，增强国力，防止卷入列强的争斗，避免遭受列强的侵略。1783 年美国独立战争结束，美英通过《凡尔赛和约》，英国承认美国独立，并先后把 13 个州之外大西洋沿岸的大片土地划归美国，美国领土面积达到了 230 万 km^2，约占今天美国本土面积的 30%。19 世纪初期，美国通过购买、兼并、武力占领等方式，扩大了国土面积，成为世界上国土面积较大的国家之一。

2. 对美洲大陆的扩张

1803 年 5 月，美国利用英法两国之间的冲突，从拿破仑手中购得面积为 215 万 km^2 的“路易斯安那”，1819 年占有了佛罗里达，1823 年，美国借助欧洲列强之间的矛盾从中渔利，削弱、驱逐了欧洲列强在美洲的势力。时任总统詹姆斯·门罗以国情咨文的形式，发表了重要的外交政策文件——《门罗宣言》，意在巩固美国在美洲的势力。咨文通过宣扬美洲的共和主义，认为美洲同君主专制的欧洲相比属于完全不同的体系。这就是作为《门罗宣言》理论基础的“美洲体系原则”。“美洲体系原则”强调美洲与欧洲在政治制度方面的本质区别，把整个美洲大陆看作是以美国为首的封闭体系，追求整个美洲大陆的“集体孤立”，人为地在美洲与欧洲之间构筑了一道藩篱，把欧洲国家挡在其外，为美国在美洲大陆的扩张提供支持。美国打着“美洲是美洲人的美洲”的幌子，成功地把美洲划为自己的势力范围，排斥了欧洲大国的势力，取得对美洲大陆的霸权。

1845～1850 年，美国又通过同得克萨斯共和国签订合并条约，强行将得克萨斯变为美国的一个州。1846 年美国挑起对墨西哥的战争，借机占领了墨西哥东北部、新墨西哥和加利福尼亚，最终以 1500 万美元换取了包括现在的新墨西哥、内华达、亚利桑那、犹他、科罗拉多西部和得克萨斯州共 136 万 km^2 的土地。1846 年 6 月，美国政府以战争相威胁，迫使英国签订了《俄勒冈条约》，以 49°N 线作为俄勒冈北部的边界，将英国在此线以南的势力全部清除出去。至此，美国已经扩大到 48 个州，占据了整个北美洲中部。因此，可以说美国在一个多世纪里，对西半球国家进行了赤裸裸的干涉，颠覆原有政府，建立亲美政权，把不公平条件强加给拉美人民。

19 世纪 80 年代起，美国政界的一些扩张主义者仗着国家经济力量的增长，公开提出美国应实行侵略政策。曾两度担任国务卿的布莱恩主张必须实行更为“积极”的外交政策，其基本思想是，美国应取得海上的和贸易的优先地位。此外，美国政府为了排斥英国在拉丁美洲的势力，企图完全控制西半球，进而把拉丁美洲变成美国的市场和工具，遂于 1889 年组成“泛美联盟”，企图通过关税联盟、金融联盟和美洲洲际银行等，使西半球处于美国控制范围之内。到 1893 年，西部地区的印第安人反抗势力基本被消灭，美国的陆地版图也由大西洋沿岸推进到太平洋沿岸，美国成为横跨北美大陆、东西两面临海的大国。

3. 美西战争与向太平洋和加勒比海的扩张

对美洲大陆的扩张并没有满足美国的扩张野心。1898 年，参议员贝维里治在一次演说中提出了一个非常详细的海上扩张计划，他提出“……我们应该把我们的商船满布各大洋。我们应该建造一支和我们的国势相称的舰队”，“美国的法律、美国的秩序、美国的文明以及美国的国旗，将在迄今还是暗无天日满布血腥的大陆上确立起来”。为达到扩张的目的，19 世纪末期，美国扩张主义者煞费苦心地为那些流传已久的“地缘政治学”“种族主义”理论炮制“科学的”根据，先后提出“天定命运”、“命运不可避免论”、美国是“文明传播者”论、美国在其贸易及军事扩张地区的特殊利益论，等等。其中“天定命运”作为扩张主义意识形态最有力的短语，借助宗教的力量得到了广泛的认同和引用。而此时，恰逢美国海军军官马汉发表了《海权对历史的影响（1660～1783 年）》，其提出海权论思想。为此，美国将目光投向了更加广阔的海洋，海外扩张成为继大陆扩张后的又一项重要内容。正如美国著名历史学家特纳所指出的那样：“既然想象中的旧边疆已经消失，人们便把眼光投向了美国崭新的边疆，那就是残酷无情而又变幻莫测的海洋。”

而此时的太平洋和加勒比海地区恰恰属于西班牙人的势力范围，于是，1898 年 4 月美国利用古巴和菲律宾的民族解放运动，发动了美西战争，经过 105 天的战斗，打败了西班牙，从西班牙手中夺得了西班牙统治数百年之久的古巴、波多黎各、关岛及菲律宾群岛等战略地区。美西战争展示了美国的实力优势及其在世界现代化进程中的领先地位。正是凭借美西战争的胜利，美国在远东的势力急剧上升。同时，美国于 1898 年将夏威夷正式吞并，并于 1899 年和德国签订分割萨摩亚的条约，占领了图图伊拉岛及若干小岛。对夏威夷的吞并有着重要的战略意义，夏威夷的战略位置极其重要，其位于美国通向澳大利亚、菲律宾和远东航线的中继点上，马汉曾经就夏威夷的地位论述到，“它作为一个据点，有力地影响着太平洋地区，尤其是就地理而言美国有着充分的权利来发挥对太平洋地区的商业和军事进行支配的作用”（李双建和于保华，2016）。

第三节　美国可管辖海域及领海制度

一、1983 年美国专属经济区的宣布

里根政府主张国家在 200 海里区域内对资源和经济利用拥有主权，这一理念已经成为国际法惯例，所以随后在 1983 年 3 月的一个总统声明中，美国宣布了对 200 海里专属经济区（exclusive economic zones，EEZ）拥有主权的主张。坚持其符合国际法惯例这一论点，美国称 200 海里专属经济区的概念在 1976 年就已经基本上在海洋法的谈判中被认同，而且一些国家已经单方面地宣布了它们自己的 200 海里专属经济区，这表明早在《联合国海洋法公约》最终确定和通过以前，专属经济区的概念就已经被国际社会完全接受。

二、1988 年 12 海里领海区的宣布

美国一直都是最窄领海范围——3 海里领海的坚决支持者，在海洋法谈判早期，只有保证用于国际航行的海峡能自由通过，美国才同意改变，接受将领海扩展到 12 海里。尽管如此，《联合国海洋法公约》通过 6 年（1988 年）后，里根政府才宣布了美国的 12 海里领海区。当时的报纸上说，采取这一行动主要是出于对国家安全的考虑。美国政客说要将外国潜艇挡在离敏感军事设施至少 12 海里之外。

1983 年的总统声明在美国周围设立了一个新的 200 海里专属经济区，而 1988 年里根政府再次发布的总统声明则把美国的领海从 3 海里扩张到 12 海里，这显著地改变了国家与其周围海域的关系。领海面积的扩大使得美国可行使主权的面积

扩大了4倍，专属经济区的宣布主张美国对区内的生物和非生物资源拥有主权，而美国主张的专属经济区的总面积与其陆地国土的面积基本相等。美国州和联邦政府管辖的海域如图1-2所示（Cicin-Sain and Knecht，2010）。

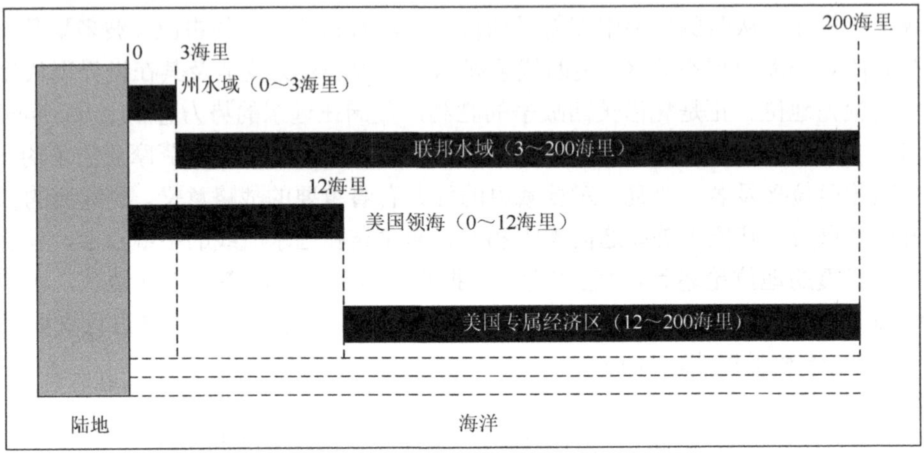

图1-2　美国州和联邦政府管辖的海域

（1）州水域：在邻近州管辖下的一部分美国领海（加利福尼亚州、缅因州等）——从基线（通常为海岸线）向海3海里（地理意义上的）宽范围。

（2）联邦水域：除去州水域剩下的那部分美国领海，从3海里州水域边界向海至从基线算起200海里处。

（3）美国领海：从领海基线向海起12海里宽海域范围。

（4）美国专属经济区：从美国领海的外部边界起，向海宽188海里的一个带。因此，美国专属经济区的外部边界是从领海基线算起的200海里处。

由于最高法院对历史界线的裁决，得克萨斯州和佛罗里达州的海洋管辖范围向墨西哥湾延伸了3海里（大约5.556km）。

三、美国可管辖海域划分

1. 内水

美国领海宽度测量基线是沿岸平均低潮线，在河口和开阔海湾则沿复杂岸线最外点划定基线。基线以内的水域，如海湾、河口等统称“内水”，属于美国国家主权范围。联邦政府1953年颁布《水下土地法》，根据该法规，沿海州拥有自基线向外延伸3海里区域的管辖权，此海域通常称为“沿海州水域”。但是，得克萨斯州、佛罗里达湾周边各州和波多黎各联邦领地拥有9海里的海上管辖疆界。联邦政府在沿海州水域拥有商贸、航行、发电、国防和国际事务管理权。沿海州则拥有本州水域的水体、海底和海底地上及地下资源的管理、开发和出租等权利。美国公众期待着各级政府担负起保护沿海湿地、水体和通航水域、水下土地及其娱乐、环境、科研、景观及文化遗产保护等方面的职责。

2. 领海

领海是美国宣称拥有完全管辖主权的一部分海洋空间。

美国建国 200 多年来一直主张 3 海里领海。1988 年，里根总统根据《联合国海洋法公约》的规定，宣布美国的领海为 12 海里，并根据《联合国海洋法公约》的规定享有其领海上空空间、水体、海床和底土的主权。

3. 毗连区

按照《联合国海洋法公约》的规定，毗连沿海国家领海的区域称为毗连区。在本国毗连区内，沿海国家可以主张主要涉及海关、财政、移民和卫生等的权利。1999 年，克林顿总统宣布美国的毗连区为 12～24 海里，美国海岸警卫队在美国毗连区内，对悬挂外国旗帜的船舶进行执法检查。

4. 专属经济区

按照《联合国海洋法公约》的规定，专属经济区是领海以外并邻接领海的区域。专属经济区的宽度“从测算领海宽度的基线量起，不应超过 200 海里”。因此，专属经济区通常被称为“200 海里专属经济区”，沿海国家拥有本国专属经济区内（包括海域、海床和底土）生物资源和非生物资源勘探、开发、保护和管理的主权，并对用于经济目的的人工岛或其结构物实施管辖。1976 年，美国国会颁布法律，仿效 200 海里专属经济区制度，建立了美国 200 海里渔区制度。

1983 年，里根总统宣布 200 海里专属经济区制度，美国在面积达 1135.1 万 km^2 的专属经济区内拥有以勘探、开发、养护和管理海床、海床上覆水域及其底土的自然资源（包括生物资源和非生物资源）为目的的主权权利以及关于在该区域内从事经济性开发和勘探（如利用海水和海流发电、风力发电等）活动的主权权利[《联合国海洋法公约》第 56 条第 1 款（a）项]。美国一般不主张对水面或水下船舶通过、飞行器飞越或在海底铺设电缆和管道进行控制，也不主张将在美国专属经济区开展的海洋科学研究置于其管辖之下。

5. 大陆架

按照《联合国海洋法公约》条款，大陆架包括沿海国“领海以外依其陆地领土的全部自然延伸，扩展到大陆边外缘的海底区域的海床和底土，如果从测算领海宽度的基线量起到大陆边外缘的距离不到200海里，则扩展到200海里的距离”（《联合国海洋法公约》第76条第1款）。1945年，杜鲁门总统在《大陆架宣言》中首次提出美国关于大陆架资源的主张，在国际社会引起了强烈反响。其他沿海国家，尤其是拉美国家（如智利、秘鲁等国）为了维护本国的海洋权益，纷纷提出专属经济区和专属渔区的主张。经过艰苦谈判，1958年各国签署了《联合国大陆架公约》，从而确立了大陆架制度及其法律地位。现在，美国在大西洋海岸、墨西哥湾、白令海和北冰洋等许多地方，大陆边外缘的延伸超过了200海里，但美国对这些地方大陆架的主张不能利用《联合国海洋法公约》机制得到确认，因为美国不是《联合国海洋法公约》的缔约国。

美国大陆架，即在地质上属于美国大陆组成部分的淹没在水下的陆块边缘，蕴藏着许多可供开采的砂、贝壳、磷酸盐、石油及各种矿物资源。然而大陆架的外形参差不齐，深度变化很大。缅因州至新泽西州一带的美国大陆架，从陆地向外伸入水下，在大陆坡的边缘朝深海床急剧下降，从海岸算起宽达321.9km。越往南大陆架越窄，在阿特拉斯角只有32.2km左右，而到佐治亚近海又加宽到大约112.7km，接着在佛罗里达南部海岸附近收缩到不到1km。在墨西哥湾，水深不到107m 的大陆架面积约有 349 648km^2，但在加利福尼亚州至华盛顿州的西海岸，大陆架边缘却极为陡峭，虽然可将远至240km的沙州和海隆看作大陆架的一部分，但实际上从海岸至大陆坡只有16km。然而，阿拉斯加外面的白令海却很浅，下伏大陆架相当平缓，一直延伸到距海岸604km的地方。这些值并非一成不变。从美国沿岸的验潮仪记录来看，海平面一直在上升。例如在北大西洋沿岸，1930～1970年，洋面升高了将近0.3048m。

6. 公海

《联合国海洋法公约》早已将国家管辖范围以外的海区称为“公海”，60%的世界大洋属于公海。所有国家享有一定的公海自由，如水面和水下航行自由，飞越水域、捕捞、铺设海底电缆和管道、进行科学研究、建造人工岛和其他设施等的自由。行使公海自由权的国家有义务保护生物资源和为此目的与其他国家合作，并必须适当顾及其他国家的利益。按照美国国内法规，公海上的美国公民（如悬挂美国旗帜的船舶和飞机上的公民）须遵守美国法律。

美国出于本国深海基因资源研究的需要，根据《联合国海洋法公约》有关公海的条款，与有关国家和国际组织联合，呼吁联合国采取一致行动，禁止在公海使用底拖网，有效保护国家管辖范围以外区域的海隆、热液裂口、冷水珊瑚礁等脆弱的深海生态系统及深海基因资源。

在美国历史最初的163年中，海岸州一直管理海洋资源的使用。1947年，美国最高法院在对加利福尼亚州的判决中改变了这种情形。尽管这是临时的，但是确立了联邦政府管辖从高潮线向海的所有海洋资源的转变。虽然 1953 年美国《水下土地法》把 3 海里领海资源管辖权归还给海岸州，但是《外大陆架土地法》很显然确立了联邦政府对所有领海之外的海底和大陆架资源的控制。1976 年政府制定《马格努森·史蒂文斯渔业保护和管理法》，确定了对 3～200 海里近海渔业资源的管理。1988 年，通过总统声明，美国领海的宽度从 3 海里扩展到 12 海里（石莉等，2011）。

四、美国可管辖海域的范围

1. 领海与内水

根据美国领海制度，领海宽度为从领海基线量起 12 海里。经计算其领海面积（包括内水、海岸带）约 63.9 万 km^2（表 1-1）。如果把波多黎各（4924km^2）、北马里亚纳群岛（4644km^2）、美属维尔京群岛（1550km^2）、美属萨摩亚（1307km^2）、关岛（935km^2）5 个联邦领地的领海面积（共计 13 360km^2）加入，则美国领海面积为 652 404km^2，约占美国陆地国土面积的 7.0%。

表 1-1　美国领海与内水面积

海域	各州领海与内水面积/km^2	总计/km^2
太平洋	阿拉斯加（245 384）、夏威夷（11 678）、华盛顿（12 542）、俄勒冈（6 191）、加利福尼亚（20 501）	296 296
大西洋	大西洋东北各州（23 051）、大西洋中部各州（39 681）、大西洋东南部各州（23 498）	86 230
墨西哥湾	佛罗里达（31 424）、路易斯安那（23 761）、得克萨斯（19 075）、密西西比（3 907）、亚拉巴马（4 597）	82 764
五大湖区	伊利诺伊（6 202）、印第安纳（1 537）、密歇根（104 052）、明尼苏达（18 930）、俄亥俄（10 269）、宾夕法尼亚（3 397）、威斯康星（29 367）	173 754
合计		639 044

资料来源：美国人口普查局。

2. 专属经济区

美国是世界上专属经济区面积较大的国家，共有专属经济区 1135.1 万 km^2，主要分布在太平洋、大西洋和墨西哥湾等海域，其中以太平洋海域专属经济区面积最大，占全部专属经济区面积的 84%左右（表 1-2）。

表 1-2　美国各海域专属经济区面积

海域	专属经济区（各州面积）/km^2	总面积/km^2
太平洋	阿拉斯加（3 770 021）、夏威夷西北群岛（696 135）、夏威夷岛（895 346）、美国西海岸（825 549）、北马里亚纳群岛（749 268）、约翰斯顿岛（442 635）、豪兰岛和贝克岛（434 921）、威克岛（407 241）、美属萨摩亚（404 391）、关岛（221 504）、金曼礁和巴尔米拉环礁（352 300）、贾维斯岛（316 665）	9 515 976
大西洋	美国东海岸（915 763）、美属维尔京群岛（33 744）、波多黎各（177 685）	1 127 192
墨西哥湾	墨西哥湾沿岸（707 832）	707 832
合计		11 351 000

注：夏威夷西北群岛包括中途岛海域。

参 考 文 献

东北师范大学地理系. 1984. 世界经济地理[M]. 北京：北京师范大学出版社.

李双建，于保华. 2016. 美国海洋战略研究[M]. 北京：时事出版社.

施燕斌，敬卿. 2001. 海权论的创始人——马汉[J]. 国防科技，(3)：96.

石莉，林绍花，吴克勤. 2011. 美国海洋问题研究[M]. 北京：海洋出版社.

世界银行. 2009. 2009 年世界经济发展报告——重塑世界经济地理[M]. 北京：清华大学出版社.

Cicin-Sain B，Knecht R W. 2010. 美国海洋政策的未来——新世纪的选择[M]. 张耀光，韩增林，译. 北京：海洋出版社.

第二章　美国行政区与海洋地区

美国是世界上第一个也是最典型的实行联邦制的国家。美国的这种政府体制是由其客观历史条件所决定的。1787 年以前的美国是由已经独立的 13 个“自由、独立”的国家（前英国殖民地）组成的松弛的国家联盟。建立在 13 国制定的“十三州永久联盟条约”基础上的统一的政府组织——联邦政府，在国防、财政、外交等重大问题上并无实际的权力。1789 年，《美利坚合众国宪法》的正式生效不仅奠定了美国联邦制政体的基础，而且使美国从此成为统一的联邦制国家，并建立了强大的中央政府——联邦政府，原 13 个联邦成员国成为联邦的各州，经过 19～20 世纪的领土扩张，形成了现今由 50 个州组成的统一的联邦制国家。根据美国联邦制原则，州不是由联邦政府划分的次级行政单位，而是组成联邦政府的成员或成员政府。只有州以下的行政单位才被称为地方或地方政府，它们是州的分治区即行政区划单位。因此，一般所说的美国行政区划是指州以下的地方行政区划。

第一节　美国行政区

美国由 50 个州、1 个直辖特区（首都所在地华盛顿哥伦比亚特区）、5 个岛屿自由邦和 10 多个其他远洋小岛组成，每个州都有较高的自治权，州议员和州长都由普选产生。州是一级行政单位，二级单位是县，另有印第安保留区和公立大学系统等特殊行政单位。按照不同的理论，美国本土的 48 个州可以划分为七大或九大或十大区域。其中最传统的划分方式为：新英格兰地区，中大西洋地区，东南地区，南方地区，中西部地区，上密西西比河谷地区（五大湖区），落基山区，太平洋海岸区，西南地区。

一、划分架构

（1）行政区框架。美国行政区划架构为：50 个州，下设县，除了最初的 13 个殖民地外，其他各州依据美国国会法案成为美利坚合众国的一部分。

（2）哥伦比亚特区即首都华盛顿市，虽然哥伦比亚特区不是一个州，且在众议院仅有一名无投票权的代表，在参议院则无代表，但是特区居民仍能参与投票选举总统，在选举人团中也有投票代表。

（3）印第安保留区拥有准独立地位，虽然各保留地是所在州的一部分，同样投票选举州长及必须缴纳州税，但所在州的法令对各保留地不完全适用。

（4）美国海外领地。

（5）海外军事基地。

（6）生态保留区或学区之类的准行政区（图 2-1 和表 2-1）（杜德斌，2009）。

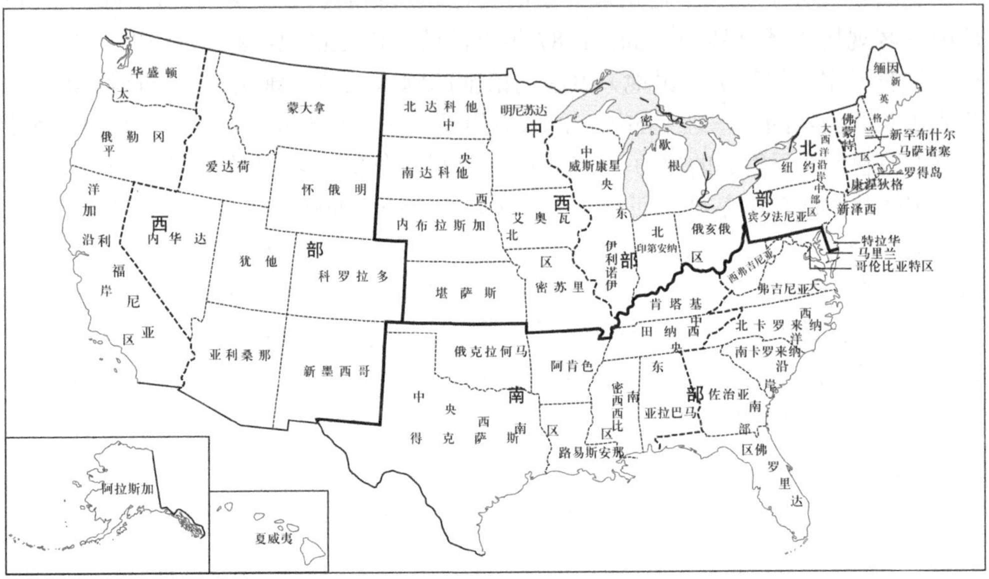

图 2-1　美国 50 个州及地理分区

表 2-1　美国 50 个州简况（2015 年）

州名	缩写	总面积/km^2	人口数/人	GDP/百万美元	首府	最多人口城市
亚拉巴马州*	AL	135 765	5 432 215	204 235	蒙哥马利	伯明翰
阿拉斯加州*	AK	1 717 854	790 065	82 804	朱诺	安克雷奇
亚利桑那州	AZ	295 254	7 598 002	290 578	菲尼克斯	菲尼克斯
阿肯色州	AR	137 002	3 272 952	123 207	小石城	小石城
加利福尼亚州*	CA	423 970	43 618 114	2 458 535	萨克拉门托	洛杉矶
科罗拉多州	CO	269 837	5 950 076	314 878	丹佛	丹佛
康涅狄格州*	CT	14 356	4 032 317	258 532	哈特福德	布里奇波特
特拉华州*	DE	6 452	1 072 609	68 071	多佛	威尔明顿
佛罗里达州*	FL	170 304	22 664 904	882 798	塔拉哈西	杰克逊维尔
佐治亚州*	GA	153 909	11 448 396	495 727	亚特兰大	亚特兰大

续表

州名	缩写	总面积/km^2	人口数/人	GDP/百万美元	首府	最多人口城市
夏威夷州*	HI	28 311	1 611 694	79 745	火奴鲁鲁(檀香山)	火奴鲁鲁(檀香山)
爱达荷州	ID	216 632	1 847 954	65 242	博伊西	博伊西
伊利诺伊州*	IL	141 998	14 448 304	775 007	斯普林菲尔德	芝加哥
印第安纳州*	IN	94 321	7 453 275	336 411	印第安纳波利斯	印第安纳波利斯
艾奥瓦州	IA	145 743	3 517 232	174 103	得梅因	得梅因
堪萨斯州	KS	213 096	3 243 448	147 765	托皮卡	威奇托
肯塔基州	KY	104 659	4 967 791	194 643	法兰克福	路易斯维尔
路易斯安那州*	LA	135 382	5 335 197	243 317	巴吞鲁日	新奥尔良
缅因州*	ME	91 646	1 491 122	56 600	奥古斯塔	波特兰
马里兰州*	MD	32 133	66 898 033	363 846	安纳波利斯	巴尔的摩
马萨诸塞州*	MA	27 336	7 577 212	476 743	波士顿	波士顿
密歇根州*	MI	253 793	11 048 548	466 536	兰辛	底特律
明尼苏达州*	MN	225 181	6 122 743	333 267	圣保罗	明尼阿波利斯
密西西比州*	MS	125 443	3 357 998	101 700	杰克逊	杰克逊
密苏里州	MO	180 533	6 825 284	293 318	杰斐逊城	堪萨斯城
蒙大拿州	MT	381 156	1 154 328	45 933	海伦娜	比灵斯
内布拉斯加州	NE	200 520	2 151 068	113 998	林肯	奥马哈
内华达州	NV	286 367	3 238 036	141 282	卡森城	拉斯维加斯
新罕布什尔州*	NH	24 217	1 474 312	72 573	康科德	曼彻斯特
新泽西州*	NJ	22 608	10 016 660	568 155	特伦顿	纽瓦克
新墨西哥州	NM	315 194	2 240 465	92 231	圣菲	阿尔伯克基
纽约州*	NY	141 299	22 540 678	1 441 003	奥尔巴尼	纽约
北卡罗来纳州*	NC	139 509	11 337 200	499 449	罗利	夏洛特
北达科他州	ND	183 272	824 424	54 830	俾斯麦	法戈
俄亥俄州*	OH	116 096	12 975 206	608 109	哥伦布	哥伦布
俄克拉何马州	OK	181 195	4 120 421	180 425	俄克拉何马城	俄克拉何马城
俄勒冈州*	OR	255 026.	4 351 704	215 331	塞勒姆	波特兰
宾夕法尼亚州*	PA	119 283	14 080 847	689 173	哈里斯堡	费城
罗得岛州*	RI	3 140	11 804 309	57 049	普罗维登斯	普罗维登斯
南卡罗来纳州*	SC	82 931	5 493 282	198 714	哥伦比亚	哥伦比亚
南达科他州	SD	199 905	983 439	46 674	皮尔	苏福尔斯
田纳西州	TN	109 247	7 400 217	314 191	纳什维尔	孟菲斯
得克萨斯州*	TX	696 241	29 539 315	1 586 468	奥斯汀	休斯敦

续表

州名	缩写	总面积/km^2	人口数/人	GDP/百万美元	首府	最多人口城市
犹他州	UT	219 887	3 358 784	147 108	盐湖城	盐湖城
佛蒙特州	VT	24 923	698 023	30 401	蒙彼利埃	伯灵顿
弗吉尼亚州*	VA	110 785	9 320 299	479 809	里士满	弗吉尼亚比奇
华盛顿州*	WA	184 827	8 007 960	443 665	奥林匹亚	西雅图
西弗吉尼亚州	WV	62 755	2 021 077	73 741	查尔斯顿	查尔斯顿
威斯康星州*	WI	169 639	6 449 466	305 795	麦迪逊	密尔沃基
怀俄明州	WY	253 348	641 264	38 621	夏延	夏延

资料来源：美国人口普查局 2017 年财政预算。

* 为沿海州。

二、地区

美国人口普查局把全国划分为九大地区，而地理学界常把美国划分为七大地区、九大地区或十大地区。它们并不是真正的行政区划，但是对美国的行政有着一些影响，因此经常被列在行政区划里。另外，由于西南地区不临海，不在本书研究之内，不做赘述。

1. 新英格兰地区

新英格兰（New England）地区包含的州：缅因州、新罕布什尔州、佛蒙特州、罗得岛州、康涅狄格州、马萨诸塞州。主要城市：波士顿、纽黑文、普罗维登斯、曼彻斯特、奥古斯塔。

2. 中大西洋地区

中大西洋（Middle Atlantic）地区包含的州及特区：纽约州、宾夕法尼亚州、新泽西州、特拉华州、马里兰州、弗吉尼亚州、西弗吉尼亚州、哥伦比亚特区。主要城市：费城、纽约、匹兹堡、里士满、巴尔的摩、华盛顿、查尔斯顿、布法罗、弗吉尼亚比奇。

3. 东南地区

东南（Southeast）地区包含的州：北卡罗来纳州、南卡罗来纳州、佐治亚州、佛罗里达州。主要城市：夏洛特、亚特兰大、哥伦比亚、萨凡纳、杰克逊维尔、坦帕、迈阿密、奥兰多。

4. 上密西西比河谷地区（五大湖区）

上密西西比河谷地区（五大湖区）［Upper Mississippi（Great Lakes)］包含的

州：密歇根州、俄亥俄州、印第安纳州、伊利诺伊州、威斯康星州。主要城市：底特律、芝加哥、辛辛那提、克利夫兰、哥伦布、密尔沃基、大急流城。

5. 南方地区

南方（South）地区包含的州：肯塔基州、田纳西州、亚拉巴马州、密西西比州、阿肯色州、路易斯安那州。主要城市：小石城、纳什维尔、孟菲斯、新奥尔良。

6. 中西部地区

中西部（Mid-west）地区（大平原地区）包含的州：明尼苏达州、艾奥瓦州、密苏里州、堪萨斯州、俄克拉何马州、内布拉斯加州、南达科他州、北达科他州。主要城市：堪萨斯城、明尼阿波利斯、圣路易斯、俄克拉何马城、林肯、俾斯麦。

7. 落基山区

落基山区（Rocky Mountain States）包含的州：蒙大拿州、爱达荷州、内华达州、怀俄明州、科罗拉多州、犹他州。主要城市：盐湖城、拉斯维加斯、雷诺兹、丹佛。

8. 太平洋海岸区

太平洋（Pacific）海岸区包含的州：华盛顿州、俄勒冈州、加利福尼亚州。主要城市：西雅图、波特兰、旧金山、洛杉矶、圣迭戈。

另外，还有两个“海外州”：一个是北美大陆西北端的阿拉斯加州；另一个是太平洋中的夏威夷州。

三、领地

1. 联邦

波多黎各、北马里亚纳群岛。这两个地区的居民享有美国公民身份，有联邦包括内部选举权且有大选初级选举权，但没有大选的投票权。

2. 海外

（1）有人居住：美属萨摩亚、关岛、中途岛、约翰斯顿岛、美属维尔京群岛。这些地区的居民有美国常住民身份，有内部选举权，但无美国大选选举权。

（2）无人居住：贝克岛、豪兰岛、贾维斯岛、金曼礁、纳弗沙岛、巴尔米拉环礁、威克岛。

美国的领地见表 2-2，因无人居住区无经济产值，故表中不作统计。

表 2-2 美国的领地

领地	缩写	陆地面积/km^2	人口数/人	GDP /百万美元	首府	最多人口城市
美属萨摩亚	AS	197.1	55 519	537	帕果帕果	塔富纳
关岛	GU	541.3	159 358	2 500	阿加尼亚	迪迪多
北马里亚纳群岛	MP	463.63	53 833	633.4	塞班岛	塞班岛
波多黎各	PR	9 104	3 667 084	98 760	圣胡安	圣胡安
美属维尔京群岛	VI	346.36	106 405	1 577	夏洛特阿马利亚	夏洛特阿马利亚
中途岛	MW	5.0	453.0	—	—	—
约翰斯顿岛	JT	1.3	348（还有 800 美国军事人员）	—	—	—

资料来源：U.S. Department of Commerce，2017。

注：中途岛为美国无建制领土，为美国重要海军基地。约翰斯顿岛为美国无建制领地，为美国重要空军基地。

关于波多黎各，为能成为美国第 51 个州已经公投多次（波多黎各在 2017 年 5 月进行第五次公投，仍未通过成为美国第 51 个州）（惠晓丽，2017）。

第二节 美国海洋地区

一、海洋地区的划分

在美国 50 个州中，其中有 30 个州属于沿海或分布在海域中，30 个州共划分为 8 个地区。

（1）五大湖地区：包括伊利诺伊州、印第安纳州、密歇根州、明尼苏达州、俄亥俄州、威斯康星州以及宾夕法尼亚州和纽约州的一部分。

（2）东北地区：包括康涅狄格州、缅因州、马萨诸塞州、新罕布什尔州、罗得岛州 5 个州。

（3）大西洋中部区：主要包括特拉华州、马里兰州、新泽西州、弗吉尼亚州以及宾夕法尼亚州和纽约州大西洋沿岸区。

（4）大西洋东南地区：主要包括佐治亚州、北卡罗来纳州、南卡罗来纳州 3 个州和佛罗里达州沿大西洋沿岸区。

（5）墨西哥湾地区：主要包括路易斯安那州、得克萨斯州、密西西比州、亚拉巴马州和佛罗里达州的墨西哥湾地区。

（6）西部沿海地区：主要包括加利福尼亚州、俄勒冈州、华盛顿州 3 个州。

（7）东北太平洋地区：阿拉斯加州 1 个州。

（8）太平洋地区：夏威夷州 1 个州。

二、美国海洋和海岸带区域的划分

国家海洋经济计划对美国海洋和海岸带区域的划分主要包括 3 个层次。

（1）沿海州：根据美国《海岸带管理法》规定，沿海州包括与大西洋、太平洋、北冰洋、墨西哥湾和五大湖相毗邻的州。

（2）流域县：包括海岸带县和入海河流上游区的县，主要由海岸带县和非海岸带流域县构成。

（3）海岸带县：由州政府确定的《海岸带管理法》管理的县，其中既包括滨海县又包括非滨海县。

按此划分方式，美国共拥有 30 个沿海州、683 个流域县和 442 个海岸带县。该统计区域不仅包括海洋和海岸带地区，还包括五大湖地区（何广顺，2011）。

三、五大湖区纳入海洋地区

五大湖是淡水湖，在美国海岸带海洋经济的研究报告中，把五大湖的产业作为海洋产业，五大湖区也作为美国海洋经济的一个地区。

参 考 文 献

杜德斌. 2009. 世界经济地理[M]. 北京：高等教育出版社.

何广顺. 2011. 海洋经济统计方法与实践[M]. 北京：海洋出版社.

惠晓丽. 2017-06-12. 想当“美国第 51 个州”可不容易[N]. 文汇报，4 版.

NOEP. 2018-06-30. Ocean Economy Data[EB/OL]. https://www.oceaneconomics.org/Market/ocean/oceanEcon.asp .

U.S. Department of Commerce. 2017. U.S. Census Bureau's Budget Fiscal Year 2017[R]. United States Census Bureau.

第三章　美国的人口与沿海地区劳动力就业

第一节　美国人口概况

一、历史时期人口

1. 人口数量增长

美国独立始于1776年，至1783年其正式脱离英国。美国建国初只有13个州，位于大西洋沿岸一带。至19世纪中叶，美国开疆拓土，进入太平洋沿岸地区，完成当前的版图。美国人口的增长也较快，19世纪初叶移入者多为西欧人，继而多为东南欧人，直至联邦政府颁布移民限制的法律后，入境人数方见减少。美国人口总数从1790年的392.9万人增至1938年的12 981.8万人（表3-1）（胡焕庸，1941），近150年中人口增加了32倍，1800～1900年的一个世纪中，人口增加近7000万人。

表3-1　美国历史上的人口　　　（单位：万人）

1790年	1800年	1850年	1900年	1934年	1938年
392.9	530.0	2 319.1	7 500.0	12 277.5	12 981.8

根据1783年《凡尔赛和约》，新生国家美国的领土面积为2 240 340km^2，1800年，约有530万人在这里生活。截至1900年，通过赤裸裸的购买、战争掠夺和协议等方式，美国又将518多万平方千米的土地纳入自己的版图。今天，3亿多人居住在美国930多万平方千米的土地上。1790年以来，美国的人口密度几乎增加了17倍。在如此辽阔的土地上分配人口和生产，人口和可用于生产的土地同时向西、向南推移。1800年，人口聚集在以马里兰州为中心的东部沿海地区，1790～2000年，美国的人口中心所在地向西推进了1371km（图3-1）（世界银行，2009）。

1900年，聚集中心已经移至印第安纳州。整个20世纪，中心逐渐向西南推进，到2000年，密苏里州跃居中心地位。此时，大部分美国人口居住在两个沿海地区。美国人居住地区间的距离达到了历史最高峰。

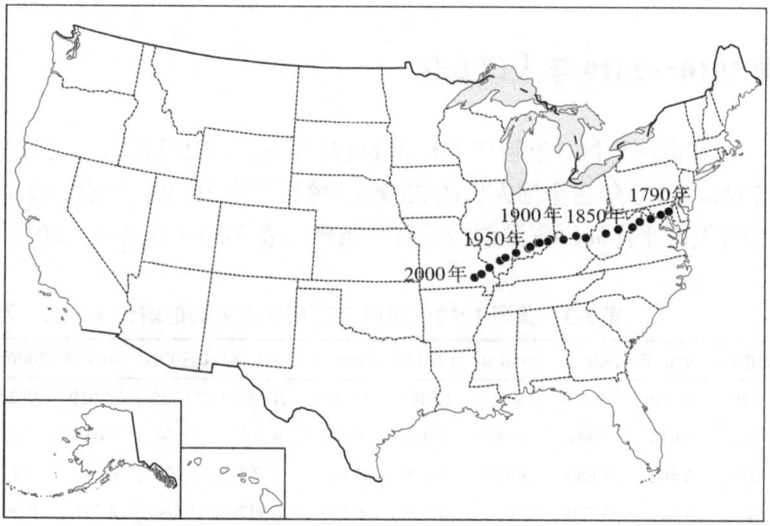

图 3-1　1790～2000 年美国的人口迁移

1864 年，第一条横贯美洲大陆的铁路竣工。美国迫使土著居民背井离乡，必要时甚至不惜动用军队。为鼓励美国人向边远地区移民，州政府和地方政府提供土地，修建运河，修建学校、公路和其他公共基础设施。地方政府互相竞争推出优惠税收和其他激励措施吸引人口和公司。1849 年，加利福尼亚发现了黄金，一跃成为居住区。但是，这仅仅加速了美国劳动力再分配的速度（世界银行，2009）。

2. 人口分布

由于美国各地区自然环境不同，东部地区人口稠密，新英格兰区、中央区东北部地区人口密度较大，西部地区地广人稀（表 3-2）（胡焕庸，1941）。

表 3-2　美国各地区人口数及人口密度（1934 年）

地区	面积/km²	人口数/人	人口密度/(人/km²)
全国	7 694 633	122 700 000	16
新英格兰区	160 321	8 160 000	51
中部大西洋地区	259 000	2 620 000	10
中央区东北部	634 550	38 300 000	60
中央区西北部	1 320 900	13 300 000	10
南部大西洋区	696 710	26 540 000	38
中央区东南部	463 610	9 880 000	21
中央区西南部	1 111 110	12 000 000	11
山岳区	2 224 812	3 700 000	2
太平洋沿岸区	823 620	8 200 000	10

注：表中的面积均以陆地面积数据计算，水域面积除外。

二、美国 1910～2010 年人口变化

美国西部和南部地区，近百年人口增长较快。就西部地区来说，1910 年，人口占全国的 7.6%，2010 年占全国人口的 23.9%，增长了约 16 个百分点。最早来到西部的移民，为开发太平洋海洋资源创造了有利条件（表 3-3）（尚文琦，2013）。

表 3-3　美国 1910～2010 年不同地区人口的增长（单位：万人）

地区	1910 年	1920 年	1930 年	1940 年	1950 年	1960 年	1970 年	1980 年	1990 年	2000 年	2010 年
全国	9 240	10 646	12 319	13 212	15 167	18 026	20 501	22 772	25 019	28 237	30 874
东部	2 615	3 013	3 449	3 647	3 989	4 415	4 902	4 964	5 054	5 394	5 605
中西部	3 040	3 502	3 880	3 977	4 475	5 170	5 701	5 921	6 030	6 496	6 788
南部	2 883	3 322	3 770	4 095	4 656	5 567	6 317	7 424	8 581	9 993	11 096
西部	702	809	1 220	1 493	2 047	2 874	3 581	4 463	5 354	6 354	7 385

资料来源：尚文琦，2013。

1910～2010 年美国人口增长较快，西部地区增长最快，1910 年为 702 万人，2010 年增长到 7385 万人，增长 9 倍以上，年均增长 2.38%。

1910～2010 年各地区人口密度逐年增大，尤其是西部地区，1910 年为 1.55 人/km^2，2010 年增长到 16.3 人/km^2。夏威夷州的人口密度增长更快，1910 年为 9.21 人/km^2，2010 年增长到 82.96 人/km^2（表 3-4）。

表 3-4　美国分区人口密度　　（单位：人/km^2）

地区	1910 年	1920 年	1930 年	1940 年	1950 年	1960 年	1970 年	1980 年	1990 年	2000 年	2010 年
全国	1.0	1.12	1.34	1.44	1.66	1.97	2.24	2.49	2.73	3.08	3.43
东北部	2.20	2.50	2.90	3.08	3.57	3.73	4.14	4.19	4.27	4.58	4.75
中西部	2.31	2.66	2.95	3.02	3.40	3.93	4.33	4.50	4.73	4.94	5.15
南部	1.36	1.56	1.78	1.93	2.19	2.62	2.97	3.50	4.04	4.71	5.48
西部	1.55	1.78	2.69	3.29	3.29	4.51	6.33	7.91	9.83	13.9	16.3
西部州											
山地州	2.2	2.9	3.2	3.0	3.2	3.3	3.8	4.1	5.0	5.5	7.2
太平洋沿岸	2.93	5.08	6.75	9.93	11.8	17.56	24.66	30.86	36.89	45.42	58.89
海外州	0.12	0.17	0.21	0.29	0.33	0.42	0.57	0.71	0.91	1.11	1.44
海外州											
阿拉斯加州	0.02	0.04	0.04	0.04	0.05	0.09	0.21	0.52	0.65	0.78	0.59
夏威夷州	9.21	11.54	15.38	22.14	35.45	30.0	38.0	46.2	58.0	66.62	82.96

资料来源：根据美国历年人口和各州土地面积数据计算。

随着领土的向西扩张，美国的国土开发也不断向西推进。由于西部取得土地比较容易，大量人口从东北部城市迁往西部去开垦土地，经营农场。因此，美国西部开发以大规模人口向西迁移为基础，以大规模垦殖土地和发展商业性农业为主要内容。随着人口重心不断向西移动，从19世纪初起，美国的经济重心也开始西移。由于迁居到阿巴拉契亚山脉以西地区的移民主要从事农牧业生产，经济重心的移动首先表现为农业生产重心的不断西移。由于西部巨大的吸引力，不仅有大量乡村人口迁往西部，还经常有城市工人流向西部。这就迫使东部的资本家不得不尽量采用先进技术，从而促进了东部工业的发展。

三、21世纪前10年人口变化

根据美国2010年的人口普查结果，美国拥有人口3.087亿（仅次于中国和印度），较上一次人口普查（即2000年人口普查，普查的结果是美国人口为2.8237亿）增长了9.3%。但2000～2010年美国的人口增长率较以往有较大幅度下降（表3-5）（尚文琦，2013）。

表3-5 美国自1950年之后的人口增长及增长率

时间段	人口增长/百万人	人口增长率/%
1950～1960年	28.59	18.8
1960～1970年	24.75	13.7
1970～1980年	22.71	11.1
1980～1990年	22.47	9.9
1990～2000年	32.18	12.9
2000～2010年	26.37	9.3

四、美国沿海地区人口及分布特征

1. 美国沿海地区人口增长较快

美国沿海地区既是经济发达地区，也是人口密集地区，人口趋海移动现象非常明显。按照美国《21世纪海洋蓝图》给出的定义，美国"沿海地区"包括沿海州、海岸带县、沿海流域县和近岸区。据2005年3月美国国家海洋和大气管理局（National Ocean and Atmosphere Administer，NOAA）公布的《美国沿海人口增长趋势：1980～2008年》，占美国全国陆地面积17%的沿海狭长地带的人口，呈逐年增长的趋势，2003年为1.53亿人，占全国总人口的53%，比1980年增加了 3300 万人，到 2008 年又增加了 700 万人，到 2015 年增加了 987 万人。美国沿海地区人口 35 年内增加 2 亿人，其增长率颇为可观。

2. 分布特征

美国全国人口密度较大地区大部分分布在沿海县，25 个人口密度较大县中有 23 个县位于沿海地区。673 个沿海县（不包括阿拉斯加州沿海县）平均人口为 116 人/km^2，大于全国 38 人/km^2 的平均数。从 20 世纪 90 年代以来，美国沿海地区人口变动呈现以下特点。

（1）大西洋和太平洋地区是人口增长较多的地区，但墨西哥湾地区是迄今人口增长最快的地区，1970～2000 年，墨西哥湾周边海岸带县人口几乎增加了一倍，佛罗里达州人口增长尤为明显。

（2）20 世纪 90 年代，对近岸、海岸带县和沿海流域县的人口调查表明：近岸区人口增长最慢，海岸带县人口增长最快。其主要原因是：大部分海岸线已被开发，近岸房地产价格最高。

（3）1970～2000 年，沿海流域县和海岸带县人口占美国总人口的比例略有下降，但 2000 年沿海地区近岸人口仍为内陆地区人口的 3 倍以上。

（4）1970～2000 年的 30 年中，美国农村人口增长率大大超过了城市地区，农村海岸带县人口增长率达 57%以上，而城市海岸带县只有 38%。人口增长较迅速的有距中心城市最远的城市区县和距离城市最远的农村县（石莉等，2011）。

第二节　美国沿海地区劳动力就业

一、沿海地区人口及就业发展

1. 沿海地区人口占全国人口比例高

2005～2015 年美国沿海地区（30 个州）的人口数在 2.2 亿～2.9 亿人，人口数量占全国人口的 80%以上。2005～2015 年，美国海洋产业就业人口为 269 万～317 万人（表 3-6）。随着美国海洋经济的发展，各海洋产业就业人口逐年增长，2005 年沿海地区海洋产业就业人口数为 269.78 万人，到 2015 年增长到 317 万人。海洋产业就业人口占沿海人口比例较低，海洋产业就业人口仅占沿海人口的 1.07%～1.22%，占全国人口比例小于 1.0%。

表 3-6　美国海洋产业就业人口及其占比

项目	2005 年	2006 年	2007 年	2008 年	2009 年	2010 年	2011 年	2012 年	2015 年
全国人口数/万人	27 079	28 117	29 294	30 220	30 677	31 424	32 325	33 110	35 772
沿海地区人口数/万人	22 089	22 961	23 832	24 559	24 999	25 534	26 245	27 060	29 172
沿海地区人口占全国人口比例/%	81.6	81.7	81.4	81.4	81.5	81.3	81.2	81.7	81.5
海洋产业就业人口数/万人	269.78	276.72	284.56	286.0	274.0	273.89	280.63	291.43	317.0
海洋产业就业人口占沿海人口比例/%	1.22	1.21	1.19	1.16	1.10	1.07	1.07	1.08	1.09

资料来源：由《国家海洋经济计划》数据计算得来。

2. 沿海地区就业发展

美国沿海地区海洋产业就业人口占地区总人口的比例存在一定差异，东北太平洋地区（阿拉斯加州）和太平洋地区（夏威夷州）海洋产业就业人口占地区总人口的比例在 5.41%～9.07%，尤其太平洋地区，海洋产业就业人口占地区总人口的 7.08%～9.07%。五大湖地区海洋产业就业人口占地区总人口不到 1%。东北地区、大西洋中部地区在 1.5%左右，而西部地区、东南地区和墨西哥湾地区则在 1.50%以下，且有下降的趋势，如墨西哥湾地区 2005 年海洋产业就业人口占地区总人口比例为 1.15%，2015 年下降为 0.92%（表 3-7）。

表 3-7　美国沿海地区海洋产业就业人口发展

项目	2005 年	2006 年	2007 年	2008 年	2010 年	2011 年	2012 年	2015 年
西部地区人口数/万人	4233.2	4385.2	4541.2	4661.5	4858.3	5006.0	5155.2	5598
海洋产业就业人口数/万人	62.39	64.12	65.98	66.15	61.78	62.28	63.84	70.68
海洋产业就业人口占地区总人口比例/%	1.47	1.46	1.45	1.42	1.27	1.24	1.24	1.26
东北太平洋地区人口数/万人	65.48	69.38	73.12	82.05	77.81	83.27	82.94	79.0
海洋产业就业人口数/万人	3.95	4.19	4.34	4.44	4.44	4.65	4.80	5.07
海洋产业就业人口占地区总人口比例/%	6.0	6.0	5.94	5.41	5.71	5.58	5.79	6.42
太平洋地区人口数/万人	116.74	122.49	127.18	131.13	135.02	141.90	146.50	161.2
海洋产业就业人口数/万人	10.59	10.94	11.09	10.71	10.02	10.29	10.60	11.42
海洋产业就业人口占地区总人口比例/%	9.07	8.93	8.72	8.17	7.42	7.25	7.24	7.08
五大湖地区人口数/万人	5763.1	5958.93	6149.7	6273.5	6515.4	6658.7	6830.1	7152
海洋产业就业人口数/万人	28.46	29.14	29.35	28.95	26.74	27.03	28.03	29.72
海洋产业就业人口占地区总人口比例/%	0.49	0.49	0.48	0.46	0.41	0.41	0.41	0.42

续表

项目	2005 年	2006 年	2007 年	2008 年	2010 年	2011 年	2012 年	2015 年
东北地区人口数/万人	1239.34	1277.1	1314.1	1342.6	1396.5	1422.3	1459.3	1575
海洋产业就业人口数/万人	20.67	20.73	21.33	21.62	21.34	22.44	23.08	24.96
海洋产业就业人口占地区总人口比例/%	1.67	1.62	1.62	1.61	1.53	1.58	1.58	1.58
大西洋中部地区人口数/万人	3807.7	3934.1	4066.6	4167.2	4341.3	4440.8	4572.5	4795
海洋产业就业人口数/万人	59.63	61.16	62.83	63.42	63.53	65.75	67.69	75.48
海洋产业就业人口占地区总人口比例/%	1.57	1.55	1.55	1.52	1.46	1.48	1.48	1.57
东南地区人口数/万人	1989.9	2097.9	2198.0	2282.2	2413.2	2425.2	2563.9	2828
海洋产业就业人口数/万人	27.97	31.57	26.71	31.32	32.34	33.47	35.26	38.40
海洋产业就业人口占地区总人口比例/%	1.41	1.50	1.22	1.37	1.34	1.38	1.38	1.36
墨西哥湾地区人口数/万人	4875.2	5155.8	5362.1	5618.5	5793.7	6066.8	6250.0	6635
海洋产业就业人口数/万人	56.14	54.77	62.89	59.38	53.69	55.21	58.14	61.27
海洋产业就业人口占地区总人口比例/%	1.15	1.06	1.17	1.06	0.93	0.91	0.93	0.92

资料来源：由《国家海洋经济计划》数据计算得来。

二、海洋产业就业变化

2005～2010 年，美国的海洋产业就业人口总体呈增长趋势。在 6 个海洋产业中，矿业（油气开采）和旅游业的就业人口呈增长趋势，而生物产业、造船业和运输业，2010 年比 2005 年有所降低，2015 年又有所回升。

美国海洋产业的就业人口以第三产业为主，在 2005～2015 年的就业构成中，旅游业就业人口占了全部产业的三分之二左右，2005 年在 70%以下，2015 年达到 72%以上（表 3-8）。

表 3-8　美国海洋产业就业变化

海洋产业	2005 年		2010 年		2015 年	
	就业人口数/人	占就业人口比例/%	就业人口数/人	占就业人口比例/%	就业人口数/人	占就业人口比例/%
工程建筑业	48 015	1.8	45 567	1.7	44 557	1.4
生物产业	65 527	2.4	59 353	2.2	62 054	2.0
矿业	125 099	4.6	138 832	5.1	157 011	4.9
造船业	164 891	6.1	144 066	5.3	160 612	5.1

续表

海洋产业	2005 年		2010 年		2015 年	
	就业人口数/人	占就业人口比例/%	就业人口数/人	占就业人口比例/%	就业人口数/人	占就业人口比例/%
旅游业	1 859 927	68.4	1 926 110	70.3	2 294 964	72.3
运输业	457 075	16.8	423 984	15.5	454 117	14.3
合计	2 720 534	100.0	2 737 912	100.0	3 173 315	100.0

资料来源：由《国家海洋经济计划》数据计算得来；由于四舍五入，合计可能不全为 100%。

三、海洋产业地区就业构成

按海洋产业地区就业比例大小顺序排序，各地区均有各自主要的海洋产业就业部门。总体而言，各地区旅游业就业均排在第一位，仅是就业比例的差别，反映了美国以旅游业就业为主的就业结构。除东北太平洋地区（阿拉斯加州）旅游业就业人口在 50%以下外，其他各地区就业人口均占 70%以上，东南地区占 80%以上，太平洋地区（夏威夷州）旅游业就业人口在 90%以上（表 3-9）。

表 3-9　美国沿海地区海洋产业就业构成（2015 年）　（单位：%）

地区	就业构成					
	旅游业	造船业	运输业	生物产业	工程建筑业	矿业
太平洋地区	90.3	4.9	3.4	0.7	0.6	0.1
东北太平洋地区	44.7	0.7	4.0	22.5	0.8	27.3
西部地区	71.9	4.0	18.7	2.4	1.3	1.7
五大湖地区	77.4	3.3	17.3	0.9	0.7	0.4
东北地区	74.0	10.0	11.5	3.4	0.8	0.3
大西洋中部地区	76.5	5.7	15.1	1.2	1.2	0.3
东南地区	84.3	2.2	11.2	0.9	1.3	0.1
墨西哥湾地区	71.2	5.2	14.5	2.1	1.5	5.5

注：按海洋产业就业人口比例由高到低排列。

资料来源：由《国家海洋经济计划》数据计算得来。

四、海洋产业就业的经济指标

1. 工程建筑业

海洋工程建筑业就业主要包括从事码头建设、港口疏浚及海上石油平台建设等。海洋工程建筑业比较不稳定，其增长率受到经济整体发展的影响，也受到政府项目投资，如海滩修复和港口疏浚等的影响。海洋工程建设活动趋向于集中在油气产业区位。例如，得克萨斯州、路易斯安那州、佛罗里达州、纽约州和加利福尼亚州共占海洋工程建筑业就业人数的 51%。而海洋工程建筑业就业人数最多的州是得克萨斯州和路易斯安那州。

2. 生物产业

生物产业就业人口年际存在一定差异，在生物产业中，海产品加工是生物产业的主要生产部门，其次则是海鲜市场的就业人数，而生物产业中的渔业和鱼类孵化的就业人口一般占生物产业就业人口的 20%以下（表 3-10）。

表 3-10　2005～2015 年生物产业就业构成

产业	2005 年		2010 年		2015 年	
	就业人数/人	占就业人口比例/%	就业人数/人	占就业人口比例/%	就业人数/人	占就业人口比例/%
渔业	6 961	10.6	6 207	10.5	5 635	9.1
鱼类孵化	5 111	7.8	5 326	9.0	5 887	9.5
海产品加工	40 160	61.3	35 570	59.9	36 218	58.3
海鲜市场	13 318	20.3	12 248	20.6	14 314	23.1
合计	65 550	100.0	59 351	100.0	62 054	100.0

资料来源：由《国家海洋经济计划》数据计算得来。

3. 矿业

油气勘探是美国主要的海洋产业，矿业就业中以油气勘探与生产就业为主，一般均占矿业就业人口的 95%左右（表 3-11）。

表 3-11　2005～2015 年矿业就业构成

产业	2005 年		2010 年		2015 年	
	就业人数/人	占就业人口比例/%	就业人数/人	占就业人口比例/%	就业人数/人	占就业人口比例/%
石灰石、砂岩、砾岩生产业	8 450	6.8	6 295	4.4	6 150	3.9
石油与天然气勘探与生产	116 663	93.2	135 748	95.6	150 860	96.1
合计	125 113	100.0	142 043	100.0	157 010	100.0

资料来源：由《国家海洋经济计划》数据计算得来。

4. 造船业

美国造船业以海军造船为主，民用造船占比日趋下降，2005～2015年造船业就业人数在14万～17万人变动，2010年就业人数仅为144 066人，2015年达160 561人，在造船业就业中以游艇建造与修复为主（表3-12）。

表3-12 2005～2015年造船业就业构成

产业	2005年		2010年		2015年	
	就业人数/人	占就业人口比例/%	就业人数/人	占就业人口比例/%	就业人数/人	占就业人口比例/%
游艇建造与修复	115 568	70.1	122 836	85.3	134 436	83.7
船舶建造与修复	49 325	29.9	21 230	14.7	26 125	16.3
合计	164 893	100.0	144 066	100.0	160 561	100.0

资料来源：由《国家海洋经济计划》数据计算得来。

5. 旅游业

旅游业是美国海洋产业中的主要产业部门，旅游业就业人数是各海洋产业就业人数最多的部门。就业人数逐年增长，2005年旅游业就业人数为1 856 331人，2015年达到2 295 840人。在旅游业就业构成中，饮食行业在旅游业中是主要就业部门，其次则是住宿，这两个部门占旅游就业的90%以上（表3-13）。

表3-13 2005～2015年旅游业就业构成

产业	2005年		2010年		2015年	
	就业人数/人	占就业人口比例/%	就业人数/人	占就业人口比例/%	就业人数/人	占就业人口比例/%
动物园	17 568	1.0	19 304	1.0	19 924	0.9
船舶交易	18 162	1.0	12 531	0.7	13 343	0.6
饮食	1 346 467	72.5	1 433 207	74.3	1 731 940	75.4
住宿	388 510	20.9	378 448	19.6	424 629	18.5
码头	18 836	1.0	18 007	0.9	20 968	0.9
公园露营地	5 473	0.3	5 816	0.3	6 369	0.3
海上旅游	11 433	0.6	8 947	0.5	10 445	0.5
体育商品	6 037	0.3	4 744	0.3	4 936	0.2
娱乐服务	43 845	2.4	47 102	2.4	63 286	2.7
总计	1 856 331	100.0	1 928 106	100.0	2 295 840	100.0

资料来源：由《国家海洋经济计划》数据计算得来。

6. 运输业

运输业是海洋产业中次于旅游业的产业部门，运输业历年就业人数基本上在41万～46万人变动。

海上运输业由5个产业组成：①货物运输；②客运；③海上运输服务；④仓储（位于邻近的县）；⑤搜索和导航设备。在就业方面，仓储业占40%以上（表3-14）。

客运包括渡轮和运输相关类型的交通工具。

表3-14　2005～2015年运输业就业构成

产业	2005年		2010年		2015年	
	就业人数/人	占就业人口比例/%	就业人数/人	占就业人口比例/%	就业人数/人	占就业人口比例/%
货物运输	20 937	4.8	21 458	5.1	22 495	5.0
客运	16 844	3.8	16 962	4.0	17 967	4.0
海上运输服务	96 022	21.9	85 591	20.4	98 681	21.7
搜索和导航设备	125 182	28.6	116 707	27.8	103 561	22.8
仓储	179 018	40.9	179 266	42.7	211 409	46.5
合计	438 003	100.0	419 984	100.0	454 113	100.0

资料来源：由《国家海洋经济计划》数据计算得来。

五、美国人口就业分布

1. 地区分布

美国各地区的历年就业人口中，西部地区、大西洋中部地区和墨西哥湾地区是就业人口较多的地区，这三个地区的就业人口占全国沿海地区就业人口的60%以上。其次是五大湖地区和东南地区，就业人口之和约占21.5%，东北地区的就业人口在10%以下，东北太平洋地区（阿拉斯加州）是沿海地区就业人口分布最少的地区（表3-15）。

表3-15　各地区人口就业分布（2015年）

项目	五大湖地区	东北地区	大西洋中部地区	东南地区	墨西哥湾地区	西部地区	东北太平洋地区	太平洋地区
就业人数/人	297 296	249 553	754 870	383 971	612 704	706 936	50 739	114 161
就业比例/%	9.4	7.9	23.8	12.1	19.3	22.3	1.6	3.6

资料来源：由《国家海洋经济计划》数据计算得来。

2. 各州分布

加利福尼亚州、佛罗里达州、纽约州、得克萨斯州和新泽西州是主要的就业人口分布地区，以上 5 州约占全部就业人口的 60%左右（图 3-2），而其他 25 个州的就业人口占 40%左右。

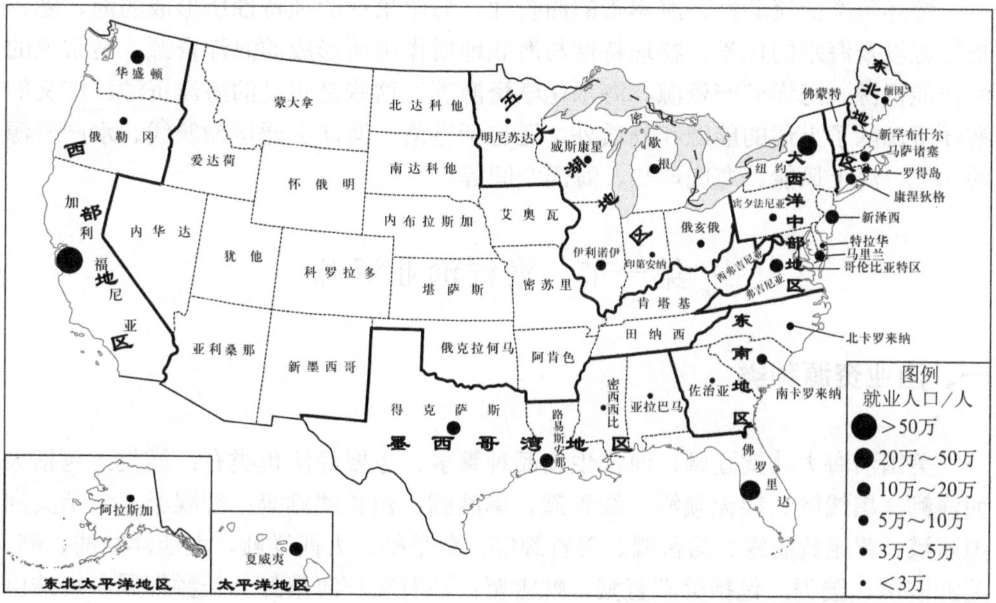

图 3-2　美国沿海各州就业人口分布

参考文献

胡焕庸. 1941. 美国经济地理[M]. 南京：正中书局.

尚文琦. 2013. 人口规模、结构变化对美国政治、社会的影响[D]. 北京：国际关系学院.

石莉，林绍花，吴克勤. 2011. 美国海洋问题研究[M]. 北京：海洋出版社.

世界银行. 2009. 2009 年世界发展报告——重塑世界经济地理[M]. 胡光宇，等，译. 北京：清华大学出版社.

NOEP. 2018-06-30. Ocean Economy Data[EB/OL]. https://www.oceaneconomics.org/Market/ocean/oceanEcon.asp.

第四章　美国海洋资源

海洋鱼类的流动性、海岸带的曲折性、海岸景观的独特性所形成的渔、港、景资源以及海水的化学、物理特性与海底地质作用所形成的海洋资源，是常说的海洋能资源、海洋矿产资源、海水化学资源等，这些是狭义的海洋资源。广义的海洋资源除了上述的能源和物质外，还包括港湾、海洋交通运输航线、水产资源的加工、海上风能、海底地热、海洋空间等。

第一节　海洋渔业资源

一、渔业资源种类

美国沿海大陆架辽阔，海洋生物品种繁多。主要经济鱼类有：鳕类，包括大西洋鳕、黑线鳕、银无须鳕、绿青鳕、单鳍鳕、白长鳍鳕等；鲆鲽类，包括美洲拟庸鲽、黄尾黄盖鲽、马舌鲽、美首鲽等；革平鲉、大西洋鲱、大西洋油鲱、鲭、美洲鮟鱇。蟹类，包括美洲蓝蟹、蛛雪蟹；还有美洲海螯虾、长额虾属、贞洁巨牡蛎、北极蛤、麦哲伦海扇贝、驼背船扇贝、滑柔鱼等。

二、渔业资源分布

墨西哥湾以大鳞油鲱、大西洋油鲱和虾类为优势种，其次为鲷、石首鱼、沙丁鱼、蟹和牡蛎等。

在太平洋一侧，最重要的是狭鳕，其他主要经济鱼类有鲑鳟、鲆鲽、大头鳕、美洲拟庸鲽、鲭、鳀、美洲拟沙丁鱼和秋刀鱼等。

就资源状况而言，太平洋一侧的狭鳕资源量保持在较高水平，大头鳕、美洲拟庸鲽、底层类和太平洋无须鳕等得到充分利用。太平洋大麻哈鱼资源状况因海区不同而差别很大，大多数得到充分利用。

在白令海和阿拉斯加湾，受同一渔具捕获的其他品种的兼捕渔获物限制，除美洲拟庸鲽外，其他鲽鱼资源充足，但利用不足。鲹鱼的利用也不足，虽然太平洋鲱的利用程度不一，但资源量仍呈健康态势。

在大西洋一侧，历来占有上岸量大部分的鳕鱼以及其他底层鱼的数量因允许耙网渔船捕捞而正在减少。虾类、蟹类和龙虾资源状况良好（杨坚等，2004）。

第二节　海洋油气资源

一、资源概况及分布区域

据美国内务部矿物管理局在1996年发表的《国家外陆架未勘探油气潜力评价》报告，全美国外陆架海域的原油资源潜力为371亿～553亿桶，天然气为5.275万亿～10.455万亿m^3，包括阿拉斯加、大西洋、墨西哥湾和太平洋外陆架区。其中，在近海油气禁采区内（除墨西哥湾中西部和阿拉斯加州沿岸部分海域外），可开采的石油为180亿桶，天然气为2.15万亿m^3。

（1）阿拉斯加外陆架区包括北极、白令海和阿拉斯加滨外太平洋边缘区，共有17个油气产区，常规可开采油气资源大多位于与阿拉斯加北极滨岸石油、天然气产区相邻的楚科奇陆架和波弗特陆架，除了北极滨岸，另外唯一的重要油气产地是阿拉斯加太平洋边缘区安克雷奇附近的库克湾水域。

（2）大西洋外陆架区由美国-加拿大边界至佐治亚滨外的布莱克海台。中生代地层是唯一具有油气潜力的沉积层。该区的天然气潜力大于石油。

（3）墨西哥湾外陆架已探明油气田876个，其中，157个为油田，719个为气田。尽管墨西哥湾浅水区开采数十年的油田已相继关闭，但矿物管理局在该海区200m以浅的浅海深地层（海底4572m）发现了大量可开采的天然气，总储量达1.56亿m^3，是一个可满足美国未来能源需求的大型油气田。

（4）太平洋外陆架包括华盛顿、俄勒冈和加利福尼亚滨外区，该区内有一个构造非常活跃的地壳边缘，地质条件复杂，新生代出现的沉积作用、火山活动、褶皱和断裂作用为油气的生成创造了有利条件。加利福尼亚海岸外的圣巴巴拉-文图和洛杉矶海盆的碳氢沉积物含量是世界上最高的。按照美国1996年能源消耗计算，美国海域天然气水合物可保证美国未来2000年的能源供应（高莉玲，1996）。

2013年美国原油探明储量330亿桶，占世界原油探明储量的2.0%，石油存量176 102万桶，占世界石油存量的50.41%（表4-1）（中华人民共和国国家统计局，2014）。

表4-1　2012年和2013年美国原油储量

项目	原油探明储量/亿桶		石油存量/万桶	
	2012年	2013年	2012年	2013年
世界	15 260	16 489	418 845	349 339
美国	265	330	188 778	176 102
美国占世界比例/%	1.74	2.0	45.07	50.41

资料来源：中华人民共和国国家统计局，2014。

二、近海油气资源

美国当前海上油气产区主要分布在墨西哥湾和阿拉斯加州联邦水域。尽管阿拉斯加州第一口油井 2001 年才投产，但此后发展很快。阿拉斯加州现拥有美国最大的普拉德霍湾油田，长达 1300km 的阿拉斯加输油管连接阿拉斯加州北部产油区和南部港口，是美国国内重要的石油运输系统之一。另外，美国 16%的国产原油通过阿拉斯加州瓦尔迪兹港口运抵西部的海岸炼油厂。墨西哥湾中西部油气产量占当前美国海洋油气产量的 95%以上，其中水深超过 305m 区域的油气产量已占墨西哥湾油气总产量的一半以上。

2002 年美国沿海地区石油探明储量 1 446 500 万桶，占全国探明储量的 64.37%，得克萨斯州、阿拉斯加州和加利福尼亚州是主要分布地区，其探明储量依次占全国探明储量的 22.01%、21.59%和 16.14%，这三个州即占了全国的约 60%。

2002 年美国天然气资源探明储量 5195.04 亿 m^3，其中沿海地区天然气资源探明储量 2139.26 亿 m^3，占全国天然气资源探明储量的 41.18%。得克萨斯州是主要探明地区，其资源量占全国的 23.73%，其次是路易斯安那州，占 5.35%，阿拉斯加州占 4.84%，三个州约占全国的 1/3（表 4-2）。

表 4-2　2002 年美国沿海地区石油、天然气资源分布

州	石油			天然气		
	探明储量/百万桶	占全国比例/%	占沿海地区比例/%	探明储量/亿 m^3	占全国比例/%	占沿海地区比例/%
阿拉斯加	4 851	21.59	33.54	251.45	4.84	11.75
加利福尼亚	3 627	16.14	25.07	75.92	1.46	3.55
佛罗里达	75	0.33	0.52	2.38	0.05	0.11
路易斯安那	564	2.51	3.90	277.81	5.35	12.99
密西西比	167	0.74	1.15	17.30	0.33	0.81
得克萨斯	4 944	22.01	34.18	1 232.55	23.73	57.62
亚拉巴马	42	0.19	0.29	110.86	2.13	5.18
伊利诺伊	92	0.41	0.64	—	—	—
印第安纳	12	0.05	0.08	—	—	—
密歇根	45	0.20	0.31	84.27	1.62	3.94
宾夕法尼亚	—	—	—	50.26	0.97	2.35
俄亥俄	46	0.20	0.32	27.46	0.53	1.28
纽约	—	—	—	9.0	0.17	0.42
小计	14 465	64.37	100.0	2 139.26	41.18	100.0

资料来源：美国统计摘要。

注：由于数据四舍五入，小计加和可能与直接计算结果有差异。

第三节　港口资源

一、分布海域

根据美国港口所在的地理位置，港口可以分成太平洋、墨西哥湾和大西洋三大港口区域。本节对美国主要的港口区位及主要特征进行阐述，作为港口资源的内容。

二、主要港口

1. 纽约/新泽西港

纽约/新泽西（New York/New Jersey）港位于美国东北部纽约州东南沿海哈得孙河口东西两岸，在长岛西端的上纽约湾内，濒临大西洋的西北侧。它是美国第三大港口，也是第三大集装箱港口。由于通五大湖区的伊利运河开通（1825 年）和铁路的增多，纽约/新泽西港迅速发展并成为大湖流域和美国东部的出入门户。它是美国最大的交通枢纽，是三条横贯美国东西大陆桥即北太平洋铁路、联合太平洋铁路和圣菲铁路的东部桥头堡。港口由分属于纽约和新泽西两个州的三大港区组成。

2. 汉普顿港群

汉普顿（Hampton）港群位于美国弗吉尼亚州的东端、美国大西洋沿岸切萨皮克湾的口门处，离外海仅 29km。有铁路、高速公路通往阿巴拉契亚煤矿区，是美国最大的煤炭出口港。它由纽波特纽斯港区、诺福克港区、朴次茅斯港区组成，陆域面积为 539 万 m^2。纽波特纽斯港区，水深 12.2m，油轮泊位水深 10.36m；诺福克港区，水深 12.2m，浮坞长 290m，可承接 54 250t 的船舶。汉普顿港群的多式联运很有特色，它是美国第一个实现火车与船直接换装的港口，也是第一个经营内陆集装箱的港口。

3. 查尔斯顿港

查尔斯顿（Charleston）港位于美国东部南卡罗来纳州东南沿海科佩尔河与阿什莱河汇合处，在查尔斯顿湾的顶端，濒临大西洋的西侧，是南卡罗来纳州的主要港口。能允许通过的船舶最大总长度为 318m，水深 12.2m，煤炭船吃水 11.6m，油轮吃水 10.67m。

4. 萨凡纳港

萨凡纳（Savannah）港位于美国东南部佐治亚州的萨凡纳河下游南岸，距河口约 27.78km，是佐治亚州的重要河港，也是美国大西洋沿岸的主要集装箱港口之一。水深 12.8m，集装箱船吃水 9.45m，油轮吃水 11.6m。

5. 南路易斯安那港

作为美国吞吐量第一大港的南路易斯安那（South Louisiana）港，位于密西西比河下游新奥尔良港与巴吞鲁日港之间，港区分布于沿河 54km。泊位水深 30.5m，散装干货船和油轮泊位水深 27.4m。每年进出港大型船舶约 4000 艘，内河驳船 50 000 艘。港口集疏运条件优越，港区与美国铁路主干道和州际高速公路相连；密西西比河与美国内河水网相连；港区设有 6 条油气管线，日输油量 80 万桶，通往美国中部的国家主输油管线以该港为起点，港口还有美国唯一通往海岸的管线，日输油量 50 万桶。美国 60%的出口粮食在这里装船。

6. 休斯敦港

休斯敦（Houston）港位于美国南部得克萨斯州东南部，海船经休斯敦运河直达本港，是墨西哥湾的最大港口，又是出口小麦、进口钢材的大港。早在 1914 年因开通到墨西哥湾的休斯敦运河以及附近大油田的开发，港口得到迅速发展，成为世界三大炼油中心之一、美国宇航基地、美国重要的棉花市场。港口是美国铁路南北干线之一的芝加哥到休斯敦铁路的终点站，开展国际多式联运的条件优越。该港能允许通过的船舶最大总长度为 290m，最大吃水 11.89m。

7. 新奥尔良港

新奥尔良（New Orleans）港位于美国东部路易斯安那州东南密西西比河的下游，距出海口约 188.904km，是密西西比河流域的海上门户。由于处于墨西哥湾的入海口，港口成为墨西哥湾和中南美洲的中转港。该港还是铁路枢纽，既是南北干线的芝加哥至新奥尔良铁路的终点站，又是南太平洋铁路自洛杉矶到杰克逊维尔港的中途站。港口主要装卸货种为杂货，泊位水深 12.2m，主航道水深 11～13.7m。

8. 博蒙特港

博蒙特（Beaumont）港位于美国得克萨斯州东南部，是河港，在休斯敦东 137km 处有运河与墨西哥湾相通。港口杂货船水深 12.2m，油轮水深 11m。

9. 科珀斯克里斯蒂港

科珀斯克里斯蒂（Corpus Christi）港位于美国南部得克萨斯州东南部，濒临墨西哥湾。船舶吃水 13.7m。

10. 洛杉矶港

洛杉矶（Los Angeles）港位于洛杉矶城以南 20km 的圣佩德罗湾的顶端，濒临太平洋的东侧，是加利福尼亚州南部的国际商业大门，美国最大的集装箱码头。同时，洛杉矶港也是国际最安全的邮轮旅客联合体——世界巡游中心所在地，是美国第四大客运码头。加利福尼亚油田就在洛杉矶附近。它是北美大陆桥圣菲铁路和南太平洋铁路的西部桥头堡。洛杉矶港岸线长 69.2km，有 300 多个泊位，集装箱船水深 13.7m，散装干货船水深 21.9m，油轮水深 15.5m，居美国首位。

11. 长滩港

长滩（Long Beach）港位于美国西南部加利福尼亚州西部沿海圣佩德罗湾北岸，濒临太平洋的东侧。港口码头泊位 270 个。提供深水泊位的人造码头分布在塞利特斯河道、内港（港口发源地）、中港、东南港池和西部港池。码头主航道水深约 23m，杂货船码头水深 12.8m，散装干货船水深 15.2m，油轮水深 23.2m。洛杉矶港和长滩港共处（美国划分的）同一水域，两港相距较近，小船可以穿过圣佩德罗湾往返长滩和洛杉矶；而通过一定宽度的塞利特斯河道，又将两个港口的内港联系在一起。

12. 奥克兰港

奥克兰（Oakland）港位于美国西部加利福尼亚州西海岸，在金门海峡的东南端，地处圣弗朗西斯科湾口的东岸，隔湾与圣弗朗西斯科（旧金山）相望，有 13km 长的海湾大桥（桥高 65m）相连。水深 12.8m，航道深约 15.2m，具有 8000TEU（标准箱）集装箱船的靠泊能力。

13. 塔科马港

塔科马（Tacoma）港位于美国西北部华盛顿州西部沿海科孟斯姆特湾的西南岸，北距西雅图港 46.3km，是美国的木材出口港和农林产品集散地。能允许通过的船舶最大总长度为 305m，水深 21.34m，油轮水深 12.6m。

14. 西雅图港

西雅图（Seattle）港位于美国西北部华盛顿州西部沿海普吉特湾的东岸，濒临太平洋西海岸的胡安德富卡海峡的东南侧，是美国距离东亚最近的港口。始建于 1852 年，因北太平洋铁路的修建和阿拉斯加金矿的发现而逐渐兴起。该港交通运输发达，是北美大陆桥北太平洋铁路的终点站，东部的桥头堡为纽约。港口水深 21m。

除上述港口外，芝加哥、圣弗朗西斯科、费城、巴尔的摩等港口也比较重要（陈月英和王永兴，2011）。

第四节　海洋旅游资源

美国作为世界上重要的发达国家，同时也是一个旅游大国、强国。美国的滨海旅游资源主要体现在自然保护区、国家旅游地、海岸与湖岸等。

一、旅游资源的多样性

美国旅游资源非常丰富，从下列旅游资源名录中可以看出旅游资源的多样性。沿海地区旅游资源占有较大比例，为发展滨海旅游业提供了有利条件（表 4-3）（吴必虎，2014）。

表 4-3　美国旅游资源名录

序号	名录	数量/个	沿海数量/个	沿海占比/%
1	国家公园	58	38	65.5
2	国家历史纪念碑	76	47	61.8
3	国家保护区	18	15	83.3
4	国家历史公园	46	37	80.4
5	国家历史遗迹	89	59	66.3
6	国家战地公园	4	4	100.0
7	国家军事公园	9	7	77.8
8	国家战役遗址	11	7	63.6
9	国家纪念碑	34	20	58.8
10	国家休闲娱乐区	18	12	66.7
11	国家海岸	4	4	100.0
12	国家湖岸	4	4	100.0
13	国家河道	15	2	13.3
14	国家保护区	3	2	66.7
15	国家公园大道	10	6	60.0

此外，至2011年，美国还有21处世界遗产，其中10处文化遗产、10处自然遗产、1处混合遗产。在文化遗产中，主要有位于华盛顿州的奥林匹克国家公园，位于波多黎各、圣胡安的香格里拉福塔莱萨和圣胡安国家历史遗址等；在自然遗产中，主要有位于佛罗里达州的埃弗格莱兹国家公园（又名大沼泽国家公园）、加利福尼亚州的红木国家州立公园、夏威夷州的夏威夷火山国家公园等；混合遗产则是位于夏威夷州的帕帕哈瑙莫夸基亚国家海洋保护区。帕帕哈瑙莫夸基亚国家海洋保护区作为夏威夷土著的祖先生活的环境，是一个具有自然和文化重要性的世界遗产遗址。由环礁和小岛组成的帕帕哈瑙莫夸基亚国家海洋保护区是世界上最大的海洋保护区。

二、旅游目的地

美国人经常去的有17个城市，作为旅游目的地，这些城市各类旅游资源丰富多样（表4-4）（薛亚平，2013）。

表4-4　美国主要旅游资源

<table>
<tr><th>地区</th><th>州</th><th>城市</th><th>旅游资源</th></tr>
<tr><td rowspan="5">西部地区</td><td rowspan="4">加利福尼亚州</td><td>洛杉矶</td><td>洛杉矶被称为“天使之城”，是美国十分重要的文化、商业、媒体和国际贸易中心。此外，洛杉矶更是全球娱乐业的中心。洛杉矶以历史街区、博物馆和画廊、公园、各具特色的演唱会、体育赛事、购物和餐饮而闻名遐迩</td></tr>
<tr><td>圣迭戈</td><td>圣迭戈是加利福尼亚州的发源地。圣迭戈全年气候宜人，其拥有天然深水港和众多的海滩。圣迭戈旅游资源丰富，著名的景区包括贝尔蒙游乐园、圣迭戈海洋世界公园等。圣迭戈也拥有许多西班牙和墨西哥的历史遗址。每年，圣迭戈都会举办盛事来吸引各地的游客</td></tr>
<tr><td>圣弗朗西斯科</td><td>圣弗朗西斯科以其寒冷刺骨的夏雾、陡峭连绵起伏的丘陵、兼收并蓄的建筑，以及诸如金门大桥、缆车、唐人街等标志性景区而闻名</td></tr>
<tr><td>阿纳海姆</td><td>阿纳海姆是迪士尼游乐园的故乡</td></tr>
<tr><td>华盛顿州</td><td>西雅图</td><td>西雅图被人们称为“翡翠城”，是西北太平洋及其周边地区的文化和商业中心。这里有太空塔、波音公司的飞机组装厂、微软、亚马逊、好市多、美国任天堂、星巴克、华盛顿大学等著名企业和学府。西雅图的艺术气息浓厚，这里拥有出色的公园生态系统</td></tr>
<tr><td rowspan="3">墨西哥湾地区</td><td rowspan="3">佛罗里达州</td><td>奥兰多</td><td>奥兰多是主题公园的天堂。城市包括迪士尼世界、环球影城、海洋世界等大型主题公园，以及鳄鱼乐园、圣地体验等，奥兰多也是美食家的游乐园，“一千零一夜”“中世纪时代”等餐厅都闻名遐迩</td></tr>
<tr><td>迈阿密</td><td>迈阿密是海滩、会议、节庆和活动的中心。位于南部海滩的装饰艺术区，被誉为是世界上最迷人的夜总会、海滩、历史建筑和购物中心于一体的旅游景区</td></tr>
<tr><td>劳德代尔堡</td><td>劳德代尔堡是“美国的威尼斯”，其拥有一个巨大的运河系统。城市以海滩和邮轮而闻名</td></tr>
</table>

续表

地区	州	城市	旅游资源
墨西哥湾地区	得克萨斯州	休斯敦	人们称呼休斯敦为“不断蔓延的城市”，这里拥有世界一流的交响乐团和剧院，有全职工作的芭蕾舞团和歌剧公司、众多博物馆、剧院、公园，以及各具特色的节庆和活动
		达拉斯	达拉斯是购物的天堂。城市中的商场人均消费超过任何城市。达拉斯的人民对体育十分热情。此外，这里拥有大量独具特色的博物馆和画廊
		圣安东尼奥	在圣安东尼奥游客可以欣赏博物馆中陈列的艺术展品、大街上的历史遗迹，游玩独具特色的游乐主题公园。此外，这里的食物可口，这里的啤酒甘甜，这里的人民热情好客，这里的文化灿烂。圣安东尼奥的市中心非常具有活力
	路易斯安那州	新奥尔良	新奥尔良是爵士音乐的发源地，这里有许多著名的景区（历史悠久的庞恰特雷恩酒店和许多 19 世纪大楼的原址），还拥有许多精品店、古董店，城市充满活力和魅力
五大湖地区	伊利诺伊州	芝加哥	芝加哥被人们称为“风城”，是蓝调和喜剧的故乡。城市随处可见高耸云霄的高楼大厦。芝加哥以餐饮文化、购物体验、博物馆、海军码头等旅游景区而闻名。芝加哥每年都举办诸如冬季奇迹佳节等特殊活动来吸引八方游客
	宾夕法尼亚州	费城	费城具有悠久的历史，著名景点包括国家独立历史公园，以及大量的博物馆和公园
大西洋中部地区	纽约州	纽约	纽约是美国媒体、文化、美食、时尚、艺术、科研、金融和贸易中心。在纽约，随处可见高楼大厦，帝国大厦是这些耸拔入云的高楼中的一个典型代表。除此之外，纽约的公园、博物馆、购物中心、体育赛事、音乐会和剧院也享誉全球
东北地区	马萨诸塞州	波士顿	波士顿是马萨诸塞州的首府。波士顿因博物馆、历史遗址、文化演出以及知名学府而闻名
东南地区	佐治亚州	亚特兰大	亚特兰大是佐治亚州的首府。亚特兰大的下城区、城中、巴克海特地区有大量的高楼大厦。这里还拥有世界上最繁忙的机场。亚特兰大的著名景区包括：马丁·路德·金国家历史遗址、佐治亚水族馆（世界上最大的室内水族馆）、可口可乐博物馆等

三、主要海岸资源

由于美国位于大西洋、太平洋和墨西哥海域，沿海岸地区也成为旅游目的地，宜于旅游的主要 10 处国家海岸如表 4-5 所示。

表 4-5　美国宜于旅游的 10 处国家海岸

名称	地点	占地面积/km^2	成立时间
雷斯岬国家海岸	加利福尼亚州	284.1	1962 年
卡纳维拉尔国家海滨	佛罗里达州	230.6	1975 年
海湾群岛国家海滨	佛罗里达州，密西西比州	541.83	1971 年

续表

名称	地点	占地面积/km^2	成立时间
坎伯兰岛国家海滨	佐治亚州	145.66	1972 年
阿萨蒂格岛国家海滨	马里兰州，弗吉尼亚州	165.28	1965 年
鳕鱼岬国家海岸	马萨诸塞州	—	1961 年
火岛国家海滨	纽约州	78.32	1964 年
卢考特角国家海滨	北卡罗来纳州	112.97	1966 年
哈特拉斯角国家海岸	北卡罗来纳州	121.28	1953 年
帕德里岛国家海滨	得克萨斯州	521.74	1962 年

参考文献

陈月英，王永兴. 2011. 世界海运经济地理[M]. 北京：科学出版社.
高莉玲. 1996. 美国外陆架区油气资源评价报告[J]. 海洋地质动态，(10)：18-19.
古月新. 1998. 美国海洋渔业资源现状[J]. 全球科技经济瞭望，(3)：44-47.
石莉，林绍花，吴克勤. 2011. 美国海洋问题研究[M]. 北京：海洋出版社.
吴必虎. 2014. 旅游规划与设计[M]. 北京：中国建筑工业出版社.
薛亚平. 2013. 美国旅游业概况[M]. 北京：中国旅游出版社.
杨坚，李健华，王衍亮. 2004. 世界各国和地区渔业概况[M]. 北京：海洋出版社.
中华人民共和国国家统计局. 2014. 国际统计年鉴[M]. 北京：中国统计出版社.
United States Census Bureau. 2005～2012. Statistical Abstract of the United States[M]. Washington：United States Census Bureau.

第二篇　海洋经济与海洋产业布局

第五章　美国海洋经济

美国是海洋大国，三面环海，海岸线漫长，海域面积宽广，海洋资源丰富，同时美国也是海洋经济强国。2010 年 7 月，美国总统奥巴马签署第 13547 号总统行政令《海洋、海岸带和五大湖国家管理政策》，建立海洋、海岸和五大湖管理的国家政策，目的是大力推进美国海洋资源的管理。为落实美国总统奥巴马 2010 年签署的国家海洋政策（即第 13547 号总统行政令），促进美国海洋经济发展，2013 年 4 月 16 日美国国家海洋委员会正式发布了《国家海洋政策实施计划》。美国是较早开展海洋经济相关理论和方法研究的国家之一。1999 年美国国家海洋和大气管理局成立了国家海洋经济计划国家咨询委员会，并实施了《国家海洋经济计划》（NOEP）。

第一节　美国海洋经济的提出

一、概念

1. 海洋经济定义

为汇编美国海洋资源和沿海资源经济价值的综合数据，定义并阐述海洋经济和沿海经济及相关活动，了解和评估美国海洋和海岸带经济的特征和价值变化，1999 年美国启动了《国家海洋经济计划》，其中定义海洋经济为“来自海洋（或五大湖）及其资源为某种经济直接或间接地提供产品或服务活动”（美国将海洋经济的地域范围界定到海洋、海岸带和五大湖水域）。

2. 海洋国内生产总值概念的提出

美国早在 1974 年就开始了海洋经济的研究，在为美国商务部确定海洋对国民生产总值（gross national product，GNP）的贡献中，提出了海洋国内生产总值（海洋 GDP）概念。20 世纪 80 年代，美国对 1977 年和 1987 年的海洋经济价值进行了评估，通过分析国民收入账户的 66 个产业对美国海洋经济的贡献度进行了估计。这些研究重点关注产业与经济活动（Colgan，2003）。

3. 海洋产业

《国家海洋经济计划》是由南加利福尼亚大学等 10 多个美国大学及研究单位开

展的一项独立调查研究计划。总目标是：整编美国海洋资源和沿海资源经济价值方面的综合性数据集，定义并阐述海洋经济和沿海经济及相关活动，全面分析 1999～2018 年美国海洋经济构成及其对国家经济的贡献。《国家海洋经济计划》开展至今，取得了阶段性研究成果，开发了沿海经济和海洋经济价值方面的数据库资料。

由《国家海洋经济计划》提供的数据和分析只是正在进行的海洋及沿海经济研究计划的一部分。同样，这些信息不能作为美国国家海洋和大气管理局、劳工统计局、经济分析局以及各州政府、联邦机构的官方数据。《国家海洋经济计划》数据库涵盖位于美国海岸带地区直接或间接依托海洋的经济活动数据。

美国《国家海洋经济计划》将海洋产业分成 9 类。通常，可以获得的数据只有 6 类（表 5-1）。

表 5-1　美国《国家海洋经济计划》中的海洋产业

产业	主要海洋产业
工程建筑业	海洋建筑业
生物产业	捕鱼业 水产业 海洋食品加工业
矿业	石灰石、砂岩、砾岩生产业 石油与天然气勘探与生产
造船业	游艇建造与修复 船舶建造与修复
旅游业	未分级的娱乐休闲业 动物园与水族馆 船舶经销业 餐饮住宿业 旅店行业 码头 休闲用停车场和露营场所 运动商品 风景旅游
运输业	货物运输 客运 海上运输服务 搜索和导航设备 仓储

海洋经济系列数据是由《国家海洋经济计划》于 1999 年研发的，美国国家海洋和大气管理局海岸服务中心负责监测海洋经济数据，并作为海岸经济数据的组成部分（Colgan，2003）。

还有一些海洋产业和涉海活动也应该纳入海洋经济范畴，但受数据可获得性及计量方法等的限制，暂未纳入《国家海洋经济计划》中。这些产业主要包括海洋研究与教育、州政府和地方政府的涉海活动、海洋保险和金融业、海洋工程与设计、海岸带海洋能源生产、高度专业化的涉海产业、沿岸和近岸区房地产开发等，还包括分布在内陆地区的海洋产业（如科罗拉多州和内布拉斯加州的水产品市场，或者在内陆制造但在沿海销售的船舶或其他休闲设施）等，这些将在以后的研究和实践中不断完善。

二、海洋经济数据

《国家海洋经济计划》的宗旨是为国家提供最新的海洋经济和海岸带经济数据。为加强对海洋经济的统计和研究，2000 年，美国国家海洋和大气管理局制定了国家海洋经济项目“海洋产业对美国经济的贡献”（2001～2003 年）（The National Ocean Economics Project：The Contribution of the Ocean Sector to the U.S. Economy），目的是对 20 世纪最后 30 年美国海洋经济的规模和构成进行全面深入的分析，为各级政府和产业界涉海经济活动决策提供可靠的依据。

2009 年《国家海洋经济计划》发布了《美国海洋与海岸带经济报告（2009）》（重要数据截至 2004 年），首次对美国的海洋和海岸带经济发展状况进行了全面分析。从 2008 年起，美国国家海洋和大气管理局的沿海服务中心又依托“数字海岸”项目成立了“国家海洋经济监测”（Economics：National Ocean Watch，ENOW）系统，逐步建立起了官方的全国海洋经济统计体系。

近年来，美国海洋经济统计体系不断完善，包括覆盖范围、统计口径等。“国家海洋经济监测”和《国家海洋经济计划》对 2005 年以后数据进行了重新修正，部分数据变化较大，足以对原有一些研究结论产生影响。因此，要对其最新趋势进行研究，就必须以修订后的数据作为分析基础。

采用《国家海洋经济计划》数据库中的“国家海洋经济监测”来源数据（2005～2012 年）（2018 年该数据已延伸到 2015 年），研究美国海洋经济发展现状，分析发展趋势。按照《国家海洋经济计划》惯例，本书所研究的海洋经济包括美国海洋和五大湖沿岸地区。

《国家海洋经济计划》数据库涵盖位于美国海岸带地区直接或间接依托海洋的经济活动数据。同时特别的数据包括：主要渔港的渔获量及价值，海岸带港口海洋货物运输量及价值，海洋石油天然气产量及价值。

2012 年 Booz 完成了美国国家海洋和大气管理局有关美国海洋与五大湖经济的报告，这也是“国家海洋经济监测”的最终经济报告。Booz 分析了美国海岸地区 2005～2009 年 6 个海洋产业的经济活动情况（数据结果来自“国家海洋经济监测”数据库），对地区和州就业及 GDP 情况也进行了总结，并对地区和产业的区别进行了标注（Booz，2012）。

“国家海洋经济监测”数据库由美国国家海洋和大气管理局沿海服务中心负责，其从 2005 年开始负责美国国内海洋经济统计工作。该数据库主要包括 6 个依托于海洋和五大湖的海洋产业，包括海洋生物产业、工程建筑业、运输业、矿业、造船业及旅游业。

“国家海洋经济监测”数据库包括以下具体内容：美国 2005～2015 年的海洋 GDP，行业和部门的州和国家总量数据，部门的县、州、地区和国家的总量数据，多个地区（墨西哥湾、东南部、大西洋中部和五大湖区）的州（佛罗里达州、纽约州、宾夕法尼亚州）的部门数据以及每个县的地理标识符（包括每个县所在的地区以及每个县是否临海）。

第二节　美国海洋经济发展

一、不同阶段海洋经济增长

1. 1997～2004 年海洋经济增长

根据《美国海洋与海岸带经济报告（2009）》，作者测算了 1997～2004 年美国海洋经济产值（增加值）。报告显示，1997 年美国海洋经济产值（增加值）为 957 亿美元，2004 年美国海洋经济产值（增加值）增长到 1382.4 亿美元（表 5-2）（宋维玲等，2011）。

表 5-2　1997～2004 年美国海洋经济产值（增加值）

项目	1997 年	1998 年	1999 年	2000 年	2001 年	2002 年	2003 年	2004 年
产值（增加值）/亿美元	957	902	1026	1117	1156	1261	1308	1382.4
占美国 GDP 比例/%	1.10	1.13	1.11	1.21	1.11	1.31	1.15	1.20

资料来源：由《国家海洋经济计划》数据计算得来。

2. 2005～2015 年海洋经济增长

根据“国家海洋经济监测”数据库提供的美国海洋经济产值（增加值），2005 年为 2356 亿美元，2012 年增长到 3068 亿美元，年平均增长率达 3.84%。2015 年又增长到 3314.3 亿美元（表 5-3），2005～2015 年年平均增长率为 3.47%。

表 5-3　2005～2015 年美国海洋经济产值（增加值）

项目	2005 年	2006 年	2007 年	2008 年	2009 年	2010 年	2011 年	2012 年	2013 年	2014 年	2015 年
产值（增加值）/亿美元	2356	2514	2654	2644	2789	2518	2779	3068	3109	3136	3314.3
占美国 GDP 比例/%	1.87	1.95	2.04	2.02	2.01	1.83	1.87	1.90	1.78	1.75	1.84

资料来源：由《国家海洋经济计划》数据计算得来。

二、海洋经济持续增长

1972 年美国海洋经济产值（增加值）达 306 亿美元，到 1987 年增长到 1090 亿美元。随着时代的发展，2012 年美国海洋经济产值（增加值）比 2004 年有了较快的增长。由于美国国家 GDP 中考虑了“研究&发展”指标，海洋经济产值（增加值）从 2005 年的 2356 亿美元增长到 2012 年的 3068 亿美元，2015 年海洋经济产值（增加值）为 3314.3 亿美元，2005～2015 年海洋经济产值（增加值）年均增长率为 3.47%。进入 21 世纪，美国历年海洋经济产值（增加值）占 GDP 比例在 1.20%～2.04%变动（表 5-4）。

表 5-4　1972～2015 年美国海洋经济产值（增加值）增长

年份	产值（增加值）/亿美元	占美国 GDP 比例/%
1972	306	1.20
1987	1090	1.49
2000	1117	1.21
2004	1382.4	1.20
2005	2356	1.87
2007	2654	2.04
2009	2789	2.01
2010	2518	1.83
2012	3068	1.90
2015	3314.3	1.84

资料来源：据《国家海洋经济计划》数据整理，https://www.oceaneconomics.org。

第三节　美国海洋产业分类体系

一、产业分类系统

20 世纪 80 年代，美国对 1977 年和 1987 年的海洋经济价值进行了评估，通过分析国民收入账户的 66 个产业对美国海洋经济的贡献度进行了估计。这些研究着重关注的是明确的产业与经济活动，美国海洋产业分类有两个系统：一个是北美产业分类系统（North American Industrial Classification System，NAICS）；另一个是标准行业分类（Standard Industrial Classification，SIC）系统。

在对早期海洋产业研究的基础上，国家经济计划制定了涉海部门的选取原则：一是依据标准行业分类系统；二是依据 NAICS。标准行业分类系统从 1930 年就开始使用，北美产业分类系统于 1997 年被应用，海洋产业数据可以从其他数据集中剥离出来。

北美产业分类系统的变化也引起了海洋经济评估基础的重大变化。根据 2001 年在两个系统（标准行业分类系统和北美产业分类系统）中发布的就业、收入方面的数据，不同分类系统对与海洋有关的经济活动评估有不同影响。表 5-5 列出了《国家海洋经济计划》中海洋产业与部门的标准行业分类系统和北美产业分类系统估算值。很多海洋产业在标准行业分类系统和北美产业分类系统中没有本质区别。北美产业分类系统基本估计总就业情况大概为 186 万人，标准行业分类系统估算为 220 万人。差异是矿业、造船业的归属问题造成的（Colgan，2003）。

表 5-5　美国有关海洋产业产值（增加值）和就业情况统计（2001 年）

海洋产业	部门	产值（增加值）/百万美元		就业人数/人		人均工资/美元	
		标准行业分类系统	北美产业分类系统	标准行业分类系统	北美产业分类系统	标准行业分类系统	北美产业分类系统
工程建筑业	海洋建筑业	1 919	1 702	30 992	24 304	1 421.9	1 149.6
生物产业	水产业	601	658	4 756	5 044	117.4	123.1
	捕鱼业	2 304	2 290	6 175	5 779	240.8	221.2
	海洋食品加工业	1 272	1 061	49 562	42 751	1 396.2	1 110.7
	小计	4 177	4 009	60 493	53 574	1 754.4	1 455.0
矿业	石灰石、砂岩、砾岩生产业	280	276	4 883	4 744	218.4	212.4
	石油与天然气勘探与生产	6 124	941	106 957	19 749	10 231.6	1399.9
	小计	6 404	1 217	111 840	24 493	10 450.0	1612.3

续表

海洋产业	部门	产值（增加值）/百万美元		就业人数/人		人均工资/美元	
		标准行业分类系统	北美产业分类系统	标准行业分类系统	北美产业分类系统	标准行业分类系统	北美产业分类系统
造船业	游艇建造与修复	2 954	1 303	51 886	43 284	1 592.0	1 329.5
	船舶建造与修复	805	639	116 260	111 220	5 395.8	5 192.7
	小计	3 759	1 942	168 146	154 504	6 987.8	6 522.2
旅游业	未分级的娱乐休闲业	6 578	4 747	114 175	44 399	2 648.4	874.8
	船舶经销业	2 032	2 029	15 395	15 390	498.9	498.4
	餐饮住宿业	70 825	65 990	1 084 479	1 012 925	14 824.7	13 421.9
	旅店行业	10 599	10 528	353 472	299 624	7 853.6	6 240.7
	码头	1 947	1 994	13 944	13 869	386.8	385.4
	休闲用停车场和露营场所	643	642	4 762	4 747	84.7	83.9
	运动商品	402	417	8 472	8 363	350.4	342.0
	动物园与水族馆	163	162	7 914	8 194	183.6	262.1
	风景旅游	—	1 367	—	8 124	0.0	174.8
	小计	93 189	87 876	1 602 613	1 415 635	26 831.1	22 284.0
运输业	货物运输	935	625	33 756	20 313	2 055.0	1 348.3
	客运	997	212	25 715	13 155	886.5	559.5
	海上运输服务	3 638	3 205	95 005	91 217	4 470.4	4 235.8
	搜索和导航设备	174	165	34 564	34 453	2 869.8	2 861.0
	仓储	3 259	1 410	45 738	34 709	1 438.6	1 137.9
	小计	9 003	5 617	234 778	193 847	11 720.3	10 142.5
总计		118 451	102 363	2 208 862	1 866 357	59 165.5	43 165.6

注：不包括马萨诸塞州（马萨诸塞州的法律禁止研究者获得相关数据）。

二、不同分类标准下的海洋产业产值（增加值）及构成

1. 标准行业分类系统分类的产业部门

根据表 5-5 中的标准行业分类系统分类的数据，2001 年美国海洋产业产值（增加值）达到 1184.51 亿美元，旅游业是主要产业部门（表 5-6）。

表 5-6　美国海洋产业产值（增加值）及构成（2001 年）

海洋产业	产值（增加值）/亿美元	比例/%
工程建筑业	19.19	1.6
生物产业	41.77	3.5

续表

海洋产业	产值（增加值）/亿美元	比例/%
矿业	64.04	5.4
造船业	37.59	3.2
旅游业	931.89	78.7
运输业	90.03	7.6
合计	1184.51	100.0

2. Kildow 等研究的海洋经济产值与海洋产业构成

2004 年，美国海洋经济产值（增加值）为 1382.4 亿美元，旅游业占 50.4%，是主要的海洋产业。此外，运输业占 19.9%，生物产业（渔业等）占 5.3%，矿业占 14.2%，造船业占 7.9%，工程建筑业占 2.3%（表 5-7）（Kildow and Colgan，2004）。

表 5-7　2004 年美国海洋产业产值（增加值）及构成

海洋产业	产值（增加值）/亿美元	比例/%
工程建筑业	31.8	2.3
生物产业	73.2	5.3
矿业	196.1	14.2
造船业	109.0	7.9
旅游业	696.5	50.4
运输业	275.8	19.9
合计	1382.4	100.0

3. 根据《国家海洋经济计划》数据库中的“国家海洋经济监测”来源数据分类

美国从 2005 年采用《国家海洋经济计划》数据库中的“国家海洋经济监测”海洋产业产值（增加值）和 6 个海洋产业部门分类统计数据。2005 年海洋产业产值（增加值）为 2356.0 亿美元，2015 年已增长到 3314.3 亿美元。海洋产业以矿业、旅游业和运输业为主。与 2004 年海洋产业结构相比，矿业和旅游业构成有所变化。2015 年的海洋产业结构则基本上与 2005 年相同，仅在比例上稍有变化（表 5-8）。

表 5-8 2005～2015 年美国海洋产业构成变化

海洋产业	2005 年		2010 年		2015 年	
	产值（增加值）/亿美元	比例/%	产值（增加值）/亿美元	比例/%	产值（增加值）/亿美元	比例/%
工程建筑业	62.7	2.7	57.6	2.3	53.0	1.6
生物产业	64.1	2.7	66.4	2.6	65.3	2.0
矿业	749.5	31.8	814.0	32.3	1380.0	41.6
造船业	164.9	7.0	155.8	6.2	157.5	4.8
旅游业	894.4	38.0	856.6	34.1	1010.0	30.5
运输业	420.4	17.8	567.6	22.5	648.5	19.5
合计	2356.0	100.0	2518.0	100.0	3314.3	100.0

资料来源：NOEP. https://www.oceaneconomics.org。

三、主要海洋产业

《国家海洋经济计划》把海洋产业分为 6 类，每个海洋产业的范围见表 5-9（Kildow and Colgan，2010）。

表 5-9 美国海洋产业范围

海洋产业	范围
工程建筑业	防波堤和码头建造；海滩养护和修复、疏浚；输油管道及相关结构物铺设；其他大型工程和市政工程建筑活动
生物产业	海水养殖；海洋捕捞；海洋水产品加工；海产品贸易
矿业	原油和天然气开采与加工；油气井钻探及油气作业支持活动；砂石开采
造船业	游艇制造与维修；轮船制造与维修（轮船制造业主要服务于海军船舶的建造、维护和修理）
旅游业	休闲娱乐服务；船舶经销；餐饮；酒店住宿；游艇码头；娱乐业休闲车船停靠和营地；水上观光；运动商品零售；动物园与水族馆
运输业	海洋货运；海洋客运；海洋港口；交通运输服务；搜救和导航设备制造；仓储

（一）工程建筑业

工程建筑业包括大型施工行业，如码头、港口疏浚、海洋结构施工等活动，以及海上石油平台建设等。

正如大多数建筑活动一样，海洋工程建筑业产值（增加值）随时间波动变化（表 5-10）。工程建筑业经济增长受到整体经济形势和政府支出项目的影响，海洋建设活动往往集中在石油和天然气行业。此外，还有海滩养护和港口疏浚工程等（表 5-11）。

表 5-10　工程建筑业产值（增加值）变动

项目	2005 年	2010 年	2015 年
产值（增加值）/万美元	627 370	576 750	530 377

资料来源：NOEP. https://www.oceaneconomics.org。

表 5-11　美国海滩养护支出年际变化

年份	年平均支出（2005 年基期）/万美元	年平均海滩养护体积/m^3	每米平均成本（2005 年基期）/万美元
1960	256.81	129.01	1.66
1970	468.79	122.44	3.20
1980	816.26	139.43	4.90
1990	1442.68	184.83	6.52
2000	1415.45	135.57	8.73
2012	1307.25	111.62	9.79

资料来源：NOEP. https://www.oceaneconomics.org。

（二）生物产业

生物产业产值（增加值）年际有所变化，呈两头低中间高的状况，2005 年为 641 602 万美元，2010 年为 663 911 万美元，2015 年为 653 278 万美元。

美国的海洋生物产业以海鲜加工为主，2005 年、2012 年占比均在 56%以上，其次是渔业生产（捕捞和养殖），其比例占 20%左右。鱼类孵化和水产养殖以及海鲜市场有大体相同的构成（表 5-12）。

表 5-12　2005～2015 年美国海洋生物产业产值（增加值）及占比

项目	渔业生产	鱼类孵化和水产养殖	海鲜加工	海鲜市场	总计
2005 年产值（增加值）/万美元	125 816	81 638	363 474	70 674	641 602
占比/%	19.61	12.72	56.65	11.02	100.0
2010 年产值（增加值）/万美元	155 981	78 023	364 296	65 611	663 911
占比/%	23.49	11.75	54.87	9.88	100.0
2012 年产值（增加值）/万美元	142 066	66 539	377 984	70 680	657 269
占比/%	21.61	10.12	57.51	10.75	100.0
2015 年产值（增加值）/万美元	128 481	76 588	371 580	76 629	653 278
占比/%	19.67	11.72	56.88	11.73	100.0

资料来源：NOEP. https://www.oceaneconomics.org。

注：由于计算数据四舍五入，加和总计可能不为 100%。

（三）矿业

海洋矿业主要包括管辖水域中的石灰石、砂、砾石和油气勘探生产。其中，油气勘探生产业在海洋矿业中占主导地位。墨西哥湾在海洋石油生产中占主要地位，1999 年其生产量占全国海上石油生产量的 73%，2004 年占 85%，2010 年占 90%。墨西哥湾海洋石油生产量的增长，使得海洋矿业中的海洋油气产业生产量在 1990～2004 年保持中等增长态势。2010 年石油和天然气勘探和生产占 99.84%，2015 年占 98.8%（表 5-13）。

表 5-13　2005～2015 年美国海洋矿业产值（增加值）及占比

项目	石灰石、砂、砾石生产	石油和天然气勘探和生产	总计
2005 年产值（增加值）/万美元	238 359	7 256 530	7 494 889
占比/%	3.2	96.8	100.0
2010 年产值（增加值）/万美元	14 124	8 998 460	9 012 584
占比/%	0.16	99.84	100.0
2015 年产值（增加值）/万美元	160 452	13 650 200	13 810 652
占比/%	1.2	98.8	100.0

资料来源：NOEP. https://www.oceaneconomics.org。

墨西哥湾是最重要的海洋油气产区，墨西哥湾中西部油气产量之和占美国海洋油气产量的 80%以上（表 5-14）（Kildow et al.，2014）。

表 5-14　美国海洋油气产量（2000～2010 年）　（单位：桶）

年份	阿拉斯加	加利福尼亚	墨西哥湾西部	墨西哥湾中部
2000	42 391 458	54 242 417	68 722 064	454 397 227
2001	38 961 563	50 163 037	84 297 660	472 929 120
2002	52 613 861	48 357 251	88 169 317	478 186 782
2003	55 361 243	45 647 073	83 703 769	476 456 887
2004	54 467 103	43 139 823	86 892 870	448 168 873
2005	22 421 810	41 755 462	89 157 608	377 755 116
2006	18 877 180	41 324 459	76 958 222	394 939 423
2007	13 877 294	39 374 808	59 816 686	408 098 806
2008	11 440 587	38 109 992	48 165 194	374 151 179
2009	7 981 272	35 644 554	52 397 819	515 292 073
2010	6 085 126	34 738 946	49 700 904	507 611 054

除墨西哥湾外，美国还有两个油气勘探生产区，即阿拉斯加州和加利福尼亚州。这两个生产区在 1996 年的产量达到高峰，此后随着储存量的枯竭产量均有下降。另外，美国 16%的国产原油通过阿拉斯加州瓦尔迪兹港运抵西部的海岸炼油厂。路易斯安那州、得克萨斯州和阿拉斯加州、加利福尼亚州在海洋矿业（含油气）中占 90%的就业率和 95%的产量（图 5-1）（Kildow et al.，2014）。

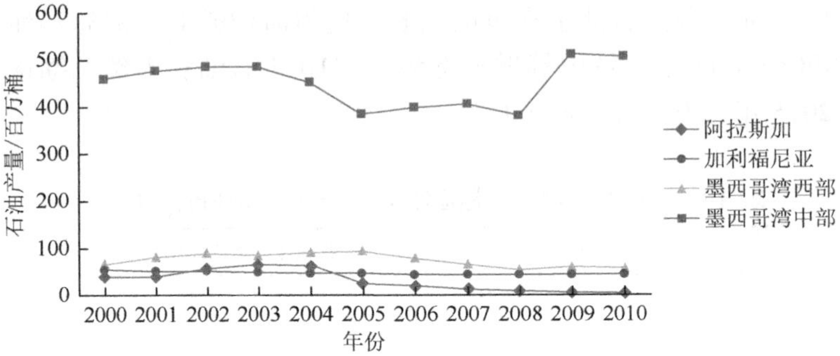

图 5-1　2000～2010 年州和联邦海上石油产量

（四）造船业

1. 造船业发展

美国造船业产值（增加值）呈下降趋势，2005 年产值（增加值）为 1 649 270 万美元，2015 年下降到 1 575 548 万美元。美国造船由游艇建造和修复及船舶建造和修复两部分组成，2015 年前者占 84.7%，后者只占 15.3%（表 5-15）。

表 5-15　2005～2015 年美国海洋造船业产值（增加值）及占比

项目	游艇建造和修复	船舶建造和修复	总计
2005 年产值（增加值）/万美元	1 205 691	443 579	1 649 270
占比/%	73.1	26.9	100.0
2010 年产值（增加值）/万美元	1 353 535	204 811	1 558 346
占比/%	86.9	13.1	100.0
2015 年产值（增加值）/万美元	1 334 332	241 216	1 575 548
占比/%	84.7	15.3	100.0

资料来源：NOEP. https://www.oceaneconomics.org。

2. 分布地区

美国的造船业主要方向是海军船舶的建造、维护和修理，位于弗吉尼亚州、康涅狄格州、缅因州、密西西比州、路易斯安那州和加利福尼亚州等少数几个州，这些州承担了全国大部分的业务。船舶建造产量在1990年和20世纪末显著下降，但在1997年和2004年出现上升趋势，主要是海军船舶建造造成的上升。

游艇、船舶建造修理业中，产值（增加值）增长在20%以上。船舶建造修理业的主要活动是为休闲船市场服务，这也从另一个角度反映出涉海休闲活动的增加。

游艇、船舶制造，尤其西太平洋地区的船舶制造，主要为渔业制造船。而全国的船舶制造厂则为轮渡等其他商船市场服务。佛罗里达州、华盛顿州、罗得岛州和缅因州在非军用船舶制造中领先，其中佛罗里达州所占比例最高。

（五）旅游业

在海洋经济各产业中，旅游业表现出最稳定的增长，但其也受2001年经济衰退的影响。尽管如此，1997～2004年，依然保持平均近4%的就业增长率和超过3%的旅游业产值（增加值）的增长率。美国大部分海岸在旅游开发方面已很充分，尤其新英格兰地区和大西洋沿岸中段的沿海各州已有100多年的历史，佛罗里达和墨西哥湾沿岸也有50年的历史。

滨海区域的餐饮业和酒店住宿解决了大多数人的就业，并贡献了大部分GDP。尽管滨海各州的经济严重衰退，但旅游业的就业人口和GDP依然有所增长。美国沿海地区发达的旅游业的持续增长相当引人注目（表5-16）。

表5-16　2005～2015年美国海洋旅游业产值（增加值）及占比

项目	动物园和水族馆	船的经销	饮食店	酒店和住宿	游船码头	公园和露营地	海上旅游	体育用品制造	娱乐和休闲服务	总计
2005年产值（增加值）/万美元	144 632	157 773	5 180 111	2 962 195	114 132	32 455	56 164	68 923	227 239	8 943 624
占比/%	1.6	1.8	57.9	33.1	1.3	0.4	0.6	0.8	2.5	100.0
2010年产值（增加值）/万美元	149 428	100 571	4 996 721	2 865 758	116 051	31 489	41 363	68 509	195 998	8 565 888
占比/%	1.7	1.2	58.3	33.4	1.4	0.4	0.5	0.8	2.3	100.0
2015年产值（增加值）/万美元	153 930	121 002	5 882 981	3 357 382	141 778	37 482	42 506	63 236	285 706	10 086 003
占比/%	1.5	1.2	58.3	33.3	1.4	0.4	0.5	0.6	2.8	100.0

资料来源：NOEP. https://www.oceaneconomics.org。

尽管旅游业受到经济衰退的影响，特别是2008～2009年，但在2000～2010年该产业就业平均增长近7%，GDP平均增长超过7%。

旅游业是美国海洋经济发展最快的产业。每年去海滨度假和观光游览的游客约有1.8亿人次，其收入占美国旅游总收入的85%。1999～2000年，参加户外海洋娱乐活动的美国居民超过43%。参加各种形式的海洋娱乐活动的总人数持续增长，其中，海滩度假人数增长最快。据估算，加利福尼亚州海滩每年度假游客为1.5亿～3.78亿人次，市场消费超过30亿美元。近些年，一些新兴的旅游项目，如美国专属经济区的观鲸活动、南极旅游、潜水运动等吸引了大批美国人，创造了可观的经济效益。2000～2001年，佛罗里达东南4县近岸区人工渔礁和天然珊瑚礁的休闲潜水、钓鱼和观光游览活动达到2800万人次，地方销售额为44亿美元，纯收入20亿美元，增加半日、全日工作岗位70 400个。加利福尼亚州近海每年观鲸活动的总收入大约为2000万美元，纯收入400万～900万美元。与海洋野生生物有关的年消费，加利福尼亚州近海为700万～1000万美元，新英格兰地区斯特拉瓦格滩约为2600万美元。这类海洋野生生物观赏的非市场效益估计为：纽约州3500万美元，佛罗里达州2.87亿美元（石莉等，2011）。

（六）运输业

海洋运输业主要包括五个子行业：远洋运输业、海上客运业、海上运输服务业、搜索和导航设备以及港口仓储业。各行业就业水平大致相同，但搜索和导航设备行业占据了GDP相当大的一部分。这种分布情况反映了搜索和导航设备是高产出值行业（表5-17）。

表5-17　2005～2015年美国海洋运输业产值（增加值）及占比

项目	远洋运输	海上客运	海上运输服务	搜索和导航设备	港口仓储	总计
2005年产值（增加值）/万美元	251 729	129 328	1 068 234	1 400 744	1 354 810	4 204 845
占比/%	6.0	3.1	25.4	33.3	32.2	100.0
2010年产值（增加值）/万美元	606 420	310 351	875 207	2 369 116	1 414 500	5 575 594
占比/%	10.9	5.6	15.7	42.5	25.3	100.0
2015年产值（增加值）/万美元	619 655	408 651	934 978	2 668 011	1 853 844	6 485 139
占比/%	9.6	6.3	14.4	41.1	28.6	100.0

资料来源：NOEP. https://www.oceaneconomics.org。

美国对外贸易量的95%由船舶运输承担，海洋运输对美国经济的重要性日益突出。信息技术在运输业务中的应用非常广泛，集装箱货物运输和装卸等技术的发展提高了生产力。在五大运输行业中，海上客运业出现显著的增长。

1997～2004年，通过港口的水上货物运输量增加了24%，集装箱化和利用机械装卸大型集装箱的港口投产，最能代表货物运输业的变化。1997～2004年，进口价值超过出口价值，说明美国海运中进出口量之间存在较大的差异。水上货物运输的动力是进口，而不是出口。

海上客运业包括渡轮和运输相关类型的交通工具。2000～2010年，全球邮轮乘客数量几乎翻了一番。美国居民乘船的数量和从美国港口登船的数量增长了1/3以上。2000～2013年，美国舰队增加了187艘新的游轮，使总数达到了212艘。

旅游船是美国海洋旅游运输业最重要的驱动力，美国主导着国际的旅游船产业。2006年，3/4的旅游船游客是从美国港口登船的。佛罗里达州在旅游船建造中居全国首位，占美国登船数的50%，占世界运输量的40%；加利福尼亚州名列第二，占美国登船数的11%（图5-2）。

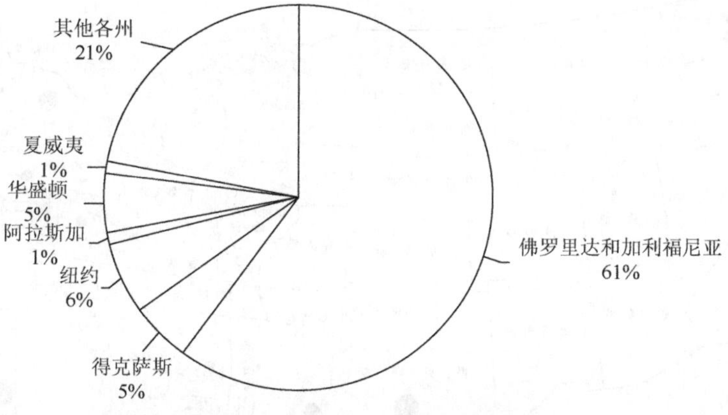

图5-2　美国各州登船人数百分比

资料来源：NOEP. https://www.oceaneconomics.org

第四节　美国区域海洋经济分布

一、地区分布

墨西哥湾地区、西部地区和大西洋中部地区是美国海洋经济发展的主要地区，这三个地区的海洋经济产值（增加值）大体占全国海洋经济产值（增加值）的75%，其中墨西哥湾地区占了全国最高份额，占全国海洋经济产值（增加值）的45.1%（表5-18）。

表 5-18　美国各地区海洋经济产值（增加值）分布（2015 年）

	合计	五大湖地区	西部地区	墨西哥湾地区	东南地区	大西洋中部地区	东北地区	东北太平洋地区	太平洋地区
产值（增加值）/亿美元	3314	168	559	1494	226	495	168	134	70
比例/%	100.0	5.1	16.9	45.1	6.8	15.0	5.0	4.0	2.1

二、各州分布

美国各州海洋经济产值（增加值）分布中，得克萨斯、加利福尼亚、佛罗里达、纽约和路易斯安那 5 个州的海洋经济产值（增加值）占全国的 70%左右，是美国海洋经济产值（增加值）主要分布地区。而分布在美国南部地区的得克萨斯、佛罗里达和路易斯安那就占了 45%左右的海洋经济产值（增加值）（图 5-3）。

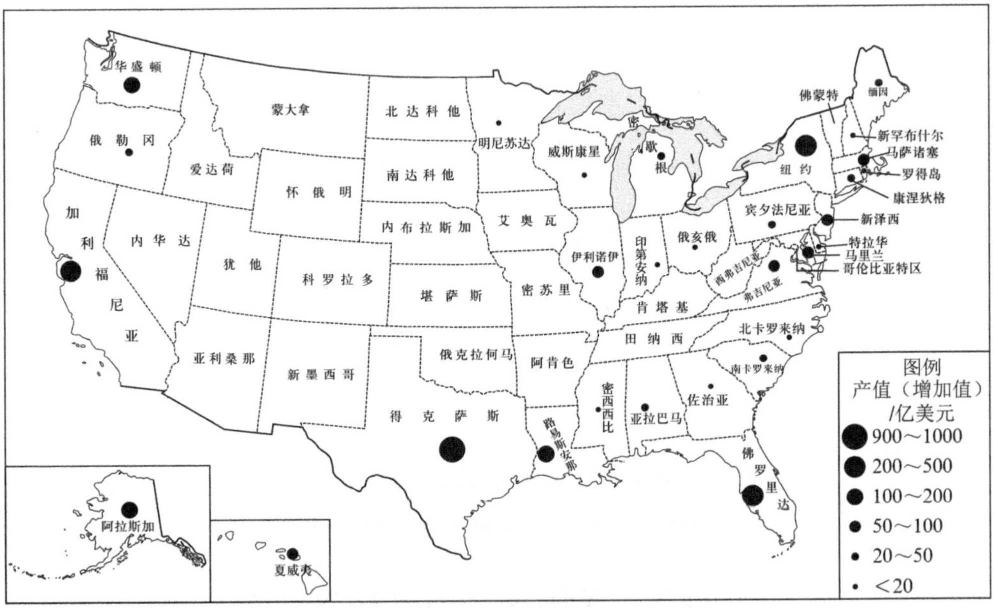

图 5-3　美国海洋经济产值（增加值）分布图

资料来源：NOEP. https://www.oceaneconomics.org
由于各地区数据差别巨大，采用不连续分布方式进行标注和显示，类似地图同理

参 考 文 献

石莉，林绍花，吴克勤. 2011. 美国海洋问题研究[M]. 北京：海洋出版社.

宋维铃，徐丛春，林香红. 2011. 试析中美海洋经济发展的差异[J]. 海洋经济，1（4）：57-62.

Booz A H. 2012. NOAA Report on the Ocean and Creat Lakes Economy of the United States[R]. ENOW Final Economic Report.

Colgan C S. 2003. Measurement of the Ocean and Coastal Economy: Theory and Methods[R]. National Ocean Economics Program.

Kildow J T，Colgan C S. 2004. The California Ocean Economy 1990～2000[R]. Agency for Natural Resources，Sacramento，C A.

Kildow J T，Colgan C S. 2010. State of the U. S. Ocean and Coastal Economies 2009[R]. National Ocean Economics Program.

Kidlow J T，Colgan C S，Scorse J. 2014. State of the U.S. Ocean and Coastal Economies 2013[R]. National Ocean Economics Program.

NOEP. 2018-06-30. Ocean Economy Data[EB/OL]. https://www.oceaneconomics.org/Market/ocean/oceanEcon.asp .

第六章　美国海洋工程建筑业布局

第一节　概　　况

一、海洋工程建筑业

海洋工程建筑业是指在海上、海底和海岸所进行的用于海洋生产、交通、娱乐、防护等用途的建筑工程施工及其准备活动，包括海港建筑、滨海电站建筑、海岸堤坝建筑、海洋隧道桥梁建筑、海上油气田陆地终端及处理设施建造、海底线路管道和设备安装。其中，海洋工程具体包括：围填海、海上堤坝、人工岛工程，海上和海底物资储藏设施，海底管道、海底电（光）缆工程，跨海桥梁、海底隧道工程，海上娱乐、运动、景观开发工程等。

海洋既是一个巨大的资源宝库，也是一个巨大的空间宝库。随着人口的膨胀、陆地资源与空间的枯竭，人类社会将逐步向海面和海底发展，“海上城市”“海上机场”“海底村庄”等应运而生（刘良忠和柳新华，2013）。

二、海洋工程建筑类别

20 世纪 60～80 年代，美国建设了不同类型的海洋工程，还在太平洋上建造了一座海上城市，这座城市修建在高 70m、直径为 27m 的钢筋混凝土“浮船”上，“浮船”内设有发电站和灌水箱装置，“浮船”平台上还可降落直升机。1961～1990 年，美国海洋工程建筑主要包括海上机场、海上电站、旅游岛等，尤以海上机场建设为主（表 6-1）（陈可文，2003）。

表 6-1　美国海洋工程项目（1961～1990 年）

类别	项目名称	已建（C） 拟建（P）	面积/hm^2	水深/m	结构类型
工业应用	工业岛	1975 年（P）	728	18	围垦、多用途
油气开发	图姆斯岛	1965 年（C）	18	12	围垦
发电厂	波尔沙岛工程	1970 年（P）	15	20	围垦
发电厂	大西洋发电站	1970 年（P）	75	17	浮动
机场	波士顿新机场	1971 年（C）	735	15	围垦

续表

类别	项目名称	已建（C） 拟建（P）	面积/hm^2	水深/m	结构类型
机场	檀香山机场	1973年（C）	400	9	围垦
机场	伊利湖机场	1973年（P）	6734	14	围垦
机场	芝加哥湖机场	1975年（P）	4450	17	围垦
机场	洛杉矶海上机场	1975年（P）	4047	23	围垦
娱乐用	坦姆巴港工程	1967年（C）	240	5	围垦
娱乐用	哈持米勒岛	1976年（C）	40	5	围垦
城市及居住	夏威夷浮动城	1970年（P）	45.4	1000	浮动

第二节　跨海通道工程与钻井装备制造

一、桥隧通道工程

目前美国建有跨海大桥、海底隧道、海底管道等跨海通道。其中较有名的是位于奥克兰湾的金门大桥（Golden Gate Bridge）和奥克兰湾大桥、圣马特奥大桥、弗吉尼亚州的切萨皮克湾大桥以及七里桥、韦拉扎诺海峡大桥等（刘良忠和柳新华，2013）。

1. 金门大桥和奥克兰湾大桥建设

美国的金门大桥是世界上较早建设的跨海大桥。1921年，著名的桥梁工程梦想家和首席工程师约瑟夫·贝尔曼·斯特劳斯绘制出了金门大桥的设计图。1923年，加利福尼亚州议会通过《金门大桥和公路法案》。1933年1月，大桥开始修建，1937年5月建成。

金门大桥横跨金门海峡南北，将圣弗朗西斯科市与马林县（Marin County）连接起来。目前，它虽已不再是世界最长的悬索桥，却仍是著名的大桥之一。与金门大桥同期的还有另一座大桥，那就是奥克兰湾大桥。该桥于1936年建成通车，跨越加利福尼亚州的奥克兰湾，为圣弗朗西斯科和奥克兰打开了一条通道。这座大桥是世界上最为繁忙的悬索高架桥，平均每秒通过3.2辆汽车，每天通过28万辆汽车。

2. 切萨皮克湾桥隧通道建设

1964年，美国在韦拉扎诺海峡、切萨皮克湾上分别建了一座跨海大桥，其中跨越切萨皮克湾的是一座包含海底隧道工程的跨海大桥，合称切萨皮克湾桥隧系统。

切萨皮克湾桥隧系统位于美国弗吉尼亚州切萨皮克湾进入大西洋的入口处，利用北端的一个天然小岛连接南岸的诺福克军港和北岸的弗吉尼亚半岛。桥隧全长 37km，是世界最长的桥梁隧道综合体，被称为“现代世界七大奇迹之一”，工程于 1960 年 6 月开工，1964 年 4 月 15 日通车。切萨皮克桥隧系统在 20 世纪 60 年代创造了长度和工程规模的世界纪录，曾被称为当代的世界工程奇迹。

海底隧道和跨海大桥的发展，两者不是独立的，而是穿插融合在一起的。往往是同一条跨海通道，其中既有隧道，又有大桥，因此，合称桥隧通道。

二、钻井装备制造

当前，全球拥有各类海上油气生产装备上万座。其中，固定式生产装备近 8000 座，利用率为 98%；浮式生产装备 300 多座（艘），其中浮式生产储油船 FPS0 175 艘、半潜式生产平台 45 座、自升式生产平台 48 座、张力脚式平台（TLP）22 座、悬腿式（Spar）平台 18 座。张力脚式平台和悬腿式平台虽然目前年均成交数量仍维持在个位数，但从未来发展趋势看，其需求量将会稳步上升。

从历史成交量看，2004～2010 年，张力脚式平台和悬腿式平台的年均订单成交量为 2 座，2011 年有 1 座成交，后期处于洽谈阶段的平台订单至少有 3 座。张力脚式平台和悬腿式平台可以在深水作业，顺应了深水油气开采的趋势。同时这两种平台具备一定的储油能力，这些特点使其适合参与深水边际油田的开采活动，因此存在一定的市场需求。此外，张力脚式平台具有造价相对较低、深水作业抗恶劣环境能力强等特点，悬腿式平台除具有张力脚式平台的优点外，还有更好的灵活性。但是，张力脚式平台和悬腿式平台适用面不是很广。现役悬腿式平台和张力脚式平台多由欧美厂家设计建造，短时间内由其他企业承造的可能性不大。

2000 年的钻井装备订造，主要来自美国和挪威、巴西、丹麦等国家，这些国家贡献了 90%的投资。而美国和挪威是传统的钻井平台运营大国。2010 年这一区域作业者订造了 2 座悬腿式平台。其中一座传统式悬腿式平台由美国海湾海事制造公司建造，一座桁架式悬腿式平台由芬兰的波恩（PON）造船厂建造。2011 年美国又生产 2 座悬腿式平台，墨西哥湾漏油事件发生后，这一区域一度停止了深水油气开采活动。

第三节　围海造地工程

美国较长的海岸带上分布着大量的海涂资源，通过对海涂资源的围海造地、建设城市等，目前已形成不同类型的填海区。

一、波士顿填海区

最初的波士顿建造在一个半岛上，通过一个狭窄的地峡与大陆相连，并被马萨诸塞湾和后湾——查尔斯河河口所环绕。早期欧洲移民根据这里有 3 座小山丘的地形特点，将此处命名为三山城。从 1630 年开始，波士顿通过填平沼泽、海滨泥滩和码头之间的缝隙，将城市规模扩大了十多倍。现在著名的后湾及其所覆盖的波士顿南区、波士顿西区、金融区、唐人街等大部分都是填海而成的，面积是最初 3 座小山区域的 2.5 倍。

填海后区内的龙码头通过对原有码头仓储建筑的改造，在保护建筑主体结构的基础上，重新置换了建筑功能，形成了以新英格兰水族馆、万豪酒店、IMAX 剧院、游船码头等为代表的新兴滨水旅游功能。

波士顿填海区更新改造后，一方面，历次填海后形成的漫长岸线为滨水码头的布设创造了条件，而波士顿人也几乎将其利用到了极致，所有的公共开放岸线部分都是码头泊位；另一方面，运输设施拆除后的空地被予以保留，布局了大量市民休闲活动的场地，如露天餐饮、运动场地等。

波士顿填海区的更新是城市中心区整体改造的一环，其在空间系统上与城市内部其他区域的联系和互动，也是滨水空间吸引人和充满活力的重要保障。例如，波士顿罗斯·肯尼迪公园就在码头区公园部分与填海滨水区衔接（张赫，2017a）。

二、纽约湾滨海区

通过合理规划滨水区产业和空间，无论是纽约市还是泽西市，其朝向纽约湾的一侧都是以商务、商业、居住、旅游等功能为支撑的城市核心生活区。而在围填之前这些区域都是港口码头、仓储物流、船厂工业等生产区。这样的功能布局既有历史发展的原因，更是规划控制的结果。

纽约是北美殖民地较早的发端之一，历史上哈得孙河两岸是港口物流的重要集散中心。此后，随着功能地位的改变，原有的仓库、码头、火车站等逐渐进行了不同程度的更新。例如，霍博肯火车站保留了部分客运铁路线路，取消了货运疏港交通，开挖了地铁，从而“腾出”了宝贵的滨水岸线。

这样大面积的更新改造，既得益于泽西市的后发优势，其没有将全部的滨水岸线早早占满，为改造提供了可能，也得益于美国政府规划者对于从海上进入纽约湾空间感受的重视。如此，也就形成了这一地区滨水空间的特色。

由于滨水区产业空间的合理规划，在哈得孙河两侧保存了原有港口空间用地，至今仍能够看到以往填海造地的木桩，而哈得孙河和纽约湾的开敞空间内只留下了优美的城市天际线。这样的滨水空间布局并非一蹴而就，而是经过长期发展才最终形成（张赫，2017b）。

三、西雅图填海区

西雅图位于美国西北部太平洋沿岸普吉特海湾和华盛顿湖之间，西临奥林匹克山脉，东临华盛顿湖。西雅图的城市发展历史是移民围填海扩张史。历史留存的著名的城市地标——派克市场及今天西雅图城市居住空间的重要组成部分——滨水高档住宅区，绝大部分是填海形成的。

西雅图早期的经济发展主要受益于得天独厚的海洋条件、优越的地理位置、富饶的森林和矿产资源，以及宜人的温带海洋性气候。因此，渔业、采煤业、木材加工业及海上运输业曾经一度成为当地的支柱行业。早期的西雅图码头区有很多仓储货运空间。20 世纪初造船业的兴旺和第二次世界大战后以波音公司为主体的商业、航空工业的繁荣，将西雅图的经济推向飞速发展的道路，带来了交通运输业的二次繁荣。

位于艾略特海湾海滨的派克市场始建于 1907 年，是填海后形成的美国最古老的农贸市场。经过 100 多年的发展，这里作为特色的全球咖啡文化品牌代表——星巴克的诞生地具有了知名度，同时，西雅图政府在派克市场周边修建了维特史坦柏公园等许多亲水空间，形成以休闲游憩为主体的海岸空间（张赫，2018）。

第四节　海洋工程建筑业分布

一、地区分布

墨西哥湾地区是美国石油工业主要分布区，因而海洋工程建筑业在全国占主要地位，2015 年其产值（增加值）占全国海洋工程建筑业的 33.8%，其次是西部地区和大西洋中部地区，这三个地区即占了全国的 79.4%（表 6-2）。

表 6-2　美国海洋工程建筑业产值（增加值）分布（2015 年）

项目	墨西哥湾地区	西部地区	大西洋中部地区	东南地区	东北地区	五大湖地区	太平洋地区	东北太平洋地区	合计
产值（增加值）/万美元	179 517	132 100	109 640	48 610	17 384	19 146	18 997	4 981	530 375
占比/%	33.8	24.9	20.7	9.2	3.3	3.6	3.6	0.9	100.0

资料来源：NOEP. https://www.oceaneconomics.org。

二、各州分布

得克萨斯、加利福尼亚、佛罗里达、路易斯安那、纽约等州是海洋工程建筑业的主要分布州，其次是华盛顿、新泽西、弗吉尼亚等州。其中，得克萨斯一个州的产值（增加值）即占了18%左右（图6-1）。

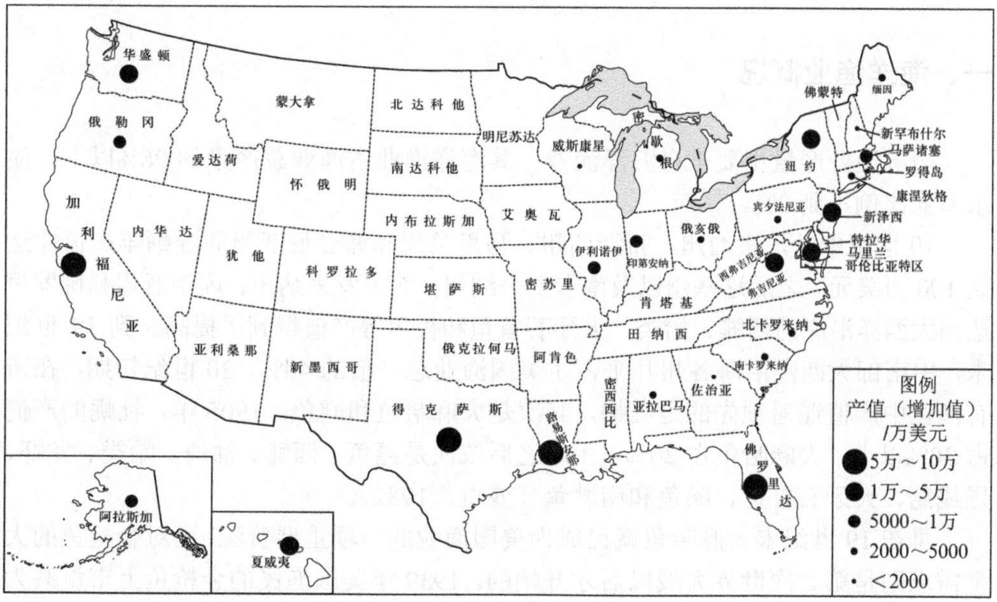

图6-1　美国海洋工程建筑业产值（增加值）分布图

资料来源：NOEP. https://www.oceaneconomics.org

参 考 文 献

陈可文. 2003. 中国海洋经济学[M]. 北京：海洋出版社.

刘贵新. 2011-11-25. 全球海工市场状况[N]. 中国船舶报特刊，17版.

刘良忠，柳新华. 2013. 海洋强国战略与跨海通道建设[M]. 北京：经济科学出版社.

张赫. 2017-08-23a. 独具特色的美国波士顿填海区[N]. 中国海洋报，4版.

张赫. 2017-07-26b. 布局合理的纽约湾滨水区[N]. 中国海洋报，4版.

张赫. 2018-01-03. 独具特色的西雅图填海区[N]. 中国海洋报，4版.

NOEP. 2018-06-30. Ocean Economy Data[EB/OL]. https://www.oceaneconomics.org/Market/ocean/oceanEcon.asp.

第七章 美国海洋渔业布局

第一节 渔业的发展

一、海洋渔业概况

美国渔业产量主要来自海洋渔业，其海洋渔业占渔业总产量的98%以上，淡水渔业比例不到2%。

19世纪中叶，纽约州、新泽西州、马里兰州和弗吉尼亚州的牡蛎年产值才达到100万美元。之后这些州以及南卡罗来纳州、北卡罗来纳州、佐治亚州和佛罗里达州大西洋沿岸的西鲱、蛤类、犬牙石首鱼和梭鱼等产值得到了提高。到19世纪末，中南部大西洋沿海各州几乎占了美国渔业总产值的40%。20世纪初期，在所有渔业中产值遥遥领先的是牡蛎，其次是大麻哈鱼和鳕鱼。1905年，牡蛎的产值占30%以上，大麻哈鱼占20%以上，之后依次是鳕鱼、西鲱、油鲱、蛤类、龙虾、黑线鳕、犬牙石首鱼、鲭鱼和南乳鱼（曼贡，1982）。

早在19世纪末大麻哈鱼就已成为美国渔业的一项重要资源，而对金枪鱼的大量需求则是第二次世界大战以后才开始的。1939年美国渔民的金枪鱼上市量共为1.82亿磅（1磅≈0.45kg），1950年猛增到3.922亿磅，此后几十年来增长比较适度，年渔获量维持在3亿～3.5亿磅。美国的金枪鱼船队逐渐向南移到毗邻墨西哥和哥斯达黎加的东太平洋海域，后来又移到厄瓜多尔和秘鲁沿岸。20世纪60年代，美国已将庞大的金枪鱼船队开进太平洋、印度洋和大西洋，占了世界金枪鱼总渔获量的3/4。

二、海洋渔业发展

1. 美国历年海洋渔获量变化

美国海洋捕捞业总体呈上升趋势，1975年为276.5万t，占世界海洋渔获量的4.7%，2015年海洋渔获量提高到497.6万t，占世界海洋渔获量的5.3%（表7-1）。

表 7-1 美国历年海洋渔获量变化情况

项目	1975 年	1980 年	1985 年	1990 年	1995 年	2000 年	2005 年	2010 年	2012 年	2013 年	2014 年	2015 年
全球海洋渔获量/万 t	5875.4	6438.3	7568.0	8258.1	8662.2	5604.5	8371.8	5897.0	9133.6	9349.1	9214.8	9388.7
美国海洋渔获量/万 t	276.5	297.4	469.3	560.0	496.8	472.0	486.4	442.6	512.8	514.2	497.6	497.6
占比/%	4.7	4.6	6.2	6.8	5.7	8.4	5.8	7.5	5.6	5.5	5.4	5.3

资料来源：中国海洋统计年鉴。

2. 美国海洋渔获量在世界的地位

2002 年美国的海洋渔获量为 490.7 万 t，占世界海洋渔获量的 5.8%，位居世界第三位（《中国海洋统计年鉴 2003》）。

经过 10 年的发展，美国的海洋渔获量由 2002 年的 490.7 万 t 增长到 2012 年的 512.8 万 t，在世界各沿海捕鱼国家中排序仍居第三（表 7-2）（管筱牧和尹德伟，2017）。

表 7-2 2012 年美国与世界主要海洋捕鱼国的渔获量

项目	世界	中国	印度尼西亚	美国	印度	秘鲁	俄罗斯	日本
渔获量/万 t	9130.6	1616.7	581.4	512.8	487.2	484.9	433.1	365.1
占世界总量比例/%	100.0	17.7	6.4	5.6	5.3	5.3	4.7	4.0

三、金枪鱼渔业

金枪鱼渔业属于远洋渔业范畴，远洋渔业在美国渔业中所占比重不大，金枪鱼渔业是美国主要的远洋渔业，金枪鱼渔获量的 90%以上捕自国际水域和他国水域，主要渔场在太平洋东岸、墨西哥湾南部、大西洋中部、中西太平洋等海域。

金枪鱼围网主要作业范围在 20°S～20°N，其作业高峰期在 5～9 月。2000～2015 年中西太平洋总渔获量达到 2507.8 万 t，围网作业是中西太平洋渔业渔获量最大的作业方式，占所有渔具总渔获量的 64.7%。2015 年围网渔获量为 176.6 万 t，相对于 2014 年有所减少。采用围网捕捞的主要国家为中国、日本、韩国、美国和菲律宾，其中，日本、韩国和美国围网渔获量占总围网渔获量的 50%。美国在中西太平洋的围网渔获量早期较低，且 2003～2007 年低于 10 万 t，但 2009 年后基本与日本和韩国持平（图 7-1）（朱曙光和倪震于，2017）。

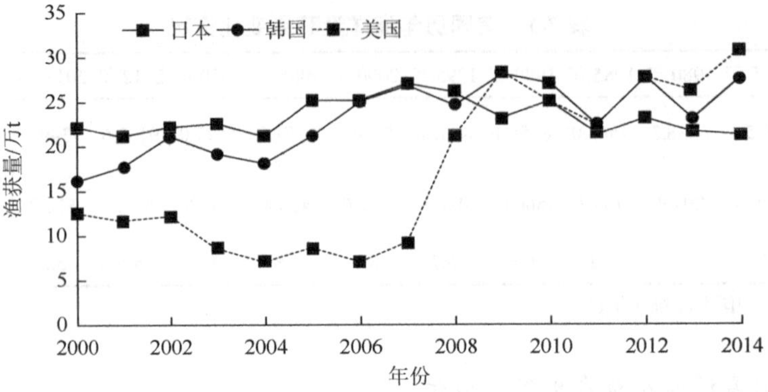

图 7-1　日本、韩国和美国金枪鱼围网渔获量

资料来源：中国海洋统计年鉴

四、养殖渔业

1. 概况

美国的水产养殖业到 20 世纪 60 年代才有较大的发展。水产养殖业在美国是一个较小的产业，其产值远不及休闲渔业。美国鱼类养殖品种少，首先是发展斑点叉尾鮰，到 20 世纪 80 年代后才逐步增加了鲑鳟、西部美鳊、鲈鱼、罗非鱼等。贝类和虾类养殖的品种主要有长巨牡蛎、贞洁巨牡蛎、贻贝、菲律宾蛤仔、薪蛤、鲍、南美白对虾和克氏原螯虾。

2. 养殖品种的生产

（1）罗非鱼。养殖罗非鱼主要作为休闲渔业的饵料鱼，主要养殖的是尼罗罗非鱼。该鱼的出肉率为 35%，养殖方式为池塘养殖和流水养殖，年产量在 8220t 左右。

（2）对虾养殖。美国养虾面积虽然不大，但单位面积产量都很高，每公顷一般可产虾 2.25t。养虾都在高潮线以上的土质池塘中进行，主要养殖南美白对虾，有少量红额角对虾和白对虾，分精养和半精养两种方式。养殖产量以得克萨斯州最大，占总产量的 80%以上，其他两个发展养虾业的州是南卡罗来纳州和夏威夷州。

3. 人工鱼礁

1985 年美国的人工鱼礁建设步入正轨。到 2005 年，已有 150 座海洋平台的水下导管架变成了人工鱼礁，仅 20 世纪 70～80 年代中期的 10 年时间就沉放了 50 万艘船舶入海作礁。此外，约有 200 艘第二次世界大战时退役军舰用作人工鱼礁，同时还有超过 100 艘 90m 的长军舰用作人工鱼礁（姜作真和段钰，2006）。目前美国沿海各地设置的鱼礁已有1200处，参加游钓活动的人数近6000万，游钓船只1100万艘，钓捕产量约150万t，占渔业总产量的35%。据统计，全美每年因游钓渔业带来的经济效益达500亿美元。

美国对人工鱼礁的建设主要以废弃石油平台、钻井平台和军舰为主，重视发展游钓业，不仅创造了大量就业岗位，而且游钓收入也大大增加。

从钓鱼者的角度而言，人工鱼礁可以形成很好的垂钓场所。美国人工鱼礁的最大特点就是与休闲渔业紧密结合，这就为广大垂钓者创造了良好的场所，对美国休闲渔业的发展起了很大的促进作用。

佛罗里达州是美国人工鱼礁建设数量最多的州，全美约一半的人工鱼礁集中在该州，亚拉巴马州则是全美人工鱼礁建设规划最大的州。

第二节　美国鱼类贸易

一、鱼类贸易值进出口结构

美国是鱼类贸易进口大国，2006年进口值达109亿美元，占73.9%；出口值达38.4亿美元，占26.1%；2015年进口值达155亿美元，占73.7%；出口值占26.3%。

美国海洋鱼类贸易可分为8类：第一类，活鱼；第二类，鲜、冷鱼，冻鱼；第三类，冻鱼；第四类，鲜、冷、冻鱼片及其他鱼肉；第五类，干、盐腌或盐渍的鱼；第六类，冷、冻、干、盐腌或盐渍的细粉、粗粉及团粒；第七类，无脊椎动物的细粉、粗粉及团粒；第八类，供人食用的水生无脊椎动物的细粉、粗粉及团粒。其中，第一类、第二类、第四类、第五类、第六类、第七类的进口值均占50%及以上。第二类、第四类、第五类和第六类进口值占比高达80%以上。第三类、第七类和第八类的出口值占50%及以上，表7-3为美国不同类型的海洋鱼类贸易值构成。

表7-3　美国不同类型的海洋鱼类贸易值构成（2015年）

类型（代码）	出口值/万美元	占比/%	进口值/万美元	占比/%
活鱼（301）	5 579	45.1	6 782	54.9
鲜、冷鱼，冻鱼（302）	17 800	9.5	169 000	90.5
冻鱼（303）	202 531	76.4	62 482	23.6
鲜、冷、冻鱼片及其他鱼肉（304）	116 218	17.6	545 216	82.4
干、盐腌或盐渍的鱼（305）	3 294	9.6	30 873	90.4
冷、冻、干、盐腌或盐渍的细粉、粗粉及团粒（306）	114 161	15.1	641 184	84.9
无脊椎动物的细粉、粗粉及团粒（307）	90 600	50.0	90 600	50.0
供人食用的水生无脊椎动物的细粉、粗粉及团粒（308）	4 431	52.0	4 087	48.0

资料来源：UN Comtrade Database. http://www.trademap.org。

二、鱼类进口贸易分析

为了阐述方便，将进口贸易和出口贸易分别阐述，并根据每种鱼类占进口（或出口）贸易的比例，从中各选两个占比较高的类型进行分析。活鱼（代码：301）和冻鱼（代码：303）在进出口贸易中均进行分析。在进口贸易中还选择了“鲜、冷、冻鱼片及其他鱼肉”（代码：304）进行分析。

1. 活鱼进口贸易

2006 年美国活鱼进口值 8093 万美元，占进出口总值的 65.2%，但有逐年下降趋势，2015 年活鱼进口值降为 6782 万美元，占进出口总值的 54.0%。

亚洲是美国进口活鱼的主要大洲，其进口贸易值的比例高达 86.8%（表 7-4）。

表 7-4　美国活鱼各洲进口贸易值（2015 年）

洲	进口值/万美元	占比/%	国家及地区数/个
美洲	330	4.9	13
欧洲	72	1.1	8
亚洲	5890	86.8	16
非洲	114	1.7	11
大洋洲	376	5.5	13
合计	6782	100.0	61

资料来源：UN Comtrade Database. http://www.trademap.org。

美国主要从加拿大、哥伦比亚、秘鲁等美洲国家，德国、荷兰、捷克等欧洲国家，韩国、新加坡、泰国等亚洲国家，肯尼亚、尼日利亚、坦桑尼亚等非洲国家，澳大利亚、基里巴斯等大洋洲国家进口活鱼。

美国活鱼进口的 61 个国家中，前 15 位国家共占全部进口的 72%以上，其中韩国、新加坡和泰国是主要进口国家，这三国占活鱼全部进口值的 47%（图 7-2）。

2. 冻鱼进口贸易

（1）冻鱼贸易历年发展。美国冻鱼以出口为主，基本呈增长趋势。出口值逐年增长，一般占 75%以上（表 7-5）。

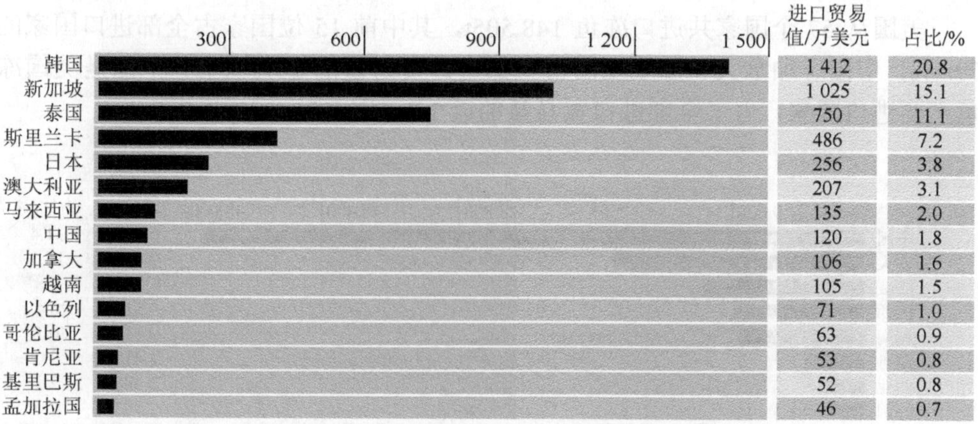

图 7-2　美国活鱼进口贸易值世界前 15 位国家（2015 年）

资料来源：UN Comtrade Database. http://www.trademap.org

表 7-5　美国冻鱼 2006 年和 2015 年进出口情况

年份	进口值/万美元	进口值占比/%	出口值/万美元	出口值占比/%	合计/万美元
2006	57 773	24.7	176 139	75.3	233 912
2015	62 482	23.6	202 531	76.4	265 013

资料来源：UN Comtrade Database. http://www.trademap.org。

（2）冻鱼贸易分布。在冻鱼进口量方面，亚洲占 61.0%，美洲占 24.9%，此两大洲占了 85%以上，欧洲位居第三，占 12.8%（表 7-6）。

表 7-6　美国冻鱼贸易各洲进口贸易情况（2015 年）

洲	进口量/t	进口量占比/%	进口值/万美元	进口值占比/%	国家及地区数/个
美洲	37 048	24.9	17 357	27.8	16
欧洲	18 954	12.8	10 620	17.0	15
亚洲	90 578	61.0	32 658	52.3	15
非洲	1 056	0.7	1 144	1.8	7
大洋洲	869	0.6	703	1.1	4
合计	148 505	100.0	62 482	100.0	57

资料来源：UN Comtrade Database. http://www.trademap.org。

美国冻鱼从各大洲都有进口，美洲国家主要有加拿大、巴西、墨西哥等，欧洲国家主要有挪威、冰岛、俄罗斯等，亚洲国家主要有中国、越南、印度尼西亚等，非洲国家主要有塞内加尔、摩洛哥、南非等，大洋洲国家主要有新西兰、澳大利亚等。

美国从 57 个国家共进口冻鱼 148 505t，其中前 15 位国家占全部进口国家的 79.4%，中国、加拿大、挪威三国占全部进口贸易量的 50%以上。中国是美国冻鱼主要进口国家，占了全部进口贸易量的近 1/3（图 7-3）。

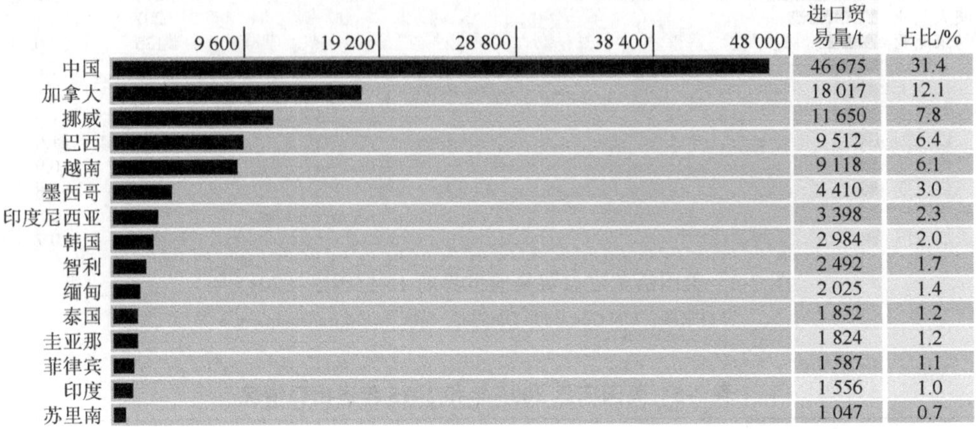

图 7-3　美国冻鱼进口贸易量前 15 位国家（2015 年）

资料来源：UN Comtrade Database. http://www.trademap.org

3. 鲜、冷、冻鱼片及其他鱼肉进口贸易

2006 年，美国鲜、冷、冻鱼片及其他鱼肉进口值为 326 024 万美元，占进出口总值的 79.2%，逐年有所增长，2015 年进口值为 545 215 万美元，占比由 2006 年的 79.2%增长到 2015 年的 82.1%左右。

亚洲和美洲是美国鲜、冷、冻鱼片及其他鱼肉主要的进口大洲，尤其亚洲占主要地位，虽然进口国家及地区数和美洲、欧洲相近，但进口量占了约 2/3（表 7-7）。

表 7-7　美国鲜、冷、冻鱼片及其他鱼肉各洲进口贸易情况（2015 年）

洲	进口量/t	进口量占比/%	进口值/万美元	进口值占比/%	国家及地区数/个
美洲	223 782	28.5	218 226	40.0	22
欧洲	65 521	8.3	68 770	12.6	20
亚洲	490 534	62.4	250 490	46.0	19
非洲	1 397	0.2	1 794	0.3	11
大洋洲	4 928	0.6	5 935	1.1	6
合计	786 162	100.0	545 215	100.0	78

资料来源：UN Comtrade Database. http://www.trademap.org。

美国从美洲进口鲜、冷、冻鱼片及其他鱼肉的国家以智利、加拿大、厄瓜多尔等为主，从欧洲进口的国家以挪威、冰岛、俄罗斯等为主，从亚洲进口的国家以中国、越南、印度尼西亚等为主，从非洲进口的国家及地区以南非、圣赫勒拿（英）等为主，从大洋洲进口的国家以新西兰、马绍尔群岛等为主。

美国鲜、冷、冻鱼片及其他鱼肉从 78 个国家及地区进口，共进口 786 162t，前 15 位国家占全部进口量的 93.0%，其中，中国、智利和越南三国占了 72.5%，而中国就占了 39%（图 7-4）。

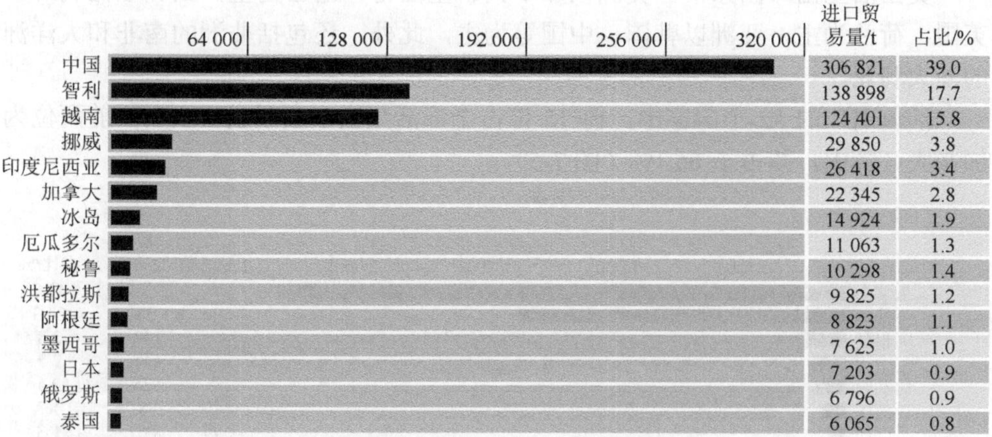

图 7-4　美国鲜、冷、冻鱼片及其他鱼肉进口贸易量前 15 位国家（2015 年）

资料来源：UN Comtrade Database. http://www.trademap.org

三、鱼类出口贸易分析

1. 活鱼出口贸易

美国活鱼出口贸易值 2006 年为 4321 万美元，占总贸易值的 38.8%，2015 年提高到 5279 万美元，在贸易总值中占比提高到 45.1%。

美国活鱼贸易以亚洲和美洲为主要出口洲，其中亚洲出口值占 49.1%（表 7-8）。

表 7-8　美国活鱼各洲出口贸易情况（2015 年）

洲	出口值/万美元	占比/%	国家及地区数/个
美洲	2349	44.5	16
欧洲	327	6.2	16
亚洲	2592	49.1	17

续表

洲	出口值/万美元	占比/%	国家及地区数/个
非洲	7	0.1	2
大洋洲	4	0.1	1
合计	5279	100.0	52

资料来源：UN Comtrade Database. http://www.trademap.org。

美国活鱼出口国家中，美洲以加拿大、墨西哥、巴西为主，欧洲以比利时、英国、荷兰为主，亚洲以韩国、中国等为主，此外，还包括非洲的南非和大洋洲的澳大利亚。

活鱼出口的 52 个国家中，前 15 位占全部活鱼出口贸易的 80.6%，前两位为加拿大、韩国，共占了 66.1%（图 7-5）。

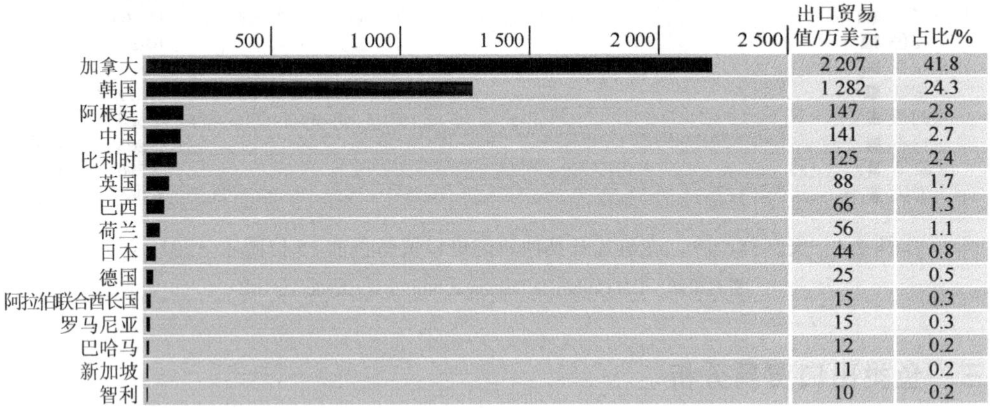

图 7-5　美国活鱼出口贸易值前 15 位国家（2015 年）

资料来源：UN Comtrade Database. http://www.trademap.org

2. 冻鱼出口贸易

冻鱼出口是美国的主要贸易类型，其历年出口量在 60 万～70 万 t，有逐年增长的趋势，2006 年出口量为 668 359t，占进出口总量的 81.7%，2015 年增长到 704 709t，占进出口总量的 82.4%。

亚洲是美国主要出口大洲，出口量比例高达 79.4%，出口值高约 16 亿美元（表 7-9）。

表 7-9　美国冻鱼各洲出口贸易情况（2015 年）

洲	出口量/t	出口量占比/%	出口值/万美元	出口值占比/%	国家及地区数/个
美洲	38 469	5.4	10 950	5.4	35
欧洲	86 004	12.2	27 257	13.6	32
亚洲	559 494	79.4	160 080	79.6	30
非洲	15 877	2.3	1 992	1.0	16
大洋洲	4 865	0.7	817	0.4	8
合计	704 709	100.0	201 096	100.0	121

资料来源：UN Comtrade Database. http://www.trademap.org。

美国冻鱼主要出口国家及地区，美洲以加拿大、墨西哥、哥伦比亚等为主，欧洲以乌克兰、德国、荷兰等为主，亚洲以中国、日本、泰国等为主，非洲以尼日利亚、贝宁、喀麦隆等为主，大洋洲以澳大利亚、法属波利尼西亚等为主。

全部 121 个国家及地区出口贸易量为 704 709t，冻鱼出口贸易前 15 位国家占全部出口贸易量的 92.2%，而中国占了 46.2%，其次是日本、韩国，三国共占冻鱼出口贸易的 73.4%（图 7-6）。

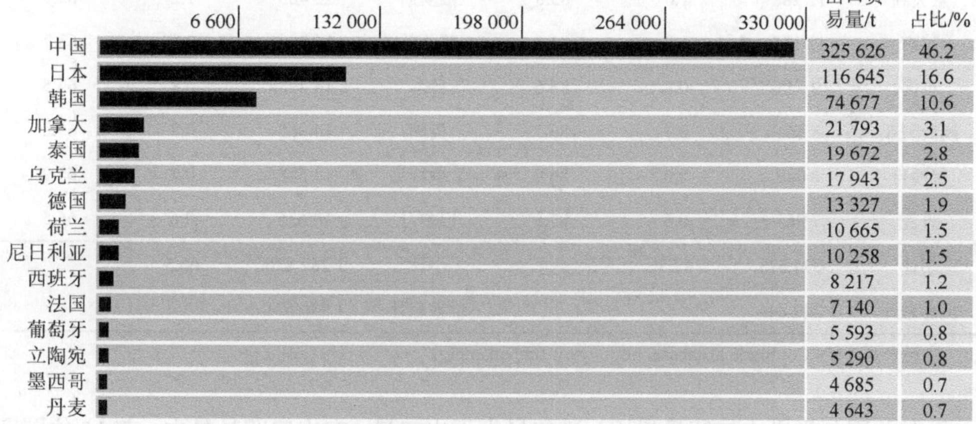

图 7-6　美国冻鱼出口贸易量前 15 位国家（2015 年）

资料来源：UN Comtrade Database. http://www.trademap.org

四、各类鱼进出口贸易总体分析

现对各类鱼进出口贸易进行总体分析，从表 7-10 可知，15 个国家及地区进出口贸易量中出口量前 15 位国家占了出口量总计的 87.5%，前 5 位国家即占了 73.8%。进口量前 15 位国家及地区占了进口量总计的 66.5%，前 5 位国家即占了 51.9%。无论是进口量还是出口量均以中国为首。

表 7-10　美国各鱼类进出口贸易量前 15 位国家及地区对比（2015 年）

出口				进口			
国家	出口量/t	出口量占比/%	出口量累计/%	国家	进口量/t	进口量占比/%	进口量累计/%
中国	385 939	30.9	30.9	中国	430 561	22.3	22.3
日本	206 056	16.5	47.4	加拿大	271 834	14.1	36.4
韩国	144 763	11.6	59	越南	173 120	9.0	45.4
加拿大	131 748	10.5	69.5	智利	15 626	0.8	46.2
荷兰	54 264	4.3	73.8	厄瓜多尔	109 232	5.7	51.9
西班牙	36 144	2.9	76.7	挪威	59 873	3.1	55.0
法国	29 126	2.3	79	墨西哥	58 901	3.1	58.1
泰国	25 138	2.0	81	泰国	46 638	2.4	60.5
德国	22 544	1.8	82.8	阿根廷	24 067	1.2	61.7
意大利	12 288	1.0	83.8	俄罗斯	23 483	1.2	62.9
越南	12 155	1.0	84.8	新西兰	16 304	0.8	63.7
英国	9 944	0.8	85.6	日本	14 498	0.8	64.5
澳大利亚	8 564	0.7	86.3	英国	14 065	0.7	65.2
墨西哥	8 040	0.6	86.9	法罗群岛	13 588	0.7	65.9
丹麦	7 965	0.6	87.5	巴拿马	10 636	0.6	66.5
小计	1 094 678	87.5		小计	1 282 426	66.5	
世界总计	1 249 844			世界总计	1 930 521		

资料来源：UN Comtrade Database. http://www.trademap.org。

在美国鱼类进出口贸易量中，进口量大于出口量。在出口贸易量中，前 15 位国家占全部出口贸易量的 87.5%，而前 5 位国家占了 73.8%，中国占了 30.9%。在进口贸易量中，前 15 位国家占全部进口贸易量的 66.5%，而前 5 位国家占了 51.9%，中国占了 22.3%。在进出口量中中国均排第 1 位，但从绝对量看，从中国出口量为 385 939t，而从中国进口量为 430 561t。对日本出口量排第 2 位，而从日本进口量排第 12 位。

由表 7-11 看出，美国各种鱼在各洲的进出口量存在差异，进出口量排序中亚洲均居首位。

表 7-11　美国各种鱼从各洲进出口贸易量（2015 年）

洲	出口量/t	出口量占比/%	进口量/t	进口量占比/%
美洲	163 330	13.1	735 489	38.1
欧洲	227 992	18.2	154 825	8.0
亚洲	831 515	66.5	1 021 475	52.9
非洲	17 048	1.4	11 289	0.6
大洋洲	9 959	0.8	7 761	0.4
合计	1 249 844	100.0	1 930 839	100.0

资料来源：UN Comtrade Database. http://www.trademap.org。

第三节　美国渔业分布

一、地区分布

美国东部、南部、西部均面临海洋，东北还有五大湖淡水水域。按美国沿海 8 个海洋地区划分，观察其渔业发展状况（表 7-12），西部沿海地区、墨西哥湾地区、大西洋中部地区和东北地区是美国主要渔业生产地区，这 4 个地区的渔业产值（增加值）占全部地区近 80%，东北太平洋地区（阿拉斯加）由于海域广阔，其渔业生产也占有一定比例。

表 7-12　美国沿海地区渔业产值（增加值）分布（2015 年）

项目	五大湖地区	西部沿海地区	墨西哥湾地区	太平洋地区	大西洋东南地区	大西洋中部地区	东北地区	东北太平洋地区	合计
产值（增加值）/万美元	19 459	157 947	131 939	7 444	34 685	109 747	105 672	86 334	653 227
占比/%	3.0	24.2	20.2	1.1	5.3	16.8	16.2	13.2	100.0

二、各州分布

华盛顿州是美国各州中渔业产值（增加值）最高的，其产值（增加值）占全部渔业产值（增加值）的 21.6%。阿拉斯加、马萨诸塞、弗吉尼亚三州各占全部渔业产值（增加值）的 10%左右，之后为路易斯安那州（5.9%）、佛罗里达州（4.9%）、加利福尼亚州（4.6%）、纽约州（4.0%）、密西西比州（3.7%）、得克萨斯州（3.1%）。这 10 个州即占全部 30 个沿海州总产值（增加值）的 70%以上，其他 20 个州占比不足 30%（图 7-7）。

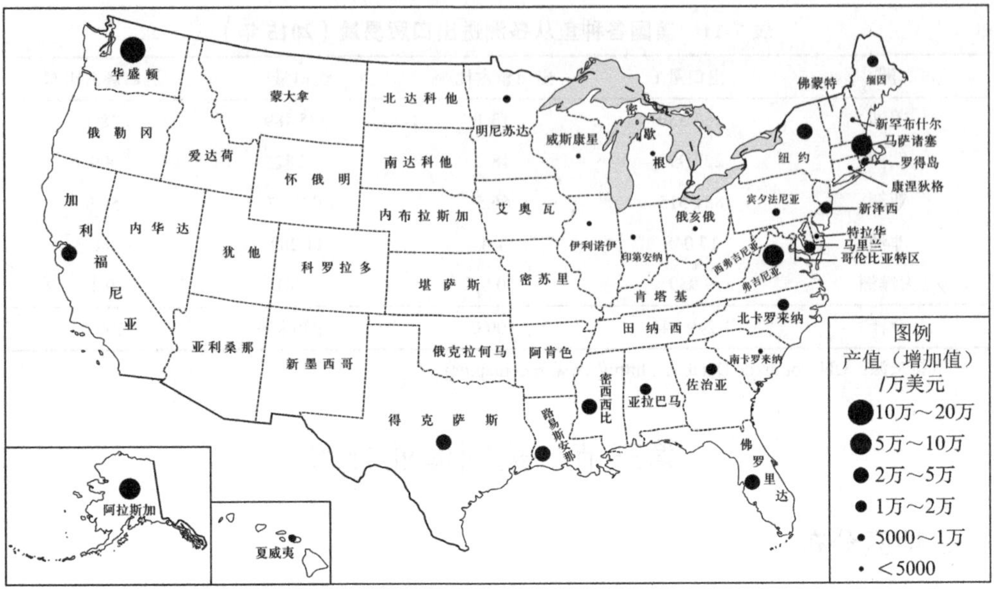

图 7-7 美国海洋渔业产值（增加值）分布图

资料来源：NOEP. https://www.oceaneconomics.org

参 考 文 献

管筱牧，尹德伟. 2017. 基于生命周期理论的国际海洋捕捞业发展比较研究[J]. 中国渔业经济，35（2）：24-30.

姜作真，段钰. 2006. 建设人工鱼礁，保护和增殖海洋渔业资源[J]. 水产科技情报，33（2）：94-96.

曼贡. 1982. 美国海洋政策[M]. 张继先，译. 北京：海洋出版社.

杨坚，李健华，王衍亮. 2004. 世界各国和地区渔业概况[M]. 北京：海洋出版社.

朱曙光，倪震宇. 2017. 中西太平洋金枪鱼现状及中国发展对策[J]. 中国渔业经济，35（4）：27-33.

Cicin-Sain B，Knecht R W. 2010. 美国海洋政策的未来——新世纪的选择[M]. 张耀光，韩增林，译. 北京：海洋出版社.

NOEP. 2018-06-30. Ocean Economy Data[EB/OL]. https://www.oceaneconomics.org/Market/ocean/oceanEcon.asp.

UN Comtrade Database. Trade statistics for international business development[EB/OL]. [2018-09-25]. https://www.trademap.org/Index.aspx.

第八章　美国海洋油气产业布局

美国特朗普政府于 2017 年 12 月发布的《国家安全战略报告》指出，美国已经成为一个在全球有能源支配地位的国家。美国石油和天然气的生产与出口已今非昔比。在过去几十年里，美国担忧能源短缺和进口依赖，而这种担忧将美国卷入了中东战争中。相比之下，近年来丰富的新能源让美国处于令人艳羡的地缘政治地位。

美国能源地位的转变来源于其对致密油的开采和生产。这种油埋藏在页岩岩层下。此前受制于技术和经济等因素，美国的石油公司很难开采这种类型的油田。2010 年后，有利的投资环境、技术革新和政府向私人业主提供特许权使用费，为致密油的开采提供了完美的支持（尼尔·巴提亚，2018）。

第一节　海洋油气开采与生产

一、不同年代的油气开采

1. 20 世纪 80 年代前期

美国海上石油和天然气开采活动可以追溯到 1896 年，当年在加利福尼亚的圣巴巴拉海峡，用木质栈桥式井架开采石油。1923 年又在路易斯安那州密西西比河三角洲浅水区将一个井架安装在木板平台上开始钻探石油。但是，第一个成功的商业开发案例是 1947 年在离路易斯安那州摩根市 22.224km 的海岸，科麦奇斯坦林德和菲利普斯石油公司用 Kermac16 钻机在 6m 水深的 32 区块钻探，从而海上油气开发区域不断增加，如从阿拉斯加到火地岛等。

世界上第一座坐底式钻井平台“环球 40 号”于 1949 年在美国墨西哥湾深水区进行钻探作业，后来，这种平台由于技术和设备的不断改进，已能在水深 30m 处作业。

1965 年世界上有了第一口深水井，是美国埃克森公司在加利福尼亚州南部岸外用“琼斯 1 号”钻井装置钻探的。20 世纪 70～80 年代，美国海上石油钻井数不断增多，海上石油钻井水深不断加深。

2. 21 世纪

21 世纪，国际海洋油气勘探开发范围已从浅海、半深海延伸到深海。美国是深海油气资源开发技术水平最高的国家，美国相关机构致力于各种新型平台开发，形成了以张力腿平台、深吃水立柱平台、半潜式平台、顺应塔平台为代表的多种深水平台系列。深井水深最大已达 2970m（2002 年加利福尼亚州联合石油公司在美国墨西哥湾深水地区钻探）。英国、挪威等西方先进的深海石油天然气开发国家的平台装备的钻井、井控、固控等设备及海底钻井设备约 90%来自美国。针对海上油气勘探过程的高风险性，美国开展跨学科、跨部门的海上油气勘探开发技术研究，确保海上油气开发的安全和环保。

据美国贝克林斯公司 2017 年 4 月 22 日公布的数据，美国原油钻机总数当周增加了 5 口，达到 688 口，为 2015 年 5 月以来的新高，较 2015 年年底已经增加了一倍（由娜，2018）。

二、石油和天然气生产

1. 原油生产

从 1947 年美国在路易斯安那州海上钻出第一口商业性生产井算起，至今已有 70 多年的历史。1859～1950 年，美国一直是世界上最大的石油生产中心，其产量经常占到全世界的 60%，号称“石油帝国”。1965 年，美国的石油产量为 4.3 亿 t，居世界第一位。1968 年美国的石油产量超过 5 亿 t，1970 年达到历史最高值 5.33 亿 t，之后开始回落，直到 1991 年，产量一直保持在 4 亿 t 以上。

美国海洋石油产量 1983 年为 6290 万 t，占世界海洋石油产量的 9.1%，1991 年产量为 4455 万 t，占世界海洋石油产量的 4.9%（表 8-1）。

表 8-1　20 世纪 80～90 年代美国海洋石油产量

项目	1983 年	1984 年	1985 年	1986 年	1987 年	1988 年	1989 年	1990 年	1991 年
美国/万 t	6 290	6 180	6 250	6 285	6 061	5 645	5 265	4 175	4 455
世界/万 t	68 945	76 848	75 629	69 612	73 686	71 986	74 077	75 656	91 640
美国占世界比例/%	9.1	8.0	8.3	9.0	8.2	7.8	7.1	5.5	4.9

资料来源：《中国海洋统计年鉴 1992》。

进入 21 世纪，美国海洋石油产量有一定的增长，2011 年达到 39 152 万 t，2014 年增长到 57 614 万 t，2015 年增长到 64 064 万 t，2015 年比 2005 年增长了近一倍，但是 2016 年又下降到 44 801 万 t（表 8-2）。

表 8-2　2005～2016 年美国海洋石油产量　（单位：万 t）

项目	2005 年	2007 年	2008 年	2009 年	2010 年	2011 年	2014 年	2015 年	2016 年
产量	34 484	33 505	33 505	35 791	37 371	39 152	57 614	64 064	44 801

资料来源：《国际统计年鉴 2017》。

美国 2018 年 11 月原油产量高达 1170 万桶/日，高于 2017 年 11 月的 965.8 万桶/日，美国用一年的时间将原油日产量提升了 200 多万桶，而在 2018 年 10 月美国就已经超越了沙特阿拉伯和俄罗斯，正式成为全球第一大原油生产国。美国页岩油产业由于开采成本相对低廉，一直维持了较高的景气度，因此页岩油产量井喷式增长，这也是美国原油产量巨幅增长的主要原因。

2008 年以来国际油价高位运行为页岩油大规模商业开发提供了条件，在页岩油的带动下，2005～2015 年美国原油产量大幅增长，扭转了数十年来原油产量持续下降的局面，成为同期产量增长较快的国家之一。富含页岩油的北达科他州、得克萨斯州以及阿拉斯加北坡的原油产量都得到快速提高。预计今后一段时期，美国石油产量将迎来全面复兴，石油产量增加将可能占同期全球石油供应增量的 7%左右（由娜，2018）。

2. 天然气生产

1983～1991 年，美国海洋天然气产量虽然只有 1000 多亿立方米，高于海洋石油产量占世界的比例，但占比从 1983 年的 42.5%下降为 1991 年的 34.5%，下降了 8 个百分点（表 8-3）。

表 8-3　美国海洋天然气产量（1983～1991 年）

项目	1983 年	1984 年	1985 年	1986 年	1987 年	1988 年	1989 年	1990 年	1991 年
美国/亿 m^3	1247	1285	1320	1231	1174	1079	959	1253	1320
世界/亿 m^3	2932	3442	3524	3495	3308	3186	3076	3473	3822
美国占世界比例/%	42.5	37.3	37.5	35.2	35.5	33.9	31.2	36.1	34.5

资料来源：《中国海洋统计年鉴 1992》。

2005～2015 年，美国海洋天然气产量有不同程度的增长，2005 年为 5453.8 亿 m^3，2015 年增长到 8175.9 亿 m^3，年均增长率为 4.13%（表 8-4）。

表 8-4　美国海洋天然气产量（2005～2015 年）（单位：亿 m^2）

项目	2005 年	2006 年	2007 年	2008 年	2009 年	2010 年	2012 年	2014 年	2015 年
产量	5453.8	5832.1	5816.8	6204.3	6323.2	6510.9	6940.3	7760.5	8175.9

资料来源：国际统计年鉴（历年）。

三、油气主要生产区域

1. 沿海各州分布状况

美国海洋石油生产主要分布在得克萨斯、阿拉斯加、加利福尼亚和路易斯安那等州，但从1990年起石油产量有所下降。沿海地区的石油产量占全国石油产量比例也随之下降，由1990年的71.2%下降到2010年的47.8%，下降了23.4个百分点（表8-5）。

表 8-5　美国沿海各州海洋石油产量

州	1990年		2000年		2008年		2010年	
	产量/万桶	占比/%	产量/万桶	占比/%	产量/万桶	占比/%	产量/万桶	占比/%
阿拉斯加	658	24.8	355	16.7	250	13.8	219	10.9
加利福尼亚	322	12.1	271	12.7	215	11.9	204	10.1
佛罗里达	6	0.2	5	0.2	2	0.1	2	0.1
路易斯安那	143	5.4	105	4.9	69	3.8	67	3.3
密西西比	30	1.1	20	0.9	22	1.2	24	1.2
得克萨斯	674	25.4	443	20.8	398	22.0	417	20.7
亚拉巴马	18	0.7	10	0.5	8	0.4	7	0.3
伊利诺伊	20	0.8	12	0.6	9	0.5	9	0.4
印第安纳	3	0.1	2	0.1	2	0.1	2	0.1
密歇根	5	0.2	3	0.1	6	0.3	7	0.3
宾夕法尼亚	2	0.1	2	0.1	4	0.2	3	0.1
俄亥俄	8	0.3	7	0.3	6	0.3	6	0.3
小计	1889	71.2	1235	57.9	991	54.6	967	47.8
全国	2655		2131		1812		2012	

资料来源：美国统计摘要。

2. 墨西哥湾产区

美国石油总储量和产量减少的同时，海上探明的储量和产量却逐年增加，是世界海上油气生产大国之一，其主要产区为墨西哥湾和加利福尼亚州近海。

墨西哥湾是美国最重要的海洋油气产区，1990 年占全国海上油气生产量的 73%，2004 年为 85%，这里的油气勘探主要集中在中部水域，大致位于路易斯安那外海的州政府和联邦政府管辖水域。墨西哥湾中西部油气产量占当前美国海洋油气产量的 95%以上，其中水深超过 305m 的区域油气产量已占墨西哥湾油气总产量的一半以上。

美国的海洋石油产量和海洋天然气产量分别占全国的 18%和 27%，这些资源大部分来源于墨西哥湾（图 8-1 和图 8-2），集中在墨西哥湾西部，特别是路易斯安那州和得克萨斯州（Cicin-Sain and Knecht，2010）。

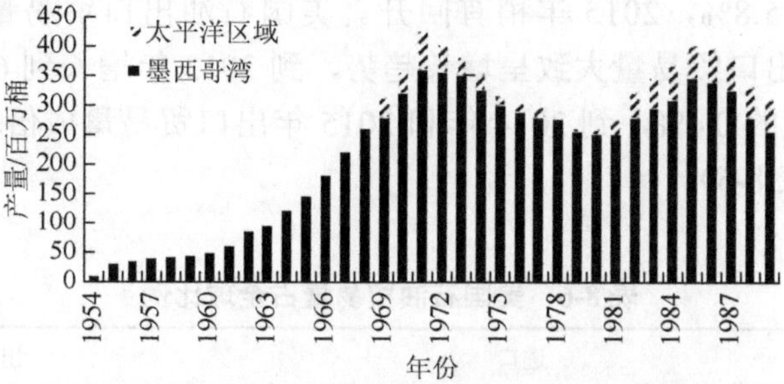

图 8-1　美国外大陆架石油和冷凝油产量

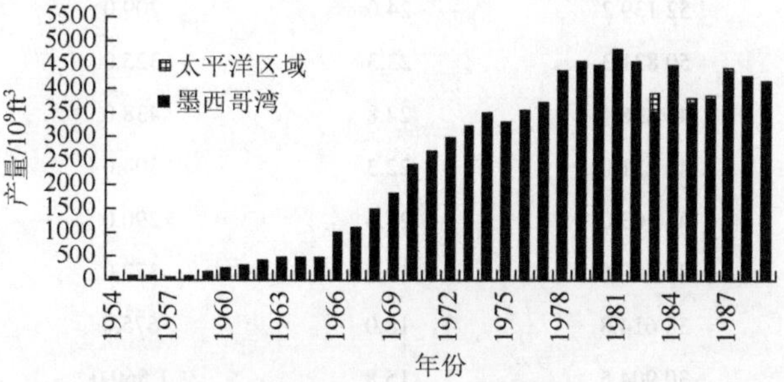

图 8-2　美国外大陆架天然气产量

1ft^3≈2.831m^3

除了墨西哥湾的油气田，另有两个油气勘探生产区，即阿拉斯加州和加利福尼亚州。这两个区在 1996 年的产量达到高峰，此后随着储存量的枯竭，产量有所下降。另外，美国 16%的国产原油通过阿拉斯加州瓦尔迪兹港运抵西部的海岸炼油厂。

第二节　美国石油贸易

一、石油贸易历年变化

1. 石油贸易量占全球比例大

美国石油进口贸易量较大，占全球石油总进口量的20%上下，2006～2011年占全球石油进口贸易量的20%以上，从2012年开始下降，2014年仅占全球石油进口贸易量的15.8%，2015年稍有回升。美国石油出口贸易量较小，2006年仅180万t，但出口贸易量大致呈增长趋势，到2013年增长到675万t，占全球石油出口贸易量的0.4%，到2014年和2015年出口贸易量成倍增长到1560万t和2320万t（表8-6）。

表8-6　美国石油贸易量占全球比例

年份	进口		出口	
	贸易量/万t	占全球比例/%	贸易量/万t	占全球比例/%
2006	53 067.3	23.8	180.0	0.1
2007	52 139.2	24.0	209.0	0.1
2008	50 821.3	23.3	325.0	0.2
2009	46 836.4	22.8	438.0	0.3
2010	46 721.0	22.3	304.0	0.2
2011	46 103.0	21.4	290.0	0.2
2012	42 700.5	19.5	377.0	0.2
2013	38 614.8	18.0	675.0	0.4
2014	30 904.5	15.8	1 560.0	0.1
2015	36 467.2	17.7	2 320.0	0.2

资料来源：由UN Comtrade Database数据计算得来，http://www.trademap.org。

美国是世界上最大的石油贸易国，石油贸易总量从2006年的53 247.3万t逐年下降，到2014年为32 464.5万t，2015年有所上升，为38 787.2万t，其中，进口贸易量从2006年的53 067.3万t下降到2015年的36 467.2万t。进口贸易量比例从2006年的99.7%下降到2015年的94.0%，下降了5.7个百分点。出口贸易量则有所提高，从2006年的180万t提高到2013年的675万t，2014年提高到1560万t，2015年又提高到2320.0万t，2006～2015年，提高了5.7个百分点（表8-7）。

表 8-7　美国 2006～2015 年石油贸易量

年份	进口		出口		贸易量合计/万 t
	贸易量/万 t	占比/%	贸易量/万 t	占比/%	
2006	53 067.3	99.7	180.0	0.3	53 247.3
2007	52 139.2	99.6	209.0	0.4	52 348.2
2008	50 821.3	99.4	325.0	0.6	51 146.3
2009	46 836.4	99.1	438.0	0.9	47 274.4
2010	46 721.0	99.4	304.0	0.6	47 025.0
2011	46 103.0	99.4	290.0	0.6	46 393.0
2012	42 700.5	99.1	377.0	0.9	43 077.5
2013	38 614.8	98.3	675.0	1.7	39 289.8
2014	30 904.5	95.2	1 560.0	4.8	32 464.5
2015	36 467.2	94.0	2 320.0	6.0	38 787.2

资料来源：UN Comtrade Database. http://www.trademap.org。

2. 美国原油进口量总体趋于下降趋势

20 世纪 80 年代以来，美国经济稳步增长，石油需求量逐步提高，但美国原油产量呈下降趋势，为满足国内石油需求，美国原油进口量逐年提高，成为全球最大的原油进口国。

2005 年以后，美国原油进口量稳中趋降，尤其是 2008 年金融危机以来，美国原油进口量明显减少，对外依存度相应大幅下降（表 8-8）（张抗和周芳，2011）。

表 8-8　1960～2009 年美国原油进口依存度变化

项目	1960 年	1970 年	1980 年	1990 年	2000 年	2004 年	2006 年	2007 年	2008 年	2009 年
进口量/万 t	5 145	6 557	24 792	35 685	21 010	49 930	53 067	52 139	50 821	46 836
生产量/万 t	37 974	53 054	43 250	35 960	29 110	32 980	31 180	31 150	30 510	32 530
依存度/%	11.93	11.00	36.44	49.81	41.92	60.22	62.99	62.60	62.49	59.01

二、石油进口贸易

1. 从各大洲进口状况

美国石油进口量逐年减少，2006 年进口量为 53 067 万 t，2015 年降到 36 467 万 t，美洲是美国石油进口的主要来源地，非洲和亚洲是次要进口来源地，非洲在 2006 年是美国石油第二大进口地区，但到 2015 年占比明显下降（表 8-9）。

表 8-9　美国从各大洲进口石油量

洲	2006 年		2010 年		2015 年	
	进口量/万 t	占比/%	进口量/万 t	占比/%	进口量/万 t	占比/%
美洲	26 915	50.7	24 836	53.2	26 762	73.4
欧洲	1 910	3.6	2 040	4.4	225	0.6
亚洲	11 569	21.8	9 040	19.3	7 970	21.9
非洲	12 630	23.8	10 758	23.0	1 460	4.0
大洋洲	43	0.1	47	0.1	50	0.1
合计	53 067	100.0	46 721	100.0	36 467	100.0

资料来源：UN Comtrade Database. http://www.trademap.org。

2. 进口量变化

2006 年、2010 年、2015 年三年进口量前五位国家中，2006 年和 2010 年的位序为加拿大、墨西哥、委内瑞拉、沙特阿拉伯和尼日利亚。这五个国家的进口量 2006 年和 2010 年依次占 67.6%和 66.9%。2015 年进口量前五位国家的位序发生了变化，原第二位的墨西哥被沙特阿拉伯取代，原第五位的尼日利亚被哥伦比亚取代，2015 年前五位国家的进口量占当年总进口量的 81.7%（表 8-10）。

表 8-10　美国石油进口国家变化

2006 年			2010 年			2015 年		
进口国家	进口贸易量/万 t	占比/%	进口国家	进口贸易量/万 t	占比/%	进口国家	进口贸易量/万 t	占比/%
加拿大	8 612	16.2	加拿大	9 498	20.3	加拿大	15 023	41.2
墨西哥	7 740	14.6	墨西哥	5 824	12.5	沙特阿拉伯	5 389	14.8
委内瑞拉	7 134	13.4	委内瑞拉	5 554	11.9	委内瑞拉	3 958	10.9
沙特阿拉伯	7 034	13.3	沙特阿拉伯	5 400	11.6	墨西哥	3 471	9.5
尼日利亚	5 370	10.1	尼日利亚	4 952	10.6	哥伦比亚	1 915	5.3
伊拉克	2 665	5.0	阿尔及利亚	2 562	5.5	伊拉克	1 155	3.2
阿尔及利亚	2 562	4.8	伊拉克	2 190	4.7	厄瓜多尔	1 155	3.2
安哥拉	2 484	4.7	安哥拉	2 006	4.3	科威特	1 064	2.9
厄瓜多尔	1 339	2.5	俄罗斯	1 317	2.8	巴西	972	2.7
科威特	924	1.7	巴西	1 300	2.8	安哥拉	630	1.7
巴西	657	1.2	哥伦比亚	1 047	2.2	乍得	356	1.0

续表

2006 年			2010 年			2015 年		
进口国家	进口贸易量/万 t	占比/%	进口国家	进口贸易量/万 t	占比/%	进口国家	进口贸易量/万 t	占比/%
俄罗斯	621	1.2	厄瓜多尔	1 027	2.2	尼日利亚	319	0.9
英国	607	1.1	科威特	947	2.0	俄罗斯	181	0.5
挪威	603	1.1	英国	583	1.2	阿根廷	103	0.3
刚果（布）	598	1.1	刚果（布）	549	1.2	阿塞拜疆	80	0.2
小计	48 950	92		44 756	95.8		35 771	98.3
总计	53 067			46 721			36 467	

资料来源：UN Comtrade Database. http://www.trademap.org。

3. 原油进口来源国变化

美国石油进口国的数量也有变化，2006 年有 52 个进口国，2010 年减少到 44 个国家，2015 年又减少到 35 个国家。这三年进口量分别占全部进口量的 82.8%、87.5%和 94.8%。分别绘制 2006 年、2010 年和 2015 年前 15 位国家的位序图（图 8-3～图 8-5）。

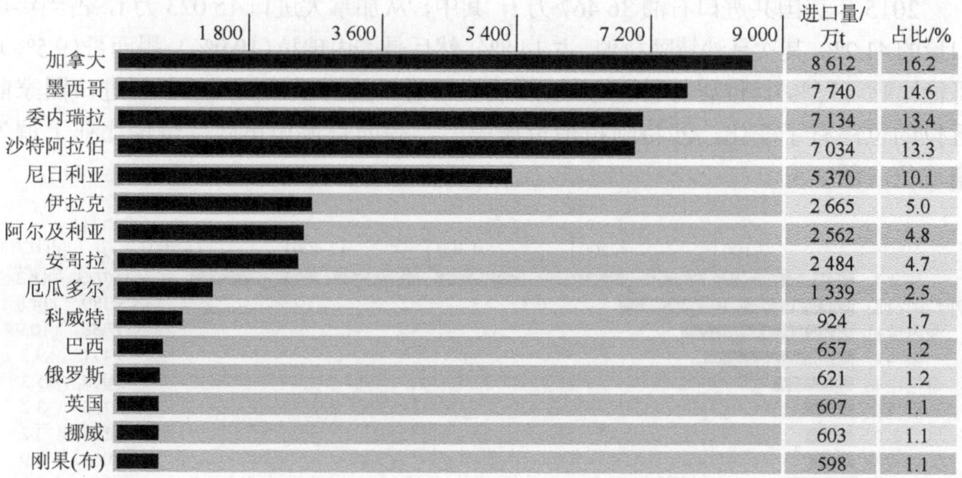

图 8-3　2006 年美国石油进口量前 15 位国家

资料来源：UN Comtrade Database. http://www.trademap.org

2006 年美国共进口石油 53 067 万 t，其中，从加拿大进口石油 8612 万 t，占当年进口量的 16.2%，其次是墨西哥，占 14.6%，然后是委内瑞拉（13.4%）、沙特阿拉伯（13.3%）、尼日利亚（10.1%），以上位居前五位的国家共占全部进口量的 67.6%（图 8-3）。

2010 年美国共进口石油 46 721 万 t，其中，从加拿大进口 9498 万 t，占当年进口量的 20.3%，其次是墨西哥，占 12.5%，然后是委内瑞拉（11.9%）、沙特阿拉伯（11.6%）、尼日利亚（10.6%），位居前五位的国家共占全部进口量的 66.9%（图 8-4）。

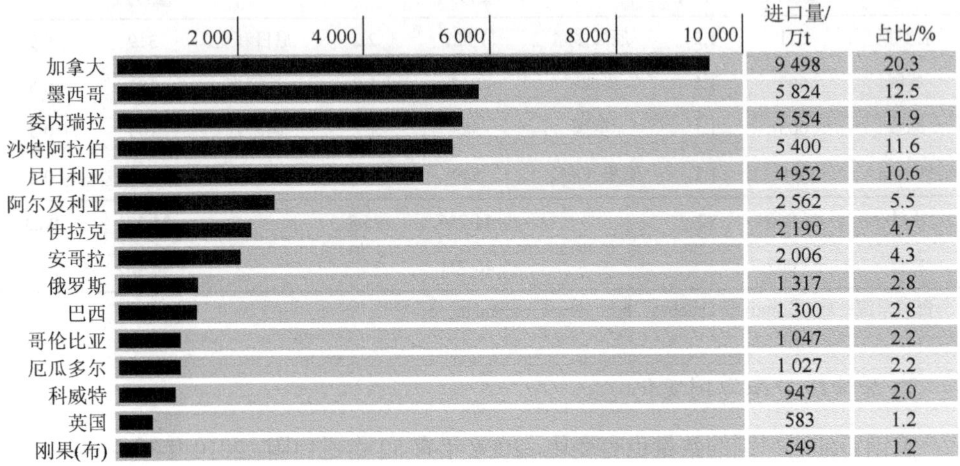

图 8-4　2010 年美国石油进口量前 15 位国家

资料来源：UN Comtrade Database. http://www.trademap.org

2015 年美国共进口石油 36 467 万 t，其中，从加拿大进口 15 023 万 t，占当年进口量的 41.2%，其次是沙特阿拉伯，占 14.8%，然后是委内瑞拉（10.9%）、墨西哥（9.5%）、哥伦比亚（5.3%），位居前五位的国家共占全部进口量的 81.7%。2015 年进口国家前五位的位序有了变化，沙特阿拉伯位居第二，墨西哥退居第四，哥伦比亚上调为第五位（图 8-5）。

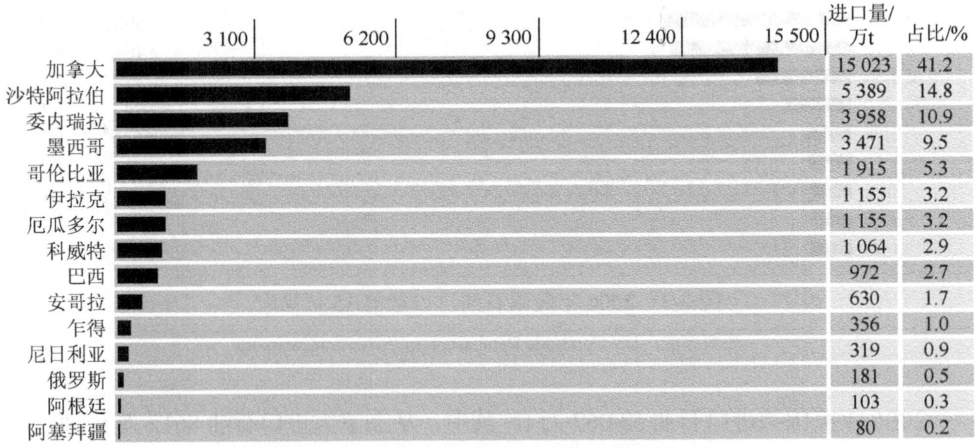

图 8-5　2015 年美国石油进口量前 15 位国家

资料来源：UN Comtrade Database. http://www.trademap.org

三、石油出口贸易

2006 年以来美国石油出口量逐年增加，出口国家也有所增多。2006 年出口国家主要是加拿大、韩国和墨西哥 3 个国家，其中主要是向加拿大出口，占出口量的 99.9%，其他两个国家极少。2010 年主要出口到加拿大，出口量为 304 万 t，而出口到亚洲国家的仅有 0.006 万 t。2015 年出口量增加到 2320 万 t，出口国家增加到 10 个，其中加拿大一个国家即占出口量的 91.9%。实际上美国的石油主要向加拿大出口，还有欧洲、亚洲等的少数国家（表 8-11）。

表 8-11 美国石油出口量

2006 年			2010 年			2015 年		
出口国家	出口贸易量/万 t	占比/%	出口国家	出口贸易量/万 t	占比/%	出口国家	出口贸易量/万 t	占比/%
加拿大	178.2	99.9	加拿大	304	约 100.0	加拿大	2132	91.9
韩国	0.325	0.09	亚洲国家	0.006	…	瑞士	66.7	2.9
墨西哥	0.008	0.01				西班牙	35.7	1.5
						荷兰	23.8	1.0
						意大利	21.3	0.9
						韩国	13.3	0.6
						巴西	8.8	0.4
						法国	8.5	0.4
						中国	5.7	0.2
						印度	4.2	0.2
合计	180	100.0		约 304	100.0		2320.0	100.0

资料来源：UN Comtrade Database. http://www.trademap.org。

四、美国进口石油的政策取向

美国进口石油量大的原因主要是封存本国的石油资源，消费别国的石油资源，同时也是为了战略石油储备。

1977 年，美国政府决定加强石油储备，把从墨西哥购买的石油注入美国的拱形盐矿井。长期以来，美国石油储备战略基本上以消费别国石油资源，封存自己的石油资源为宗旨，如美国长期禁止开发科罗拉多州、犹他州及怀俄明州的石油。美国阿拉斯加州石油储藏丰富，被划为国家石油储备地。美国政客认为，确保本国大陆架的石油和天然气资源安全以及优化能源结构至关重要。同时，美国鼓励本国石油企业到其他国家的近海开发石油资源。

美国作为一个工业国家，充足而有保障的石油和天然气供应是非常重要的。最初，美国战略石油储备确定的目标是5亿桶原油，之后这一目标逐渐提升，到2005年，美国战略石油的储藏量为7.27亿桶原油，当年通过的美国《2005年能源政策法》更要求将战略石油储备能力提升到10亿桶原油。2008财政年度，美国国会通过2500万美元的财政预算，在密西西比州建立了新的储备基地，从而使储备能力再增加1.6亿桶原油。虽然美国的石油储备已位居全球首位，但只有在紧急情况下，美国才会动用战略石油储备。截至2008年年底，美国原油进口量大幅上升，国内商业原油库存已达到惊人的3.5亿桶原油，石油战略储备能力更是超过了7亿桶原油。显然，美国此时大量进口石油并不是因为消费需求旺盛，而是趁国际油价低迷的时候，有意识地大规模囤积石油（石莉等，2011）。

1998年6月，克林顿总统规定禁止在墨西哥湾东部部分地区和全部国家海洋保护区进行海上石油开采。结果，除了墨西哥湾少数地区、阿拉斯加以及加利福尼亚中部、南部现存的租赁区外，美国外大陆架的大部分地区都禁止海上石油开采（费明明等，2011）。

但是2011年开始解禁，尤其2017年特朗普签署行政令时表示，美国拥有丰富的海洋石油和天然气储备，但联邦政府不允许在外大陆架94%的区域进行石油勘探与生产活动，“这剥夺了数以千计的工作机会和数十亿美元的财富”，而他签署的行政命令“开启了将离岸区域开放给能创造就业机会的能源勘探活动”。此外，为保证开放位于阿拉斯加和美国东海岸新的油气开发区域，美国商务部将停止设立或扩大海洋保护区，并重新评估过去10年设立或扩大的海洋保护区。美国内政部的数据显示，2008年，美国外大陆架联邦租赁收入近180亿美元，而2016年仅有约28亿美元（伊民，2017）。

第三节　发展天然气水合物——可燃冰产业

一、美国实施“可燃冰”商业开发

美国科学家在1934年首次在输气管道中发现了天然气水合物。1998年，美国参议院能源委员会一致通过了1418号议案——天然气水合物研究与资源开发计划。把天然气水合物资源作为国家发展的战略能源列入国家长远计划，要求2010年达到计划目标，2015年实施商业性开发。

2001年，美国完成了墨西哥湾专属经济区内天然气水合物含甲烷资源的估算。评价区水深500～1500m，面积约7万km^2，确定其有两类天然气水合物矿藏：一类为天然气水合物混合成因气藏，标准状态下含 8 万亿～11 万亿 m^3 甲烷资源量，提出了未来进行经济钻探的目标；另一类为天然气水合物生物成因气藏，标准状态下含甲烷资源量 2 万亿～3 万亿 m^3。此次评价目标达 100 多个，分布于整个评价区，得出结论：单位面积天然气水合物含甲烷资源密度至少为过去的 15 倍①。

二、发展液化天然气（天然气水合物）产业

专家预测，美国对液化天然气的需求在未来 10 年将大幅度增长。事实上，美国能源信息管理局 2005 年度能源报告已经预测，到 2015 年，美国对液化天然气的需求量将会增长 25%。因此，需要增加基础设施来满足需求。

对各大能源公司而言，这是难得的商机。它们自然希望能充分利用这样的机会，赚取丰厚的利润。美国液化天然气中心执行董事 Richard Sharples 先生在向美国参议院能源和自然资源委员会提交的报告中指出："发展液化天然气的最大优势之一就是新建的天然气气田仅需几年便可向市场提供气源，建设期大大短于其他的能源，有助于缓解目前美国能源消耗的压力"。

三、规划设想

已经在建设或改造液化天然气设施的城市有马萨诸塞州的埃弗里特市、马里兰州的科夫角市、东海岸佐治亚州的埃尔巴岛、路易斯安那州的莱克查尔斯市和墨西哥湾。美国海岸警卫队和联邦能源管理委员会已批准建设 10 个液化天然气项目，其中两个在巴哈马地区。与此同时，还有 22 个项目已被列入议程，另有 10 个项目进入投资商的研究阶段。由此可见，美国能源工业和政府部门正在大力推动美国液化天然气的发展。

美国对液化天然气的市场需求很大。为应对预期不断增大的液化天然气需求，美国的能源企业都在实施一些新的液化天然气项目计划。它们计划在东海岸和墨西哥湾新建和翻新集散终端，同时在西海岸也有相关项目计划。2006 年春季，美国总统布什在公开场合称液化天然气是"未来最伟大的能源"之一，并明确表示，联邦能源管理委员会有权批准州和地方的接收站建设项目。这些项目大多在东海岸和墨西哥湾沿线。

1. 联邦能源管理委员会批准项目

（1）佐治亚州埃尔巴岛的项目。

（2）路易斯安那州哈克伯里市的项目。

① 石油商报国外资讯. 2005-12-27. 美国计划实施"可燃冰"商品开发[N]. 石油商报，7 版.

（3）路易斯安那州莱克查尔斯市的项目。

（4）路易斯安那州萨宾市的项目。

（5）得克萨斯州柯柏斯克里斯提市的项目。

（6）得克萨斯州弗里波特市的项目。

2. 经美国海岸警卫队批准的离岸液化天然气项目

（1）路易斯安那州佩利肯港项目。此项目由美国主要石油公司——雪佛龙公司牵头开发。项目在路易斯安那州的墨西哥湾、距离海岸 64km 的海中建造新的液化天然气接收和再气化站，设计日处理能力为 4.5 万 m^3。

（2）路易斯安那州的项目。壳牌公司驻美国的燃气和动力公司在墨西哥湾的海中建设了一个 7 亿美元海上液化天然气接收站，已于 2009 年建成。另外，还有一些从西海岸的俄勒冈州到洛杉矶，以及东海岸沿线的有关工程。这些工程说明了当前美国能源企业和政府部门对液化天然气项目的高度重视（维特兰，2005）。

第四节　美国石油产业分布

一、概况

美国东北部原来是最大的石油开采地，但第一次世界大战之后，开采重点逐步移向南部。石油和天然气的生产主要集中在墨西哥湾沿岸的西部油田（主要在得克萨斯州和路易斯安那州及其浅海地区）以及内陆的俄克拉何马州，石油产量占全国的 1/2 以上，天然气产量占全国的 80%。其次为加利福尼亚油田（占全国产量的 11%），主要分布在洛杉矶附近。

1967 年在阿拉斯加北部发现了新的大油气田，当时估计，阿拉斯加大陆架可开采的石油储量约为 12 亿 t，占全国可开采储量的 1/3，现已大规模开采，20 世纪 80 年代初的产量近 1 亿 t，占全国 1/4 左右，成为美国新的石油基地。

美国为了把南部生产的石油和天然气运到主要消费区的东北部，修筑了 20 多万千米的输油管和 30 多万千米的输气管，并有大量油船专门向东北部运油。在墨西哥湾和大西洋沿岸（以纽约为中心的各港市），以及沿五大湖的许多城市中，都建有大规模的石油加工厂，加工原油能力为国内石油生产能力的 2 倍，除加工本国原油外，还加工从中东和加勒比地区等进口的原油（陈才等，1993）。

二、地区分布

2015 年美国油气产业产值（增加值）为 1380 亿美元，沿海地区油气产业差异特别大（表 8-12）。其中值得注意的是从 2010 年到 2015 年墨西哥湾地区由 79.4%增加到 87.7%，是各地区中唯一呈增长趋势的地区。

表 8-12　2015 年美国沿海地区油气产业产值（增加值）分布

项目	墨西哥湾地区	东北太平洋地区	西部地区	大西洋中部地区	五大湖地区	东北地区	东南地区	太平洋地区
产值（增加值）/万美元	12 100 000	1 121 242	434 287	34 241	32 023	8 526	5 210	3 871
占比/%	87.7	8.1	3.2	0.3	0.3	0.1	0.1	0.1

三、各州分布

石油产业集中分布在得克萨斯和路易斯安那两个州，得克萨斯州油气产业产值（增加值）占全部地区的 71.4%，路易斯安那州占 10.5%；其次为阿拉斯加州，占 9.7%；加利福尼亚州，占 6.8%。这 4 个州集中了全部油气产业产值（增加值）的 98.4%（图 8-6）。

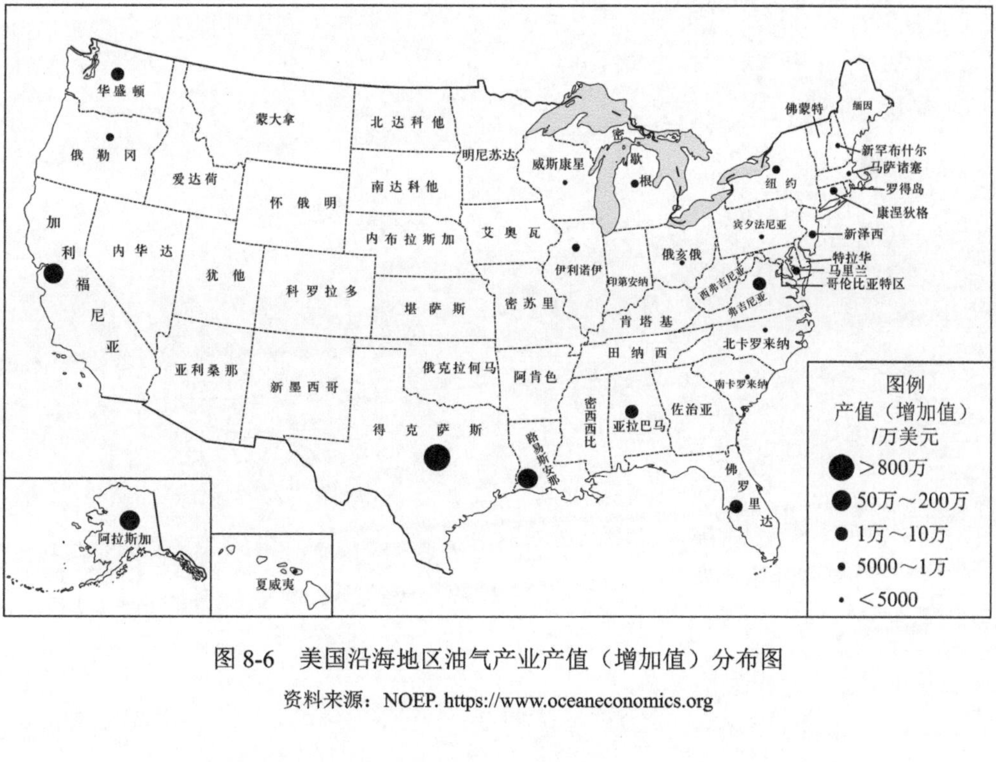

图 8-6　美国沿海地区油气产业产值（增加值）分布图

资料来源：NOEP. https://www.oceaneconomics.org

参 考 文 献

陈才，李文华，张善余，等. 1993. 世界经济地理（修订版）[M]. 北京：北京师范大学出版社.

费明明，赵鹏大，陶春. 2011. 中美战略石油储备的比较研究[J]. 中国科技论坛，（2）：143-147.

李双建，于保华. 2016. 美国海洋战略研究[M]. 北京：时事出版社.

尼尔 • 巴提亚. 2018-05-19. 能源是美国的新权力[N]. 孙辰，译. 文汇报，7 版.

石莉，林绍花，吴克勤. 2011. 美国海洋问题研究[M]. 北京：海洋出版社.

维兰特. 2005. 美国大兴土木建造设施扩大液化天然气使用[J]. 中国造船与航运，10（1）：38-40.

伊民. 2017-05-26. 美国将加大海洋油气开采[N]. 中国海洋报，4 版.

由娜. 2018-12-24. 国际原油新秩序悄然形成[N]. 文汇报，6 版.

由婷. 2017-05-06. 美国页岩油令 OPEC 如芒在背[N]. 文汇报，5 版.

张抗，周芳. 2011. 美国石油进口依存度和来源构成变化及启示[J]. 中外能源，16（2）：8-16.

Cicin-Sain B，Knecht R W. 2010. 美国海洋政策的未来——新世纪的选择[M]. 张耀光，韩增林，译. 北京：海洋出版社.

NOEP. 2018-06-30. Ocean Economy Data[EB/OL]. https://www.oceaneconomics.org/Market/ocean/oceanEcon.asp.

UN Comtrade Database. Trade statistics for international business development[EB/OL]. [2018-09-25]. https://www. trademap. org/Index. aspx.

United States Census Bureau. 2005～2012. Statistical Abstract of the United States[M]. Washington：United States Census Bureau.

第九章　美国造船业布局

第一节　美国造船业概况

一、早期的造船业

美国有原始森林，为造船提供廉价、优质的栎木和松木，是造船的重要原材料。塞勒姆港建造航船的体型之大、平衡性之强和航速之快驰名于全世界。波士顿和费城是两大造船中心，同时从缅因的城镇到切萨皮克湾沿岸到处都有造船厂。捕鲸业也大大促进了美国东海岸造船业的发展。18 世纪，楠塔基特的鲸油和鲸骨获利居世界领先地位。1770 年，仅科德角附近的这个荒凉小岛上就拥有 125 艘深海捕鲸船，平均每艘船重 93t，能驶过大洋最宽的海域。独立战争前，各殖民地大约有 360 艘捕鲸船，总重 33 万 t，共有 850 名船员（曼贡，1982）。

美国的造船能力是惊人的，仅 1769 年一年之内就造了 389 艘船，其中大约 70%是新英格兰地区建造的。独立战争期间，悬挂英国国旗的全部船舶有 1/3 是在美国建造的。18 世纪悬挂美国国旗、装运美国货的船曾到过当时世界上最远的港口。美国宣布独立第 39 天，第一艘美国船“中国皇后”号从纽约启航，开往澳门和广州，开始了获取巨额利润的贸易。到 18 世纪末，塞勒姆港的一位大船主和商业巨头伊莱亚斯·德比（Elias Derby）已经开辟了远至沙皇俄国圣彼得堡和南非开普敦等地的贸易航线。

19 世纪 40 年代以前，美国大型船舶的设计都偏重于增加载重量，船舶航速缓慢。其他类型的船，诸如轻快多桅小帆船、独桅纵帆艇、斯库纳纵帆船、单桅纵帆船以及邮船等，都是小船。1832 年，美国商船仿照早期双桅横帆小帆船和斯库纳纵帆船的设计建成一艘类型截然不同的船，即“安·麦克基姆”号，在巴尔的摩下水。此后不久，美国大型快速机帆炮舰也随之出现，如 1845 年下水的 750t“彩虹”号。1848 年加利福尼亚发现金矿，随即出现了涌向太平洋海上航道的热潮。同时，加拿大—新英格兰运往南美洲的鱼货、中国的茶贸易，以及美国承运的澳、英贸易物资等，都促使美国建造了数百艘快速帆船。这一阶段，堪称美国商船队的最伟大时代（曼贡，1982）。

二、美国“造船王国”地位的下降

19 世纪前半期是以木质风帆船生产为主的时代，美国凭借其丰富的森林资源，木质成品价格低的优势，造船产量居世界各国之首。例如，1943 年新船完工量达 1157.9 万总吨，占世界总产量 1389.4 万总吨的 83.3%。随着铁质、钢质船逐步取代木质风帆船，英国利用其冶金技术和蒸汽机技术上的优势以及现代产业工人众多的有利条件，造船产量迅速提高，超过美国成为世界第一大造船国。一直到 20 世纪 50 年代中期以前，英国始终是世界造船王国。1956 年日本造船产量超过英国跃居世界之首，近几十年中、日、韩成为世界造船产量前三位的国家，在这一时期不但英国落后于众多造船国家，美国造船工业在世界的地位越趋低下，占世界造船产量的比例极其微小（表 9-1）（朱汝敬，1998）。

表 9-1 美国与世界造船国家造船产量对比（占世界总造船产量比例/%）

年份	欧洲国家和地区	日本	韩国	中国	美国
1980	16.1	46.5	4.0	—	4.2
1990	17.9	43.0	21.8	2.3	3.7
1992	18.3	40.6	25.6	1.3	1.28（1997 年）
2000	12.6	38.2	38.9	4.7	0.33
2003	7.2	37.1	41.1	10.3	0.69
2006	4.5	39.0	33.5	17.0	0.29
2009	4.3	30.3	37.8	22.9	0.34
2010	1.5	21.3	37.6	41.5	0.2
2011	1.5	19.8	33.1	41.6	0.06
2012	1.2	19.2	31.6	42.6	0.13
2013	1.3	22.8	30.8	40.6	0.09
2014	1.1	24.8	28.6	40.0	0.3
2015	1.0	21.9	30.5	48.8	0.52
2016	1.0	21.9	36.3	36.1	0.50
2017	1.0	21.0	31.6	39.4	0.31

注：由于美国无 1992 年数据，用 1997 年数据代替。

第二节 美国造船业发展

一、20 世纪 70 年代中至 80 年代末

这一时期，美国大多数船厂主要着眼于扩充造船设备和船厂现代化改造以建造用于进口石油的超大型油轮（VLCC 船）和液化天然气（liquefied natural gas，LNG）船等大型船舶。在历经 1973 年和 1979 年两次石油危机后，美国的石油

和液化天然气进口贸易发生了很大变化。与此同时，美国对国内超大型油轮和液化天然气船的建造计划作了大幅修改，致使国内新船建造量减少。加之20世纪70年代后半期崛起的韩国造船业新船建造量大幅度增加，日本新船建造量继续约占世界50%，保持强大的竞争力，在这段时期内，美国造船业与西欧一样趋于衰退，占世界的造船份额逐年减少。特别是美国船厂的新船造价偏高，使国内需船者对本国船厂敬而远之，纷纷转向造价便宜的韩国、日本和西欧船厂订造新船。因而，进入20世纪80年代后，美国船厂的远洋船订造数量逐年减少。据1987年11月统计，美国船厂1000总吨级以上的远洋船手持订单一艘也没有。这种情况致使一部分船厂经营困难，仅1982～1988年的近7年中，美国就有75家船厂倒闭，约52 500名船厂职工被解雇（杨燮庆，1991）。

美国船厂建造的商船几乎100%是美国船籍的国内船，出口船非常少。20世纪70年代前半期美国船厂的新船完工量约占世界的2%，70年代后半期，由于世界新船需求量急剧减少，各国船厂的新船完工量大幅度下降。与此相反，美国船厂由于政府增加了新船造价差额补贴，国内船完工量有所增加，占世界份额由原来的2%上升到1979年的9.5%。但是，1982年后美国政府取消了新船造价差额补贴，致使船厂的新船完工量急剧下降，1984年仅为8.4万总吨，比1979年减少93.8%。20世纪80年代美国船厂的造船完工量约占世界的1%，1988年再次大幅度减少，为1.1万总吨，仅占世界的0.1%（表9-2）（杨燮庆，1991）。

表9-2 历年美国和主要造船国新船完工量情况（100总吨以上商船）

年份	美国		英国	韩国	日本	世界总计
	完工量/万总吨	占比/%				
1943	1157.9	83.3	114.6	—	—	1389.4
1970	37.5	1.8	132.7	0.2	1010.0	2098.0
1975	47.6	1.4	117.0	41.0	1699.1	3420.3
1979	135.2	9.5	69.1	49.6	469.7	1428.9
1980	55.5	4.2	42.7	52.2	609.4	1310.1
1982	21.6	1.3	43.5	140.1	806.3	1682.0
1984	8.4	0.5	44.5	147.3	972.1	1833.4
1985	18.0	1.0	17.2	262.0	950.3	1815.7
1986	22.2	1.3	9.9	364.3	817.8	1684.5
1987	16.4	1.3	19.4	209.1	570.8	1225.9
1988	1.1	0.1	6.0	317.4	404.0	1090.9
1985～1988年平均占世界比例/%	1.0		0.9	19.8	47.2	100.0

二、20 世纪 90 年代至今

进入 21 世纪后美国的造船产量仍未有所改观。造船完工量占世界比例仍然处于比较低的地位，1997 年造船完工量 1.12 万载重吨，占世界的 1.28%，2004 年造船完工量仅 0.85 万载重吨，占世界的 0.39%。2005～2015 年，造船完工量进一步下降，2005 年造船完工量占世界的 0.71%，2015 年仅占世界的 0.52%（表 9-3 和表 9-4）。

表 9-3　1997～2004 年美国造船完工量　（单位：万载重吨）

项目	1997 年	1998 年	1999 年	2000 年	2001 年	2002 年	2003 年	2004 年
美国	1.12	1.03	0.85	1.51	1.65	1.48	1.32	0.85
世界	87.44	88.16	91.08	113.18	112.37	115.64	176.7	219.96
占比/%	1.28	1.17	0.93	1.33	1.47	1.28	0.75	0.39

资料来源：中国船舶工业年鉴（历年）。

表 9-4　2005～2015 年美国造船完工量　（单位：万载重吨）

项目	2005 年	2006 年	2007 年	2008 年	2009 年	2010 年	2011 年	2012 年	2013 年	2014 年	2015 年
美国	50	40	20	20	40	50	10	20	10	30	50
世界	7 023	7 543	8 000	9 130	11 640	15 060	16 250	15 340	10 820	9 120	9 660
占比/%	0.71	0.53	0.25	0.22	0.34	0.33	0.06	0.13	0.09	0.33	0.52

资料来源：中国船舶工业年鉴（历年）。

第三节　美国造船业水平

一、舰艇建造

1. 第二次世界大战后

第二次世界大战以后，美国为实现其全球霸主地位，同苏联争夺海上霸权，不断扩充海上力量。美国凭借其优越的经济基础，舰船研制技术始终处于世界领先地位。

美国舰船工业实力雄厚，种类繁多，性能优良的产品不断涌现。美国海军舰艇可分成战斗舰艇和军辅船两大类。舰艇有潜艇、航空母舰、巡洋舰、驱逐舰、护卫舰、战列舰、两栖战舰艇、水雷战舰艇以及快艇等；军辅船有机动供应船、补给船、海上勤务船等，可以说应有尽有。其产品质量、产品数量、产品性能均位居世界首位。

2. 20世纪80年代

20世纪80年代，美国舰艇的年平均产量为11万t，加上军辅船年产量达到20万t左右。1980～1989年的这10年中，美国船厂建造了大型舰艇共74艘，占世界大型舰艇建造总量的31.7%，仅次于苏联居世界第二。至1997年，美国海军大型水面舰艇共有180艘在役，其中，核动力航母8艘、常规动力航母4艘、核动力巡洋舰4艘、常规动力巡洋舰27艘、驱逐舰54艘、护卫舰43艘、两栖攻击舰15艘、船坞登陆舰27艘。

3. 进入21世纪——海军造船计划

美国海军已经通过几个重大计划的研究，形成了21世纪海军的特征和雏形。这些重大计划包括：新型水面战舰系列（SC-21）、新型攻击型潜艇（NSSN）、新型两栖攻击舰（LPD17）和新型航空母舰（CVX）。进入21世纪，海军造舰又有了新的发展计划（表9-5）。

表9-5　2013财年海军船只建造计划

军舰类型	数量/艘	战斗力量	资金计划/百万美元
福特级航空母舰（CVN-78）	1	10	608
阿利·伯克号（DDG-51）大型水面舰艇	2	80	3 515
濒海战斗舰小型水面舰艇	4	35	1 785
美国弗吉尼亚（SSN-774）攻击潜艇	2	55	4 092
巡航导弹潜艇	0	4	0
弹道导弹潜艇	0	14	0
两栖战舰	0	31	0
作战后勤部队	0	32	32
联合高速支援船	1	24	189
总计	10	285	10 221

资料来源：美国海军2013财年造船计划概述。

以军用为主的美国船舶工业和船舶市场，是美国几十年来军事战略企求和实施相应造船政策的结果。美国船舶工业则依靠得天独厚的经济和工业基础以及雄厚的造船实力构筑了世界一流的海军舰队，这种相辅相成的依存关系在20世纪90年代的国际大环境中开始发生急剧的变化。但是今后海军舰队的发展要大大压缩，舰艇的订货量将大幅度减少，船厂的手持订单也在逐年下降，美国靠发展军船度日的路越来越窄了（刘征鲁，2017）。

二、商船建造

20 世纪 90 年代以来，由于美国实行促进商船建造的政策，加之各造船企业在重返商船建造市场方面所做的多种努力，1997 年美国商船建造取得了重要进展。1997 年美国商船建造产量为 20 万载重吨，与 1996 年的 0.96 万载重吨的水平相比，实现了大幅度增长。新船订单达到了 32 万总吨，造船手持订单达到了 32.7 万修正总吨，各项总量指标均创造了美国近年来商船建造未曾出现过的记录。

1997 年美国造船企业重返商船市场的努力已涉足多个商船市场领域。美国的哈尔特船舶集团公司承接并建造了一艘 E-cat 型高速渡船，该船长 45m，可载客 300～500 人，航速达 40 节（1 节 = 1 海里 = 1.852km）以上，适合在各种海况下航行，是目前高速船中船体较长和航速较快的新船型之一。另外，由于墨西哥海湾石油工业的发展，美国英格尔斯造船厂在开拓深海供应船市场方面取得了进展。1997 年，英格尔斯造船厂从美国爱迪生 • 乔斯特海洋公司接获 14 艘船长为 57.9m 的深海供应船订单，从而使美国船厂供应船的手持订单达到了 65 艘的水平。即便如此，与舰艇生产相比，美国商船的建造情况还是略逊一筹，处于世界前十名之外。而 2010～2012 年，各类船舶生产又有所发展（表 9-6）（Kuss，2019）。

表 9-6　2010～2012 年美国造船厂按船舶类型交货量

船舶类型	2010 年		2011 年		2012 年	
	数量/艘	占比/%	数量/艘	占比/%	数量/艘	占比/%
大型深水船	16	1.3	11	0.8	11	0.9
离岸服务船只和船员小船	38	3.2	21	1.4	28	2.2
拖船	81	6.7	109	7.5	118	9.4
客船（大于 15.24m）	22	1.8	30	2.1	33	2.6
商业渔船（大于 15.24m）	8	0.7	20	1.4	15	1.2
其他自走式船只（大于 15.24m）	19	1.6	23	1.6	25	2.0
大型海洋驳船	14	1.2	6	0.4	2	0.2
内陆坦克驳船	142	11.8	184	12.6	279	22.1
内陆货运和甲板驳船	861	71.7	1053	72.2	749	59.4
总交货量	1201	100.0	1457	100.0	1260	100.0

三、美国造船业："倒金字塔"的困扰

2014年5月，美国众议员John Garamendi表示，美国蓬勃发展的天然气产业对国家造船业和航运业来说，是一次重大机遇，他当时预计需要新建100艘液化天然气船。专家表示，正当中、日、韩等国为订单努力奋斗时，美国再提"重振造船业"，目的是进一步发展本国的商船业。

美国的海上力量曾经是典型的"金字塔"结构，即底部是繁荣发达的船舶工业和商船运输业，顶部则是强大的海军舰队。但现在"金字塔"被颠倒过来，美国的海上商业运输船队的规模日渐萎缩，新的大型商船建造项目也不多见，海军舰队的规模却极其强大。这种"倒金字塔"也反映了美国造船业的产品结构，而大型商船建造的多年退化，让"重振"变得困难（李俨儿，2014）。

1. 页岩气开发"倒逼"造船业

页岩气开发在美国有长达200年的历史，发展页岩气产业已成为美国实施其全球战略的重要环节。美国丰富的页岩气储量，不仅改变了美国国内的能源使用结构，还将改变世界的能源进出口格局。

1980年，美国页岩气年产量达到10亿m^3；2000年，超过236亿m^3；2015年，激增到4300亿m^3，占美国天然气总产量的比例超过56%。2017年，美国页岩气产量再创新高，约4620亿m^3。美国"页岩气革命"不仅深刻改变了国际能源格局，而且向其他国家扩散，加拿大紧随美国之后，成为第二个商业开发页岩气的国家，2008年，产量为10亿m^3，2015年，大幅提升到350亿m^3（张保淑，2018）。

2. 建造液化天然气船的难度不小

目前，美国的液化天然气船订单主要投给了亚洲的船舶企业。毕竟中国、韩国和日本在液化天然气船建造上已具备规模，并拥有先进的技术和丰富的建造经验。长远来看，美国想要自己建造液化天然气船，存在不小的难度。

液化天然气船建造需要的硬件、人力和技术等，都不是短时间内可以完成的。虽然美国具有先进的军船建造技术，但军船和大型远洋商船在管理模式和建造流程上存在本质的不同。目前，大型远洋液化天然气船建造市场基本被中、日、韩三国船舶企业垄断，美国在技术和建造经验上均不存在优势，特别是其现有的船舶生产设施难以满足大型远洋液化天然气船的建造需求。即便当前美国政府提出了一系列刺激制造业回归的计划，但从目前的趋势来看，造船业并不是其振兴的重点。目前，日、韩两国的船舶企业已经针对美国液化天然气船建造需求，开展

了一系列营销活动。作为美国液化天然气出口潜在需求大国，日、韩在努力促成美国液化天然气出口解禁的同时，计划通过购买气源等方式提前锁定液化天然气船建造订单。

即便美国迫于国内压力，将部分液化天然气船订单留给国内船企，其依旧面临生产成本和价格偏高的问题。美国航运业和造船业的萎缩是有原因的，对于造船业这类劳动密集型产业，美国国内投资者越来越少。有数据显示，在美国建造一艘船舶，劳动力成本占总成本的比例高达 27%。要让美国现有的一些长期靠丰厚海军订单过着“好日子”的船企重回液化天然气船建造市场，遇到的阻力一定不小。

根据美国现行的《琼斯法案》，在该国国内岸线进行液化天然气运输的船舶需要由本国企业建造。美国或许会从此类规模不大的支线型液化天然气船入手，积累建造经验。但具体到大型远洋运输船舶，美国“登陆”液化天然气船建造市场的可行性还有待考量。“外购与自建结合”将在未来的一段时间成为美国液化天然气运输船队组建的主要方式，毕竟其大规模出口天然气的愿望非常迫切（李俨儿，2014）。

第四节　美国船舶贸易

一、船舶贸易发展

1. 概况

2006 年美国船舶贸易额为 429 353.5 万美元，2015 年美国船舶贸易额为 583 707.1 万美元。美国船舶贸易以出口为主，2006～2015 年，一般进口额占 37%～47%，出口额占 53%～63%，2006 年出口额占进出口总额的 62.9%，2015 年下降到 53.1%（表 9-7）。

表 9-7　美国船舶进出口贸易额占全球的比例

年份	进口		出口	
	贸易额/万美元	占全球比例/%	贸易额/万美元	占全球比例/%
2006	159 357.8	37.1	269 995.7	62.9
2015	273 965.1	46.9	309 742.0	53.1

资料来源：NOEP. https://www.oceaneconomics.org。

2. 船舶贸易分类

美国船舶贸易分为 8 类，其中，除第 7 类——其他浮动结构体（简称浮动船）的出口比例较低外，其他 7 个类型的船舶贸易出口均超过 40%。进口则以浮动船和娱乐船占有较高的比例（表 9-8）。根据美国船舶进出口贸易状况，选择娱乐或运动用快艇及其他船舶（划艇及轻舟）和军舰及救生船（划艇除外）为例进行分析。

表 9-8　美国主要船舶类型贸易额（2015 年）

代码	船舶类型	出口值/万美元	出口值占比/%	进口值/万美元	进口值占比/%	进出口值合计/万美元
8901	巡航船、游览船、渡船、货船、驳船及类似的客运或货运船舶	15 444.3	98.2	286.2	1.8	15 730.5
8902	捕鱼船、加工船及其他加工保藏鱼类产品的船舶	686.2	68.7	312.5	31.3	998.7
8903	娱乐或运动用快艇及其他船舶（划艇及轻舟）（简称娱乐船）	145 667.8	43.9	186 225.0	56.1	331 892.8
8904	拖轮及顶推船	141.1	92.1	12.1	7.9	153.2
8905	灯船、消防船、挖泥船、起重船及其他不以航行为主要功能的船舶；浮船坞；浮动或潜水式钻探或生产平台	80 858.8	55.6	64 696.2	44.4	145 555.0
8906	军舰及救生船（划艇除外）	48 172.5	86.6	7 451.5	13.4	55 624.0
8907	其他浮动结构体（如筏、柜、潜水箱、浮码头、浮筒及航标）	22 264.0	1.5	1 420 000.0	98.5	1 442 264.0
8908	供拆卸的船舶及其他浮动结构体	65.0	71.6	25.8	28.4	90.8

资料来源：UN Comtrade Database. http://www.trademap.org。

二、主要船舶贸易类型

1. 娱乐或运动用快艇及其他船舶（划艇及轻舟）

娱乐或运动用快艇及其他船舶（划艇及轻舟）类型，在美国出口贸易中占主要地位，进出口贸易值年际变化不大。2006 年进口值为 146 430 万美元，占进出口总值的 43.9%，出口值为 187 137 万美元，占进出口总值的 56.1%。2015 年进口值增长为 186 225 万美元，占进出口总值的 56.1%，而出口值为 145 681.5 万美元，占比下降为 43.9%（表 9-9）。

表 9-9　美国娱乐或运动用快艇及其他船舶类型（划艇及轻舟）历年贸易值

年份	进口值/万美元	进口值占比/%	出口值/万美元	出口值占比/%	进出口值合计/万美元
2006	146 430	43.9	187 137	56.1	333 567
2015	186 225	56.1	145 681.5	43.9	331 906.5

资料来源：UN Comtrade Database. http://www.trademap.org。

美国娱乐或运动用快艇及其他船舶（划艇及轻舟）类型向美洲出口值占进出口总值的一半以上，向欧洲出口值约占 1/5，再次为亚洲。进口主要来自欧洲，进口值约占 55%，从美洲进口值占 20%以上，从亚洲国家进口值不到 1/5（表 9-10）。

表 9-10　美国娱乐或运动用快艇及其他船舶（划艇及轻舟）类型各洲进出口贸易值（2015 年）

洲	出口值/万美元	出口值占比/%	出口国家及地区数/个	进口值/万美元	进口值占比/%	进口国家及地区数/个
美洲	80 262.5	55.1	41	41 735	22.4	12
欧洲	31 381.0	21.5	39	101 765	54.6	25
亚洲	18 863.0	13.0	32	32 320	17.4	16
非洲	3 523.0	2.4	33	3 116	1.7	2
大洋洲	11 652.0	8.0	15	7 289	3.9	4
合计	145 681.5	100.0	160	186 225	100.0	59

资料来源：UN Comtrade Database. http://www.trademap.org。

美国娱乐或运动用快艇及其他船舶（划艇及轻舟）与 59 个进口国家贸易值共 186 225 万美元，排名前 15 位的国家中以意大利、加拿大、德国、墨西哥、法国、英国等国为主，这 15 国的进口贸易值占娱乐或运动用快艇及其他船舶（划艇及轻舟）贸易值的 88.1%，其中前 5 位国家即占了 62.1%（图 9-1）。

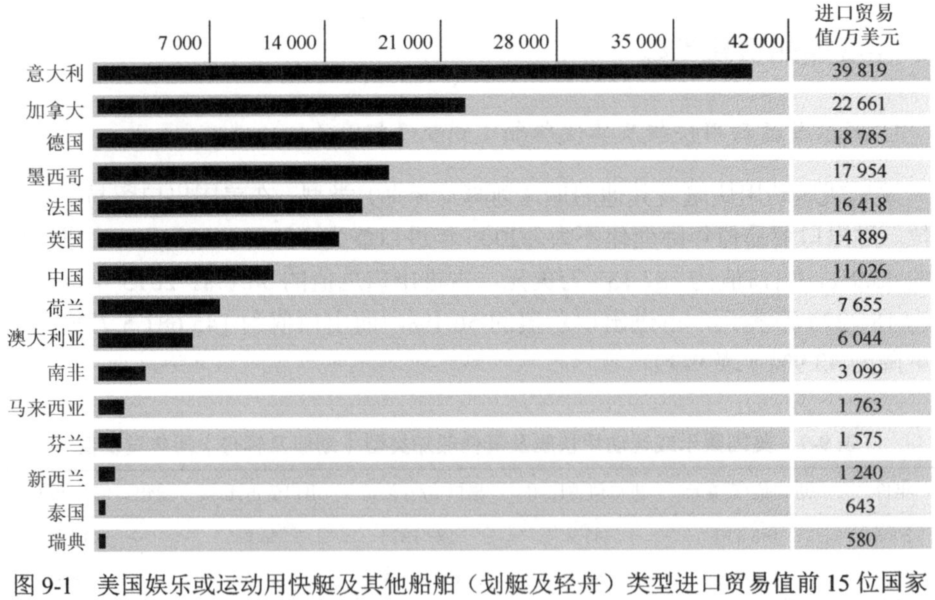

图 9-1　美国娱乐或运动用快艇及其他船舶（划艇及轻舟）类型进口贸易值前 15 位国家

资料来源：UN Comtrade Database. http://www.trademap.org

出口的160个国家中，出口贸易值共145 681.5万美元，其中前15位国家的出口贸易值为112 678万美元，占全部出口贸易值的77.3%，以加拿大占比最高（34.2%），接近15国出口贸易值的一半（图9-2）。

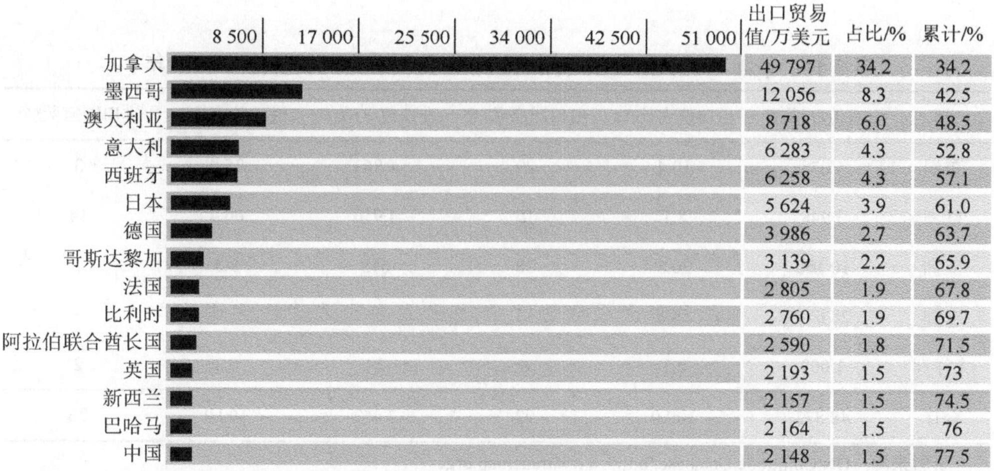

图9-2　美国娱乐或运动用快艇及其他船舶（划艇及轻舟）类型出口贸易值前15位国家

资料来源：UN Comtrade Database. http://www.trademap.org

由于计算时数据四舍五入，累计百分比与实际数据不完全一致

2. 军舰及救生船（划艇除外）

美国造船工业中军舰及救生船（划艇除外）的建造是主要类型，军舰及救生船（划艇除外）贸易在8个船舶类型贸易中占有一定比例，出口贸易值比例较高是这类船贸易的特点（图9-3）。

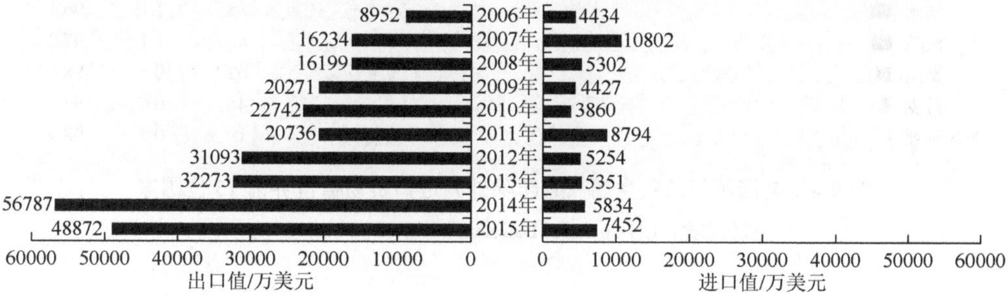

图9-3　美国军舰及救生船（划艇除外）历年进出口贸易值图

资料来源：UN Comtrade Database. http://www.trademap.org

美国军舰及救生船（划艇除外）贸易出口国家达 92 个，非洲占较大比例。进口国家以英国、加拿大和意大利三国为主，此三国进口贸易值共占进口值的 72.3%，而出口国家主要是埃及，其出口贸易值为 27 268 万美元，占出口总贸易值的 55.8%，一个国家占了一半以上（表 9-11、图 9-4 和图 9-5）。

表 9-11　美国军舰及救生船（划艇除外）各洲进出口贸易值（2015 年）

洲	出口值/万美元	出口值占比/%	出口国家数/个	进口值/万美元	进口值占比/%	进口国家数/个
美洲	5 078	10.4	29	1 863	25.0	3
欧洲	3 948	8.1	16	4 950	66.4	14
亚洲	10 166	20.8	28	615	8.3	7
非洲	28 671	58.6	13	—	—	—
大洋洲	1 009	2.1	6	24	0.3	2
合计	48 872	100.0	92	7 452	100.0	26

资料来源：UN Comtrade Database. http://www.trademap.org。

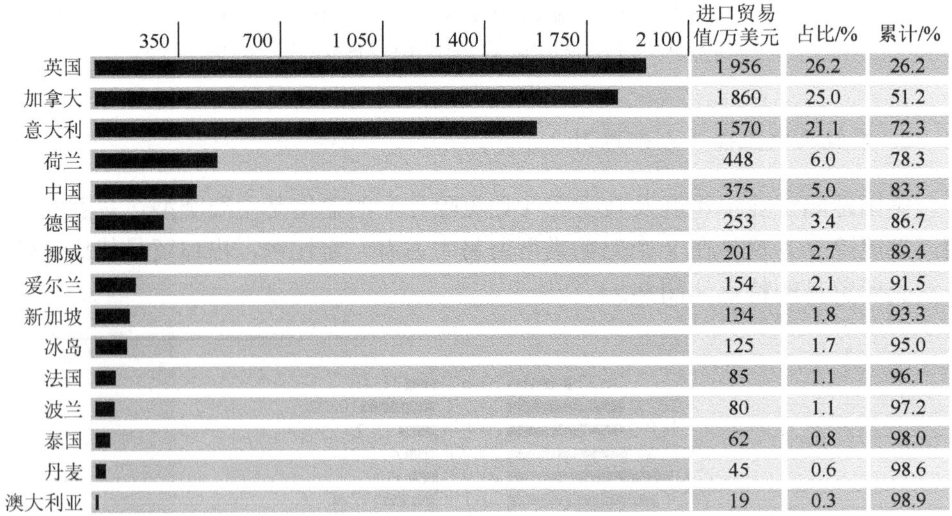

图 9-4　美国军舰及救生船（划艇除外）进口贸易值世界前 15 位国家

资料来源：UN Comtrade Database. http://www.trademap.org

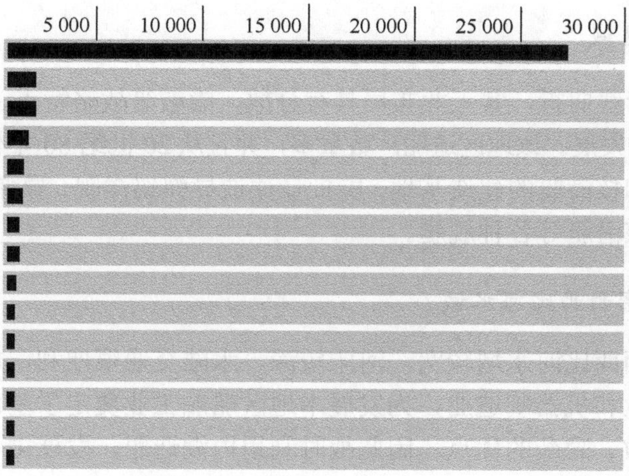

	出口贸易值/万美元	占比/%	累计/%
埃及	27 268	55.8	55.8
韩国	1 528	3.1	58.9
墨西哥	1 474	3.0	61.9
荷兰	1 120	2.3	64.2
澳大利亚	922	1.9	66.1
挪威	889	1.8	67.9
哥伦比亚	699	1.4	69.3
英国	688	1.4	70.7
以色列	552	1.1	71.8
西班牙	503	1.0	72.8
加拿大	492	1.0	73.8
印度	488	1.0	74.8
日本	488	1.0	75.8
巴林	487	1.0	76.8
科威特	468	1.0	77.8

图 9-5　美国军舰及救生船（划艇除外）出口贸易值世界前 15 位国家

资料来源：UN Comtrade Database. http://www.trademap.org

第五节　造船业分布

一、按海域分布

美国的造船厂按地域划分主要分布在大西洋沿岸（东海岸）、太平洋沿岸（西海岸）、墨西哥湾沿岸及五大湖地区和密西西比河水域等。环绕于北美大陆这四大区域的造船厂，其造船历史的长短、综合发展水平、业务专长或分工、船舶产量与品种等都各不相同，并且由于各自的地理特征、劳动力资源和技术水平的不同，它们在劳动生产率和造船成本等方面也有一定的差异。

1. 大西洋沿岸区域

大西洋沿岸的造船厂最多，这里一直是美国的造船中心。这个区域不仅造船厂数量多（占美国主要造船厂总数的 30%以上），而且船舶产量、种类等都超过了其他区域。几家较大的舰艇生产厂，如纽波特纽斯造船和干船坞公司、通用动力公司电艇船厂、巴斯钢铁公司等都位于这个地区。

2. 太平洋沿岸区域

太平洋沿岸区域的造船工业发展比大西洋沿岸区域晚，但第二次世界大战使该区域有了发展机会，该区已建立起相当规模、并具有雄厚基础的船舶工业基地。该区商船的生产能力曾一度为全国第一，占 45%，但舰艇的生产能力很弱，仅为大西洋沿岸区域的 1/8，近年来该地区的生产状况欠佳，但生产潜力较大。

3. 墨西哥湾沿岸区域

墨西哥湾沿岸海岸线曲折，其工业布局具有分散、隐蔽等战略特点，20 世纪 60 年代后期得到很大的发展。该地区造船厂数量多，并且从 20 世纪 80 年代以来已成为大中型水面舰艇和核潜艇的建造基地，能批量建造导弹巡洋舰、导弹驱逐舰、导弹护卫舰及攻击型核潜艇等各种舰艇。

4. 五大湖地区和密西西比河水域

五大湖地区和密西西比河水域较宽，河床较深，水陆交通很便利，加之附近有极为发达的冶金工业和机器制造业，为发展本地区船舶工业奠定了基础。该区的工业布局还具有分散、隐蔽的优点，因此战时利用内湖造船，发展中小型舰艇是很有利的。第二次世界大战期间，该区建造了几百万吨登陆艇和其他小型舰艇，也曾是美国潜艇的建造中心（吉丰，2007）。

二、按地域分布

西部地区、大西洋中部和墨西哥湾地区是美国造船业较发达的地区，其次是东北地区和五大湖地区，夏威夷州造船产业占比较小（表 9-12）。

表 9-12　美国沿海地区造船业产值（增加值）分布（2015 年）

项目	西部地区	大西洋中部地区	墨西哥湾地区	东北地区	五大湖地区	东南地区	太平洋地区	东北太平洋地区
产值（增加值）/万美元	426 919	320 029	363 493	263 955	77 649	89 425	6 183	1 774
占比/%	27.6	20.6	23.5	17.0	5.0	5.8	0.4	0.1

资料来源：NOEP. https://www.oceaneconomics.org。

三、各州分布

华盛顿、弗吉尼亚、康涅狄格三州是美国造船业主要分布地区，其中，华盛顿造船工业产值（增加值）占 20.9%，弗吉尼亚占 20.1%，康涅狄格占 9.8%，这 3 个州的造船工业产值（增加值）占全部造船工业产值（增加值）的 50.8%，占了美国造船工业的一半。此外，路易斯安那、加利福尼亚、缅因、佛罗里达、密西西比和得克萨斯等州也是造船业主要分布地区。这 9 个州造船工业产值（增加值）占全部造船工业产值（增加值）的 82.3%（图 9-6）。

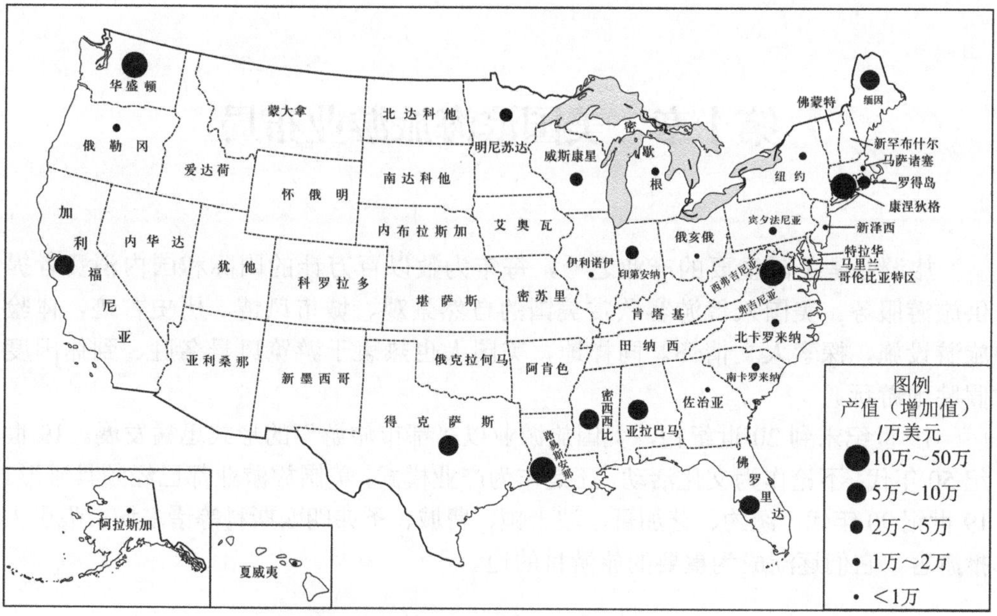

图 9-6　美国造船业产值（增加值）分布图

资料来源：NOEP. https://www.oceaneconomics.org

参 考 文 献

吉丰. 2007. 美国造船工业期待崛起[J]. 造船工业，(9)：93-100.

李俨儿. 2014-07-25. 美国造船业："倒金字塔"的困扰[N]. 中国船舶报，5 版.

刘征鲁. 2017-11-21. 军用无人潜航器的研发近况[N]. 中国海洋报，4 版.

曼贡. 1982. 美国海洋政策[M]. 张继光，译. 北京：海洋出版社.

杨燮庆. 1991. 美国造船业现状及前景[J]. 造船技术，(2)：11-16.

张保淑. 2018-07-28. 中国页岩气：从"一片空白"到"一抹亮色"[N]. 人民日报海外版，6 版.

朱汝敬. 1998. 迈向 21 世纪的世界船舶工业与船舶科技[J]. 上海造船，(1)：23-26.

Kuss E. 2019. US Ship Building Industry：Shipbuilding and Ship Repair[EB/OL]. http://www.industriall-union.org/sites/default/files/uploads/documents/Kan-meeting-DenmarkSHIP/iamaw-usa.pdf.

NOEP. 2018. Ocean Economy Data[EB/OL]. https://www.oceaneconomics.org/Market/ocean/oceanEcon.asp.

UN Comtrade Database. Trade statistics for international business development[EB/OL]. [2018-09-25]. https://www.trademap.org/ Index.aspx.

第十章　美国滨海旅游业布局

旅游业是美国重要的产业之一，每年为数以百万计的国际和国内消费者提供旅游服务。美国入境游客欣赏美国的自然景观、城市风情、历史古迹，体验旅游设施，探索人文情怀。同样地，美国人也热衷于游览风景名胜、到休闲度假胜地游玩。

19 世纪末到 20 世纪初，美国旅游业以“都市旅游”的形式迅猛发展。19 世纪 50 年代，不论作为文化活动，还是作为产业模式，美国旅游业都已经颇具雏形。19 世纪 90 年代，纽约、芝加哥、波士顿、费城、圣弗朗西斯科等诸多城市吸引大批游客，它们逐渐成为重要的旅游目的地。

第一节　旅游业的发展

一、入境旅游人数增长

1. 20 世纪 70～80 年代

美国是旅游业发展大国，1979 年入境旅游人数为 2000 多万人，占世界总入境旅游人数的 6.1%，到 1990 年入境旅游人数增加到接近 4000 万人，增加了约一倍，而占世界入境旅游人数的比例也增长到 8.6%，比 1979 年提高了 2.5 个百分点（表 10-1）。

表 10-1　1979～1990 年美国入境旅游人数

项目	1979 年	1980 年	1981 年	1982 年	1983 年	1984 年	1985 年	1986 年	1987 年	1988 年	1989 年	1990 年
世界/万人	33 418	35 465	26 493	26 177	26 296	35 289	36 354	37 130	39 064	41 491	43 924	45 993
美国/万人	2 031	2 250	2 306	2 192	2 044	2 691	2 542	2 535	2 966	3 425	3 660	3 977
美国占世界比例/%	6.1	6.3	8.7	8.4	7.8	7.6	7.0	6.8	7.6	8.3	8.3	8.6

资料来源：中国海洋统计年鉴（历年）。

2. 21 世纪

2003 年美国入境旅游人数达 4142 万人，占世界入境旅游人数的 5.9%，2015 年入境人数 7751 万人，占世界入境旅游人数的 6.5%，比 2003 年增长了 0.6 个百分点，入境人数是 2003 年的 1.87 倍，年均增长 5.36%（表 10-2）。

表 10-2　2003～2015 年美国入境旅游人数

项目	2003 年	2004 年	2005 年	2006 年	2007 年	2008 年	2009 年	2010 年	2011 年	2012 年	2013 年	2014 年	2015 年
世界/万人	70 625	73 444	80 493	85 289	91 202	92 785	89 309	97 958	102 796	107 602	112 320	116 091	120 006
美国/万人	4 142	4 609	4 921	5 098	5 598	5 791	5 988	6 007	6 230	6 697	6 977	7 501	7 751
美国占世界比例/%	5.9	6.3	6.1	6.0	6.1	6.2	6.7	6.1	6.1	6.2	6.2	6.5	6.5

资料来源：中国海洋统计年鉴（历年）。

二、旅游市场

旅游业每年为数以百万计的国际和国内消费者提供旅游服务。2007 年美国国内旅游总消费收益为 64.13 亿美元，2011 年增长到了 70.43 亿美元，年均增长 2.37%，2007 年美国入境旅游市场总消费收益为 1224 亿美元，2011 年为 1530 亿美元，年均增长 5.73%（表 10-3）（薛亚平，2013）。

表 10-3　2007～2011 年美国国内和入境旅游市场接待人数和消费收益

	项目	2007 年	2008 年	2009 年	2010 年	2011 年
美国国内旅游市场	美国国内旅游市场总人数统计/亿人次	20.045	19.649	19.005	19.657	20.049
	商业旅游/亿人次	4.943	4.611	4.363	4.515	4.579
	休闲旅游/亿人次	15.102	15.038	14.642	15.142	15.470
	美国国内旅游总消费收益/亿美元	64.13	66.24	61.02	65.52	70.43
美国入境旅游市场	美国入境旅游市场总人数统计/亿人次	0.559 78	0.579 42	0.549 62	0.597 96	0.623 23
	美国入境旅游市场（除去加拿大和墨西哥旅游人数统计）总人数统计/亿人次	0.238 92	0.253 41	0.237 56	0.263 63	0.278 81
	商业旅游/亿人次	0.141 92	0.160 92	0.155 60	0.179 00	暂无
	休闲旅游/亿人次	0.063 31	0.063 86	0.049 41	0.053 25	暂无
	加拿大入境美国旅游总人数/亿人次	0.177 59	0.189 15	0.179 77	0.199 64	0.210 28
	墨西哥入境美国旅游总人数/亿人次	0.143 27	0.136 86	0.132 29	0.134 69	0.134 14
	美国入境旅游市场总消费收益/亿美元	1 224	1 417	1 203	1 344	1 530

在诸多的旅游活动中，向海旅游活动是美国旅游活动的主体，20 世纪 60～70 年代游泳占了旅游活动 50%以上的比例，其次是划船和垂钓（表 10-4）。

表 10-4　美国旅游活动与开支构成

旅游活动	1964 年				1975 年			
	参加人数/百万人	人数占比/%	每年开支/百万美元	开支占比/%	参加人数/百万人	人数占比/%	每年开支/百万美元	开支占比/%
游泳	33.0	62.5	1500	46.2	40	51.9	2000	37.0
冲浪	1.0	1.9	50	1.5	4	5.2	200	3.7
潜水	1.0	1.9	300	9.2	3	3.9	900	16.7
划船	9.6	18.2	650	20.0	14	18.2	1000	18.5
垂钓	8.2	15.5	750	23.1	16	20.8	1300	24.1
合计	52.8	100	3250	100	77	100	5400	100

三、入境旅游市场客源地

客源地和目的地通过旅游行为主体产生空间相互作用。按照客源地和目的地的关系，美国属于客源地与目的地相一致的国家，属于旅游业发达的国家。尤其是美国入境旅游的游客数量自 2007 年的 5590 万人次增长到 2008 年的 5790 万人次，其后由于全球金融危机，2009 年入境旅游人数回落到 5500 万人次。到 2010 年，美国入境旅游人数迅速反弹，旅游人数又达到了 5980 万人次。2011 年入境旅游人数持续增长，达到 6230 万人次，从而美国又成为世界最大的入境旅游目的地市场。

加拿大是美国最大的入境旅游客源地市场。按美国入境旅游市场客源地规模排序，加拿大之后依次是墨西哥、英国、日本、德国、法国、韩国、澳大利亚、巴西和意大利（2007 年）。

2007～2011 年美国入境旅游市场十大客源地及入境游客数见表 10-5。其中，加拿大在这五年中连续排名第一（薛亚平，2013）。

表 10-5　美国入境旅游市场十大客源地及入境游客数（单位：万人次）

排名	2007 年	游客数量	2008 年	游客数量	2009 年	游客数量	2010 年	游客数量	2011 年	游客数量
1	加拿大	1770	加拿大	1890	加拿大	1800	加拿大	2000	加拿大	2100
2	墨西哥	1430	墨西哥	1380	墨西哥	1320	墨西哥	1350	墨西哥	1340
3	英国	440	英国	460	英国	390	英国	390	英国	380
4	日本	350	日本	320	日本	290	日本	340	日本	320

续表

排名	2007 年	游客数量	2008 年	游客数量	2009 年	游客数量	2010 年	游客数量	2011 年	游客数量
5	德国	150	德国	180	德国	170	德国	170	德国	180
6	法国	100	法国	120	法国	120	法国	130	巴西	150
7	韩国	80	意大利	80	巴西	90	巴西	120	法国	150
8	澳大利亚	70	巴西	80	意大利	80	韩国	110	韩国	110
9	巴西	60	韩国	80	韩国	70	澳大利亚	90	中国	110
10	意大利	60	澳大利亚	70	澳大利亚	70	意大利	80	澳大利亚	100
入境游客总人数		4510		4660		4400		4780		4940

四、旅游业的经济效益

1. 1979～1990 年旅游收入增长

1979 年美国旅游收入为 83.4 亿美元，占世界总旅游收入的 13.6%，1990 年旅游收入增加到 405.8 亿美元，占世界旅游收入的 21.4%，1990 年比 1979 年提高了 7.8 个百分点（表 10-6）。

表 10-6　1979～1990 年美国旅游收入

项目	1979 年	1980 年	1981 年	1982 年	1983 年	1984 年	1985 年	1986 年	1987 年	1988 年	1989 年	1990 年
世界/亿美元	615.2	718.3	770.3	716.2	715.5	811.5	835.3	1006.7	1231.9	1431.1	1533.4	1896.7
美国/亿美元	83.4	100.6	121.6	112.9	114.1	177.5	179.4	204.5	235.1	289.4	344.3	405.8
美国占世界比例/%	13.6	14.0	15.8	15.8	15.9	21.9	21.5	20.3	19.1	20.2	22.5	21.4

资料来源：中国海洋统计年鉴（历年）。

2. 2005～2015 年旅游收入增长

2005 年美国旅游收入达到 1288 亿美元，占世界当年旅游收入的 15.5%，2015 年增长到 2462 亿美元，占世界当年旅游收入的 17.1%，2015 年比 2005 年增加了 1.6 个百分点（表 10-7），年均增长 6.7%。

表 10-7　2005～2015 年美国旅游收入

项目	2005 年	2007 年	2008 年	2009 年	2010 年	2011 年	2012 年	2013 年	2014 年	2015 年
世界/亿美元	8 311	10 370	11 394	10 306	11 119	11 562	12 972	13 811	14 340	14 370
美国/亿美元	1 288	1 454	1 665	1 495	1 658	1 826	2 010	2 148	2 208	2 462
美国占世界比例/%	15.5	14.0	14.6	14.5	14.9	15.8	15.5	15.6	15.4	17.1

资料来源：中国海洋统计年鉴（历年）。

五、旅游业地区差异明显

1. 按沿海地区

墨西哥湾地区、西部地区、五大湖地区和大西洋中部地区为旅游消费和旅游税收收入的主要地区。其中，旅游消费以墨西哥湾地区、西部地区、五大湖地区和大西洋中部地区为主；旅游税收收入以墨西哥湾地区、五大湖地区、大西洋中部地区和西部地区为主；旅游就业人数以墨西哥湾地区、五大湖地区、西部地区居多；旅游薪资则以墨西哥湾地区、大西洋中部地区、西部地区和五大湖地区居高（表 10-8）（薛亚平，2013）。

表 10-8　2009 年美国各地区旅游经济效益

地区	旅游消费/亿美元	旅游消费占比/%	旅游税收收入/亿美元	旅游税收收入占比/%	旅游就业人数/人	旅游就业人数占比/%
五大湖地区	1 403	19.5	187.0	20.9	1 140 100	22.4
东北地区	307	5.7	44.5	5.0	250 520	4.9
大西洋中部地区	975	18.2	179.0	20.0	580 000	11.5
东南地区	452	8.4	81.0	9.1	541 500	10.6
墨西哥湾地区	1 332	24.9	210.8	23.5	1 535 600	30.2
西部地区	1 084	20.2	169.0	18.9	995 600	19.6
夏威夷	143	2.7	20.0	2.2	14 200	0.3
阿拉斯加	19	0.4	3.2	0.4	26 100	0.5
合计	5 715	100.0	894.5	100.0	5 083 620	100
8 个地区占全国比例	全美 7040 亿美元中，8 个地区占全美比例达 81.2%		全美 1130 亿美元中，8 个地区占全美 79.2%		全美 740 万人中，8 个沿海地区占全美的 68.7%	

2. 按沿海州

旅游消费，加利福尼亚、佛罗里达、纽约等 10 个州旅游消费占沿海地区的 63.5%；加利福尼亚、纽约、得克萨斯等 10 个州旅游税收收入占沿海地区的 61.5%。沿海共 30 个州，1/3 的州占了 2/3 的比例（表 10-9）（薛亚平，2013）。

表 10-9　美国旅游消费和旅游税收收入前十位的沿海州

旅游消费			旅游税收收入		
位序	州名	旅游消费/亿美元	位序	州名	旅游税收收入/亿美元
1	加利福尼亚	892	1	加利福尼亚	141
2	佛罗里达	640	2	纽约	94
3	纽约	482	3	得克萨斯	80

续表

旅游消费			旅游税收收入		
位序	州名	旅游消费/亿美元	位序	州名	旅游税收收入/亿美元
4	得克萨斯	472	4	伊利诺伊	51
5	伊利诺伊	236	5	佐治亚	40
6	宾夕法尼亚	195	6	新罕布什尔	32
7	佐治亚	194	7	宾夕法尼亚	30
8	弗吉尼亚	181	8	明尼苏达	30
9	新罕布什尔	177	9	北卡罗来纳	26
10	北卡罗来纳	162	10	马里兰	26
小计		3631	小计		550
占沿海地区比例/%		63.5	占沿海地区比例/%		61.5

第二节　美国旅游类型

一、概况

当人类进入工业时代，对大自然进行掠夺式的开发之时，人类对自然环境的破坏便日趋严重，为了保护、保存那些具有特殊价值的自然地区为后人享用，1872 年，美国设立了世界上第一个国家公园——黄石国家公园。以法律形式明确规定国家公园是全体美国人民所有，并由中央政府直接管辖，保证“完好无损”地“留给后代”，永续享用。历经 100 多年的实践、发展，到 2011 年美国已拥有 20 种、397 处国家公园，形成了完整的国家公园系统及其相应法律法规和管理体制。

几百多年来，国家公园始终是“美国最引以为荣的创造物”，是“美国最完美的形象”，一位美国的政治家说，“如果说美国对世界文明发展作过什么贡献的话，恐怕最大的就是国家公园的创建了”，由此可见其重要地位了（李如生，2005）。

1970 年，罗德里克·纳什把国家公园理念描写成“美国人的发明”。如他所说，“国家公园的概念反映了美国文化的一些核心价值和经历”。美国不但构想出这个概念，在概念的推广和拓展方面也曾一度领先世界（弗罗斯特和霍尔，2014）。

二、美国主题公园

休闲娱乐主题公园是指包含娱乐项目和其他活动组合，为大众提供休闲娱乐的地点，其中包括连锁主题公园。

1. 连锁主题公园

美国主要的 6 个连锁主题公园如表 10-10 所示（薛亚平，2013）。

表 10-10　美国主要连锁主题公园（按 2010 年游客数量排名）

主题公园	总部位置	2010 年游客数量/万人次	正在运营的主题公园
1. 沃尔特迪士尼主题公园	伯班克，加利福尼亚州	12 560	1. 迪士尼游乐园度假区 • 迪士尼公园 • 加利福尼亚迪士尼冒险游乐园 2. 沃尔特迪士尼世界度假区 （1）迪士尼主题游乐园 • 魔法王国游乐园 • 未来世界游乐园 • 迪士尼好莱坞工作室游乐园 • 迪士尼动物王国游乐园 （2）迪士尼水上游乐园 • 迪士尼风暴海滩游乐园 • 迪士尼暴风雪游乐园
2. 环球影城娱乐集团	奥兰多市，佛罗里达州	2 630	1. 好莱坞环球影城 • 好莱坞环球影城 • 环球漫步品牌系列影城 2. 奥兰多环球影城度假村 • 佛罗里达环球影城 • 冒险岛 • 环球漫步品牌系列影城 • 潮野水上游乐园
3. 六旗主题公园	大草原城，得克萨斯州	2 430	1. 游乐园 • 六旗得克萨斯大草原城公园 • 六旗美利坚游乐园 • 六旗探索王国 • 六旗得克萨斯节日游乐园 • 六旗大冒险游乐园 • 六旗大美利坚游乐园 • 六旗魔法山 • 六旗新英格兰游乐园 • 六旗佐治亚游乐园 • 六旗得克萨斯游乐园 • 六旗圣路易斯游乐园 2. 水上游乐园 • 六旗飓风港水上游乐园 • 溅水王国水上游乐园 • 六旗白水游乐园 • 白水湾水上游乐园

续表

主题公园	总部位置	2010 年游客数量/万人次	正在运营的主题公园
4. 雪松娱乐公司	桑达斯基，俄亥俄州	2 280	1. 游乐园 • 加利福尼亚大美利坚游乐园 • 卡洛温德斯游乐园 • 杉点游乐园 • 多丽公园和激流王国游乐园 • 吉尔罗伊花园式游乐园 • 多米尼至尊游乐园 • 国王岛游乐园 • 诺氏草莓乐园游乐园 • 密歇根冒险游乐园 • 圣荷西山谷游乐园 • 欢乐世界游乐园 2. 水上游乐园 • 回旋镖湾水上游乐园 • 泡泡城水上游乐园 • 水厂公园 • 激流冒险水上游乐园 • 激流王国水上游乐园 • 诺氏棕榈泉水上城市乐园 • 诺氏橘子县水上城市公园 • 诺氏圣地亚哥水上城市乐园
5. 海洋世界娱乐集团	奥兰多市，佛罗里达州	2 240	1. 布希花园式游乐园 • 布希坦帕湾花园式游乐园 • 布希花园式威廉斯堡海洋世界公园 • 奥兰多海洋世界 • 圣安东尼奥海洋世界 • 圣迭戈海洋世界 2. 水上游乐园 • 冒险岛水上游乐园 • 佛罗里达水上乐园 • 圣迭戈水上乐园 • 美利坚水城乐园 3. 其他主题公园 • 芝麻坊游乐园 • 探索海湾游乐园
6. 贺森娱乐集团	亚特兰大，佐治亚州	960	1. 娱乐和主题公园 • 银元城主题公园 • 多莉山主题公园 • 达里恩湖主题公园 • 艾利契花园式公园 • 野外冒险游乐园 2. 水上乐园 • 多莉山水花飞扬水上乐园 • 岛国艾利契花园式水上乐园 • 水花飞扬岛野外冒险游乐园 • 水花飞扬镇（达连湖）水上乐园 • 白水布兰森水上乐园 3. 水族馆 • 冒险水族馆 • 纽波特水族馆 4. 其他类型乐园 • 多莉帕顿牛仔乐园 • 肖博特布兰森佳丽乐园 • 石山公园

2. 游客最多的主题公园

美国主题公园产业规模全球最大。根据美国2007年人口普查局的统计数据，全美共有468家休闲娱乐公园。其中，157家水上乐园于2007年创造了超过6.15亿美元的营业收入；其他311家主题公园（非水上乐园）于2007年创造的收入共计超过113亿美元。

表10-11展示了2010年美国市场游客数量较多的10个主题公园。其中，7个位于佛罗里达州的主题公园合计吸引了6394万人次游客；3个位于加利福尼亚州的公园吸引了2721万人次游客。按照游客数量排名，沃尔特迪士尼主题公园是最受消费者欢迎的主题公园，环球影城娱乐集团位列第二，接下来分别是六旗主题公园、雪松娱乐公司、海洋世界娱乐集团和贺森娱乐集团（表10-10）。2010年，这6个大型主题公园的访问量共计超过2.31亿人次（薛亚平，2013）。

表10-11　2010年美国市场游客数量较多的10个主题公园

主题公园	地点	2010年游客数量/万人次
迪士尼魔术王国游乐园	奥兰多市，佛罗里达州	1690
迪士尼乐园	阿纳翰市，加利福尼亚州	1590
迪士尼未来世界游乐园	奥兰多市，佛罗里达州	1080
迪士尼动物王国游乐园	奥兰多市，佛罗里达州	968
迪士尼好莱坞影城	奥兰多市，佛罗里达州	960
迪士尼加利福尼亚州冒险乐园	阿纳海姆，加利福尼亚州	627
环球影城冒险岛	奥兰多市，佛罗里达州	594
佛罗里达环球影城	奥兰多市，佛罗里达州	592
奥兰多海洋世界	奥兰多市，佛罗里达州	510
好莱坞环球影城	环球影城，加利福尼亚州	504

三、国家公园

美国国家公园按前10个州排名，游客数量为14 248万人次，占沿海地区总计的78.1%，其中，加利福尼亚一个州的游客数占了约五分之一。这10个州经济效益共516 594万美元，占沿海地区的73.3%，其中，加利福尼亚一个州的经济效益占18.5%，前五位占52.8%（表10-12）。

表 10-12 美国国家公园各州分布（2010 年）

地区	国家公园数	游客数量/万人	游客数量占沿海地区比例/%	经济效益/万美元	经济效益占沿海地区比例/%	国家历史古迹/处	世界遗产数/个	国家自然地标数/个	国家历史地标数/个
加利福尼亚	25	3 537	19.4	131 282	18.5	2 516	2	35	138
弗吉尼亚	22	2 335	12.9	57 828	8.8	2 840	3	10	119
北卡罗来纳	10	1 731	9.4	73 914	10.4	2 762	3	13	38
纽约	22	1 635	8.9	49 091	6.9	5 379	5	27	262
佛罗里达	11	1 016	5.5	58 199	8.2	1 629	2	18	42
马萨诸塞	15	1 004	5.5	44 421	6.2	4 185	5	11	185
宾夕法尼亚	18	842	4.6	35 670	5.0	3 292	6	2	164
华盛顿	13	739	4.1	26 432	3.7	1 452	1	17	24
佐治亚	11	705	3.9	25 802	3.6	2 049	3	10	48
密西西比	8	704	3.9	13 955	2.0	1 344	3	5	39
合计	155	14 248	78.1	516 594	73.3	27 448	33	148	1059

注：据薛亚平，2013 整理。

第三节 美国邮轮业

一、美国邮轮业在世界邮轮业的地位

国际邮轮协会发布的报告称邮轮业 2010 年为美国经济整体贡献了 378.5 亿美元。美国邮轮业发展成熟，市场规模和邮轮载客能力均排世界首位（表 10-13）（薛亚平，2013）。

表 10-13 2011 年邮轮业发展迅速的主要国家（按照邮轮乘客占总人口比例排名）

国家	人口数量/万人次	乘坐邮轮的乘客数量/万人次	邮轮乘客占总人口比例/%	排名
美国	30 930	1 009	3.26	1
英国	6 204	156	2.51	2
澳大利亚	2 222	46.6	2.10	3
加拿大	3 430	69.1	2.01	4
德国	8 180	122	1.49	5

二、主要邮轮公司排名

按照可停靠锚位数量排名，皇家加勒比国际邮轮公司是最大的邮轮公司，其次是嘉年华邮轮公司、公主邮轮公司、歌诗达邮轮公司、地中海韵律邮轮公司、挪威邮轮公司、荷兰美国邮轮公司、名人邮轮公司、丘纳德邮轮公司和迪士尼邮轮公司。排名前 25 的邮轮公司中前 10 个邮轮公司，共计拥有 128 艘船只及超过 30.1 万个可停靠的锚位。

美国邮轮市场最繁忙的五大邮轮港口分别是迈阿密、劳德代尔堡、卡纳维拉尔港、纽约港、圣胡安港（表 10-14）（薛亚平，2013）。除科罗拉多州的利特尔顿市不在沿海地区外，其他 24 个邮轮公司总部均主要分布在美国南部和西部沿海地区，其中，佛罗里达州有 12 个邮轮公司，加利福尼亚州有 6 个邮轮公司，华盛顿州有 3 个邮轮公司。2011 年佛罗里达邮轮公司在邮轮出发港口城市的载客量为 594 万人，占邮轮总载客量的 57.2%，可停靠锚位数量最多。这些州的主要邮轮出发港口城市多达 22 个（表 10-15）（薛亚平，2013）。

表 10-14　2011 年美国主要邮轮公司（按油轮数量和可停靠锚位数量排名）

排名	邮轮公司	公司总部		可停靠锚位数量/个	邮轮数量/艘
		地区	城市		
1	皇家加勒比国际邮轮公司	佛罗里达州	迈阿密市	61 888	22
2	嘉年华邮轮公司	佛罗里达州	迈阿密市	58 292	22
3	公主邮轮公司	加利福尼亚州	圣克拉丽塔	36 510	17
4	歌诗达邮轮公司	佛罗里达州	好莱坞	33 797	15
5	地中海韵律邮轮公司	佛罗里达州	劳德代尔堡市	26 908	11
6	挪威邮轮公司	佛罗里达州	迈阿密市	26 346	11
7	荷兰美国邮轮公司	华盛顿州	西雅图市	23 493	15
8	名人邮轮公司	佛罗里达州	迈阿密市	21 048	10
9	丘纳德邮轮公司	加利福尼亚州	瓦伦西亚市	6 712	3
10	迪士尼邮轮公司	加利福尼亚州	布埃纳文图拉湖	6 008	2
11	极地历奇邮轮公司	佛罗里达州	日出市	5 923	13
12	大洋洲邮轮公司	佛罗里达州	迈阿密市	4 552	3
13	银海邮轮公司	佛罗里达州	劳德代尔堡市	2 028	6
14	水晶邮轮公司	加利福尼亚州	洛杉矶市	1 992	2
15	熙邦邮轮公司	华盛顿州	西雅图市	1 974	5
16	丽晶七海邮轮公司	佛罗里达州	劳德代尔堡市	1 892	3
17	超尘精品游船公司	加利福尼亚州	洛杉矶市	1 792	11
18	阿瓦隆水道公司	科罗拉多州	利特尔顿	1 708	10
19	AMA 水道公司	加利福尼亚州	查茨沃思	1 572	9
20	精钻俱乐部邮轮公司	佛罗里达州	迈阿密市	1 420	2
21	星风邮轮公司	华盛顿州	西雅图市	608	3

续表

排名	邮轮公司	公司总部		可停靠锚位数量/个	邮轮数量/艘
		地区	城市		
22	美国邮轮公司	康涅狄格州	吉尔福德	526	6
23	保罗高更邮轮公司	华盛顿州	贝尔维尤	332	1
24	海梦游艇俱乐部	佛罗里达州	迈阿密市	220	2
25	珍珠海上邮轮公司	康涅狄格州	吉尔福德	210	1

表 10-15　2011 年主要邮轮出发港（按载客数量排名）

排名	地区	港口	邮轮载客数量/千人
1	佛罗里达州	迈阿密	1 970
2	佛罗里达州	劳德代尔堡	1 826
3	佛罗里达州	卡纳维拉尔	1 496
4	纽约市	纽约	612
5	波多黎各	圣胡安	522
6	得克萨斯州	加尔维斯顿	462
7	佛罗里达州	坦帕	458
8	华盛顿州	西雅图	439
9	加利福尼亚州	长滩	405
10	路易斯安那州	新奥尔良	373
11	加利福尼亚州	洛杉矶	311
12	马里兰州	巴尔的摩	254
13	新泽西州	自由港	217
14	佛罗里达州	杰克逊维尔	190
15	西弗吉尼亚州	查尔斯顿	165
16	亚拉巴马州	莫比尔	150
17	加利福尼亚州	圣迭戈	148
18	夏威夷州	火奴鲁鲁（檀香山）	126
19	马萨诸塞州	波士顿	85
20	阿拉斯加州	苏厄德（西沃德）	65
21	阿拉斯加州	惠蒂尔	62
22	加利福尼亚州	旧金山	44
合计			10 380

第四节　旅游业分布

一、地区分布

沿海地区旅游产值（增加值）以大西洋中部地区、西部地区和东南地区增长较快，大西洋中部地区、西部地区在 8 个地区中占了近 51%的比例，东南地区和墨西哥湾地区占了约 1/4 的比例（表 10-16）。

表 10-16　美国沿海地区旅游业产值（增加值）分布（2015 年）

项目	大西洋中部地区	西部地区	东南地区	墨西哥湾地区	五大湖地区	东北地区	太平洋地区	东北太平洋地区
产值（增加值）/万美元	2 757 760	2 382 157	1 345 218	1 208 896	908 448	786 678	606 454	90 293
占比/%	27.3	23.6	13.3	12.0	9.0	7.8	6.0	0.9

资料来源：NOEP. https://www.oceaneconomics.org。

二、各州分布

纽约、加利福尼亚和佛罗里达是美国旅游业分布的主要州，这 3 个州的旅游产值（增加值）占全国的 54.0%，其次是夏威夷州、伊利诺伊州、华盛顿州和新泽西州，以上 7 个州即占了全国旅游产值（增加值）的 70.0%（图 10-1）。

图 10-1　美国旅游业产值（增加值）分布图

资料来源：NOEP. https://www.oceaneconomics.org

参 考 文 献

弗罗斯特，霍尔. 2014. 旅游与国家公园——发展、历史与演进的国际视野[M]. 王连勇，译. 北京：商务印书馆.

李如生. 2005. 美国国家公园管理体制[M]. 北京：中国建筑工业出版社.

林小春. 2016-09-17. 美国总统奥巴马宣布：将建立美国第一个位于大西洋的国家海洋保护区[N]. 中国海洋报，4 版.

薛亚平. 2013. 美国旅游业概况[M]. 北京：中国旅游出版社.

NOEP. 2018. Ocean Economy Data[EB/OL]. https://www.oceaneconomics.org/Market/ocean/oceanEcon.asp.

第十一章　美国港口布局

第一节　港口的生产与发展

一、概况

美国东临大西洋，西濒太平洋，南部是墨西哥湾，海域广阔，海岸线长而曲折，港口资源丰富。根据港口所在的地理位置，可以分成太平洋、墨西哥湾和大西洋三大港口区域。

美国沿海港口按照航线可以分为太平洋沿岸（美西航线）和大西洋沿岸（美东航线）两部分。美西航线主要港口有长滩、洛杉矶、奥克兰和西雅图。美东航线主要港口有纽约、迈阿密、休斯敦、查尔斯顿、杰克逊维尔、萨凡纳。加利福尼亚州以洛杉矶/长滩和加利福尼亚湾为核心的大型港口区拥有全国最大的海洋运输业。

二、港口运输发展

20 世纪 50 年代，美国港口吞吐量还不到 8 亿 t，而且以国内货物为主。60 年代中才超过 10 亿 t，1965 年达到约 12 亿 t，1975 年达到 15.37 亿 t（表 11-1）。90 年代初期，美国港口吞吐量没有太大的发展，基本上维持在 10 多亿吨，在这期间集装箱吞吐量已从 1980 年的 75.73 万标准箱发展到 1993 年的 145.08 万标准箱（表 11-2）。

表 11-1　1950～1975 年美国港口吞吐量　　（单位：亿 t）

项目	1950 年	1955 年	1960 年	1965 年	1970 年	1975 年
总计	7.44	9.22	9.98	11.55	13.90	15.37
外贸	1.53	2.46	3.08	4.03	5.27	6.79
国内	5.91	6.76	6.90	7.52	8.63	8.58

资料来源：交通部科学技术情报研究所，1991。

表 11-2　1980～1993 年美国港口吞吐量

项目	1980 年	1984 年	1990 年	1991 年	1992 年	1993 年
合计/亿 t	9.82	15.59	—	—	11.29	11.25
内河港口/亿 t	5.71	7.29	6.39	—	6.33	6.18

续表

项目	1980 年	1984 年	1990 年	1991 年	1992 年	1993 年
沿海港口/亿 t	4.11	8.3	—	—	4.96	5.07
集装箱/万标准箱	75.73	107.37	150.77	141.09	138.91	145.08

资料来源：交通部科学技术情报研究所，1997。

第二节　港口集装箱运输

一、概况

美国是国际集装箱运输的先驱者。1957 年，美国泛大西洋轮船公司改装了全集装箱船，实现了集装箱化以后，进一步显示了集装箱运输的优越性。

第一个专业化集装箱码头由美国的纽约港于 1957 年建设完成并投入使用。在之后的近半个世纪里，美国的集装箱运输体系一直位于世界前列，纽约港也成为世界航运中心之一。

人们一般把集装箱革命归功于马尔康·马克林（公司）。他在新泽西拥有一家货运公司，1956 年他创办了“海-陆”服务公司。他改装的轮船“理想-X 号”装载着堆积在甲板上的 58 个安置在框架中的铝卡车车身，从新泽西纽华克市启程，前往得克萨斯休斯敦。

1965 年美国的经济已经从工业经济转向了服务型经济，第三产业占 GDP 的比例已高达 60.15%，年人均 GDP 高达 3674 美元，美国经济发展水平也决定了其集装箱港口体系已经达到了一定程度（世界银行，2009）。

二、不同阶段集装箱港口发展

1. *1970 年以前美国集装箱港口发展*

1957 年，美国纽约港第一个专业化集装箱码头投入运营，直到 1967 年纽约港一直是大西洋沿岸唯一拥有专业化集装箱码头的港口，1957～1970 年逐步加入美国集装箱港口体系的主要港口有纽约港、洛杉矶港、奥克兰港、西雅图港和休斯敦港等（表 11-3）（杨静蕾等，2012）。

表 11-3　美国早期主要集装箱港口开始营运时间

港口名称	营运时间（年.月）	当年集装箱港口数/个
纽约（New York）	1957.02	1
洛杉矶（Los Angeles）	1960.01	4
奥克兰（Oakland）	1962.06	6

续表

港口名称	营运时间（年.月）	当年集装箱港口数/个
西雅图（Seattle）	1964.02	8
休斯敦（Houston）	1965.05	9
长滩（Long Beach）	1966.02	11
杰克斯维尔（Jacksonville）	1967.05	14
巴尔的摩（Baltimore）	1967.07	14
波特兰（Portland）	1967.09	14
汉普顿（Hampton Road）	1968.02	17
塔科马（Tacoma）	1969.07	19
波士顿（Boston）	1970.07	20

1970 年以前，美国大多数航运公司并没有太关注集装箱运输，加之专业化集装箱码头远比常规散杂货码头投资成本高，不少港口对专业化集装箱码头建设持观望态度。到 1970 年，整个美国集装箱港口体系中的专业化集装箱港口数量只有 20 个，且集装箱港口的规模相对较小，62%的港口集装箱吞吐量小于 5 万标准箱。因此，1970 年以前可认为是集装箱港口体系初步形成阶段，到 1970 年专业集装箱港口体系才刚刚形成。

1970 年以后，美国集装箱港口数量、集装箱吞吐量逐步增加，集装箱港口体系的空间布局呈现一定的稳定性，集装箱港口体系集中度也呈现出一定的周期性。

美国港口管理局协会以拥有专业化集装箱码头作为集装箱港口的统计标准，整理出 1970～2009 年美国专业化集装箱港口数量与总吞吐量。1970～2009 年美国专业化集装箱港口数量呈现出缓慢增加、快速增加和基本稳定的发展趋势，1995 年之后美国专业化集装箱港口总数基本维持在 50 个左右。虽然专业化集装箱港口的巨额沉没成本导致了其较高的进入和退出壁垒，但是美国专业化集装箱港口数量并非只增不减，在这近 40 年中有 8 年专业化集装箱港口数量有所减少，由此可见，美国专业化集装箱港口体系始终保持着一定的进入和退出比例，市场调节机制在其中发挥了主要作用（图 11-1 和图 11-2）。

图 11-2 显示，1970～2009 年美国专业化集装箱港口总吞吐量呈现上升趋势，并呈平稳快速发展趋势，其中 1981 年受世界原油价格暴涨的影响，专业化集装箱总吞吐量有所下降；受金融危机的影响，2008 年美国专业化集装箱吞吐量开始负增长，2009 年进一步下跌 13.1%，出现了大幅下滑。

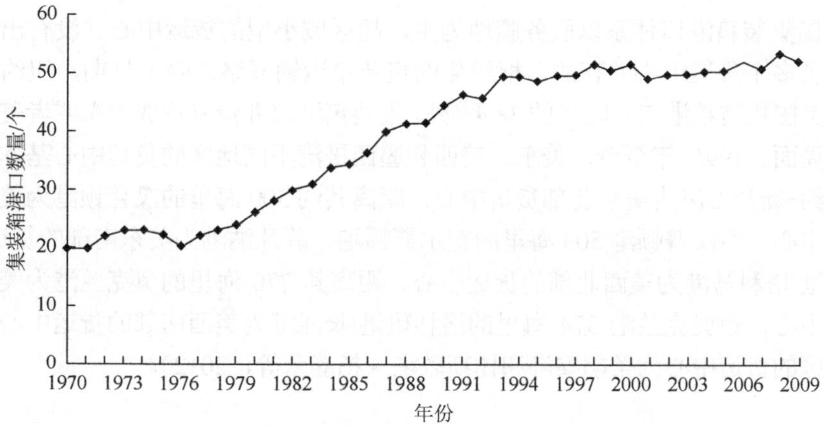

图 11-1　1970～2009 年美国专业化集装箱港口数量

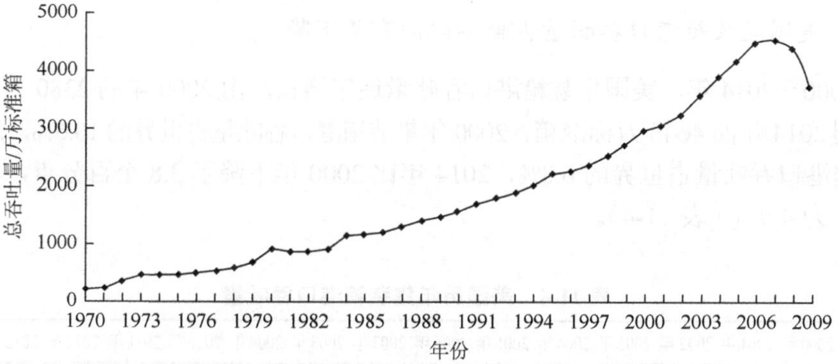

图 11-2　1970～2009 年美国专业化集装箱港口吞吐量发展

2. 1970～2009 年港口体系的空间变化

从 1970～2009 年美国专业化集装箱港口数量和吞吐量变化来看，1970～1995 年是美国专业化集装箱港口数量平稳增长阶段，1995 年之后美国专业化集装箱港口数量基本稳定；专业化集装箱港口总吞吐量在 2006 年以前一直处于快速增长阶段。

1970 年吞吐量在 50 万标准箱以上的港口仅有美东北部的纽约港，但是随着太平洋航线的日益繁荣，美西集装箱港口吞吐量快速增加，到 1995 年美西南部的洛杉矶和长滩两港口吞吐量均超过纽约港，达到 256 万标准箱和 284 万标准箱。

美国专业化集装箱港口体系的空间分布自 1995 年之后，就基本处于稳定状况，并随着专业化集装箱总吞吐量的不断增加，各主要专业化集装箱港口的吞吐量规模不断扩大，占总吞吐量的百分比在 1995～2006 年也逐步增加；虽然 2006 年后，美国专业化集装箱总吞吐量开始有所下滑，各主要港口集装箱吞吐量占总量的比例也有所下降，但美国专业化集装箱港口体系的空间分布依然与 1995 年基本相同，表现出一定的稳定性。

美国集装箱港口体系以服务腹地为主，超区域小型的货运中心并没有出现，而是形成了多个货运中心并存的多枢纽化的集装箱运输网络。除了早期，纽约港曾经占据了美国集装箱港口吞吐量的38.4%外，集装箱港口并没有形成美东或者美西一港独大的局面。1995 年至今，美东、美西和墨西哥湾不同地区的货运中心基本保持不变。纽约-新泽西港为美东北部货运中心，距离其约 300 海里的汉普顿港为美东中部的货运中心，距汉普顿港 503 海里的查尔斯顿港、萨凡纳港为美东南部的货运中心；西雅图港/塔科马港为美西北部的货运中心，距离其 770 海里的奥克兰港为美西中部的货运中心，距奥克兰港 374 海里的洛杉矶港/长滩港为美西南部的货运中心。墨西哥湾地区的货运中心为圣胡安港和休斯敦港（杨静蕾等，2012）。

三、美国集装箱港口在世界的地位

1. 美国集装箱港口吞吐量占世界比例有所下降

2000～2014 年，美国集装箱港口吞吐量逐年增长，由 2000 年的 2380 万标准箱增长到 2014 年的 4646 万标准箱，2000 年集装箱港口吞吐量占世界的 10.6%，2014 年集装箱港口吞吐量占世界的 6.8%，2014 年比 2000 年下降了 3.8 个百分点，年平均增长率为 4.9%（表 11-4）。

表 11-4　美国历年集装箱港口吞吐量

项目	2000年	2001年	2002年	2003年	2004年	2005年	2006年	2007年	2008年	2009年	2010年	2011年	2012年	2013年	2014年
世界/万标准箱	22 477	23 506	26 346	29 700	33 843	37 627	40 675	48 982	51 342	47 018	54 225	58 748	60 151	64 945	67 925
美国/万标准箱	2 380	2 731	2 968	3 269	3 490	3 850	4 090	4 484	4 241	3 736	4 234	4 292	4 430	4 427	4 646
美国占世界比例/%	10.6	11.6	11.3	11.0	10.3	10.2	10.1	9.2	8.3	7.9	7.8	7.3	7.4	6.8	6.8

资料来源：中华人民共和国国家统计局，2017。

2. 主要港口在世界排列位序

从 2008 年、2011 年、2015 年美国不同港口吞吐量在世界港口中的排序看出，有的港口位序后退，如洛杉矶港，2008 年排在第 8 位，2011 年降为第 13 位，但集装箱港口吞吐量由 2008 年的 785 万标准箱，提高到 2011 年的 794 万标准箱，2011 年比 2008 年增加近 10 万标准箱。而长滩港在 2008 年排序第 17 位，2011 年仍为第 17 位，集装箱港口吞吐量由 2008 年的 649 万标准箱，下降为 2011 年的 606 万标准箱，下降了 43 万标准箱。多数港口 2011 年比 2008 年排序提前，港口吞吐量有所增长。2015 年洛杉矶等港在全球排名后退，但吞吐量有所提高（表 11-5）（中国港口年鉴编辑部，2016）。

表 11-5 美国主要集装箱港口吞吐量在世界的地位

2008 年			2011 年			2015 年		
港口	排名	吞吐量/万标准箱	港口	排名	吞吐量/万标准箱	港口	排名	吞吐量/万标准箱
洛杉矶	8	785	洛杉矶	13	794	洛杉矶	19	856
长滩	17	649	长滩	17	606	长滩	20	719
纽约-新泽西	20	527	纽约-新泽西	19	550	纽约-新泽西	22	637
萨凡纳	44	262	萨凡纳	31	295	萨凡纳	40	374
奥克兰	52	224	奥克兰	38	234	西雅图	42	353
弗吉尼亚	56	208	西雅图	42	203	弗吉尼亚	63	255
塔科马	62	186	休斯敦	43	189	休斯敦	74	213
休斯敦	66	186	弗吉尼亚	49	160	查尔斯顿	78	197
西雅图	70	179	塔科马	52	148			
查尔斯顿	74	170	巴尔的摩	63	63			
圣胡安	75	168	新奥尔良	77	48			
火奴鲁鲁	94	112	费城	92	29			
			波士顿	106	20			
			坦帕	128	4			

资料来源：中国港口年鉴编辑部，2009，2012，2016。

2011 年世界集装箱港口 162 强排名中，美国有 14 个港口，占 8.64%。最大的洛杉矶港，世界排名第 13 位，吞吐量为 794 万标准箱，最小的坦帕港，世界排名第 128 位，吞吐量为 4 万标准箱，两者相差近 200 倍。总体而言，美国的集装箱港口，在世界排名居于中间位置，洛杉矶港、长滩港、纽约-新泽西港三港居美国港口的主体地位。

3. 21 世纪主要港口吞吐量发展

21 世纪，各主要港口吞吐量均有不同程度的增长，如巴尔的摩港，1982 年为 2785 万 t，2005 年增长到 3243 万 t，坦帕港 1982 年为 3988 万 t，2005 年增长到 4555 万 t，埃佛格莱兹港 1982 年为 1084 万 t，2005 年增到 2716 万 t（表 11-6）（宋晓丽和王望雄，2016）。

表 11-6　2005～2014 年美国主要港口吞吐量　　（单位：万 t）

港口	2005 年	2006 年	2007 年	2008 年	2009 年	2010 年	2011 年	2012 年	2013 年	2014 年
南路易斯安那	22 036	23 304	23 410	21 199	22 674	22 330	24 880	25 300	24 160	26 480
休斯敦	19 172	20 149	20 295	20 457	22 000	26 280	26 170	24 690	23 650	22 920
洛杉矶	16 900	18 160	18 920	17 000	15 740	15 760	15 820	17 520	16 510	17 650
长滩	15 919	16 982	17 403	15 658	13 220	15 290	18 560	14 420	16 280	16 470
纽约-新泽西	7 872	7 891	8 103	7 908	7 680	8 140	8 610	8 080	7 150	7 370
科珀斯克里斯蒂	7 872	7 891	8 103	7 908	7 680	6 760	6 120	7 150	8 050	9 130
费拉德尔菲亚	5 490	5 583	5 212	4 958	4 880	5 440	4 650	4 820	4 770	4 060
德卢斯	4 715	4 297	4 341	4 261	3 670	3 610	3 340	3 330	3 330	—
坦帕	4 555	4 858	4 529	4 261	3 670	3 370	3 110	3 390	3 490	3 620
弗吉尼亚	3 901	3 959	4 225	5 656	4 471	4 910	5 630	6 430	6 670	6 110
莱克查尔斯	2 996	3 161	3 539	2 822	2 960	—	—	—	—	—
萨凡纳	2 723	3 070	3 344	3 359	2 000	2 270	2 410	9 290	3 130	3 380
奥克兰	3 006	3 079	3 239	3 092	3 040	3 270	3 310	3 400	3 480	3 490
巴尔的摩	3 243	3 062	3 078	3 938	2 030	3 280	3 780	3 672	3 030	2 950
查尔斯顿	2 576	2 789	2 655	2 453	1 740	1 470	1 670	—	1 540	1 680
新奥尔良	2 287	2 670	2 737	2 384	2 870	2 440	2 460	3 070	2 810	3 110
莫比尔	2 926	3 259	3 156	2 810	2 240	2 340	2 510	5 210	5 130	6 220
埃佛格莱兹	2 716	2 711	2 640	2 423	2 150	2 150	1 610	—	2 270	—
巴吞鲁日	2 830	2 534	2 306	2 194	2 670	—	—	1 986	230	2 559

资料来源：宋晓丽和王望雄，2016。

第三节　港口集装箱吞吐量区域分布

在选定的62个港口中共选取了44个港口，其中，太平洋海区（P）11个、大西洋海区（A）19个、墨西哥湾海区（G）9个、阿拉斯加（AK）2个、夏威夷（HI）1个、波多黎各（PR）1个、美属维尔京群岛（VI）1个（U.S. Department of Transportation Maritime Administration，2017）。

一、历年发展

2009～2015年美国集装箱吞吐量有不同程度增长，2009年约为3750万标准箱，2015年达4623万标准箱左右，年平均增长3.55%。

（1）太平洋海区的港口，2009年约2464万标准箱，2015年达2856万标准箱左右，年平均增长2.49%。

（2）大西洋海区的港口，2009 年约为 1098 万标准箱，2015 年达 1488 万标准箱左右，年平均增长 5.19%。

（3）墨西哥湾海区的港口，2009 年约为 186 万标准箱，2015 年达 261 万标准箱左右，年平均增长 5.81%。

（4）波多黎各的港口，2009 年约为 3 万标准箱，2015 年达 18 万标准箱左右，年平均增长 34.8%（表 11-7）。

表 11-7　美国港口集装箱吞吐量

海域	项目	2009 年	2010 年	2011 年	2012 年	2013 年	2014 年	2015 年
全部	吞吐量总计/标准箱	37 501 935	42 464 327	44 909 292	44 429 270	45 129 238	46 354 739	46 228 006
太平洋海区	吞吐量/标准箱	24 636 009	27 998 619	29 685 619	28 808 494	29 425 208	29 533 133	28 556 182
	占比/%	65.6	65.9	66.1	64.8	65.2	63.7	61.8
大西洋海区	吞吐量/标准箱	10 975 554	12 168 238	12 839 930	13 140 416	13 132 306	14 204 017	14 879 899
	占比/%	29.3	28.7	28.6	29.6	29.1	30.6	32.2
墨西哥湾海区	吞吐量/标准箱	1 859 420	2 057 602	2 173 910	2 293 286	2 383 977	2 443 822	2 607 492
	占比/%	5.0	4.8	4.8	5.2	5.3	5.3	5.6
波多黎各	吞吐量/标准箱	30 952	239 868	209 833	187 074	187 747	173 767	184 433
	占比/%	0.1	0.6	0.5	0.4	0.4	0.4	0.4

资料来源：U.S. Department of Transportation Maritime Administration，2017。

注：太平洋海区包括了阿拉斯加和夏威夷港口。

从表 11-7 可知，太平洋沿岸西部地区（包括华盛顿州、加利福尼亚州和俄勒冈州）的港口船舶载运量比例高达 60%以上（包括了阿拉斯加州和夏威夷州）。近年来比例有所下降，从 2009 年的 66%左右（统计港口所在海域）下降到 2015 年 62%左右，下降了约 4 个百分点。西部地区的主要港口有华盛顿州的西雅图港、塔科马港，加利福尼亚州的长滩港、洛杉矶港、奥克兰港和俄勒冈州的波特兰港。

二、分布海域

在港口分布的海域中，大西洋海域的港口吞吐量占统计港口所在海域的 29%～32%，港口船舶载运量占比近年来有所增长，从 2010 年的 28.6%增长到 2015 年的 32.2%，增长了约 4 个百分点。这一海域港口数量较多，但港口吞吐量相对较小。主要港口有纽约港、诺福克港、萨凡纳港、威尔明顿（特拉华州）港、威尔明顿（南卡罗来纳）港、费城港等。

墨西哥海域的港口船舶载运量占其港口吞吐量的 5%左右。近年来港口吞吐量占比略有小幅增长，从 2010 年的 4.9%增长到 2015 年的 5.6%。这一海域的主要港口有休斯敦港、迈阿密港、杰克逊维尔港、格尔夫波特港等。

墨西哥湾海域是美国主要的石油资源和石油产品分布区，休斯敦港的油轮载运量达 70%左右。

在三大海域中各选择 10 个港口（按港口吞吐量大小排序）：

（1）分布在太平洋海域的港口，以加利福尼亚州和华盛顿州的港口为主。

（2）分布在大西洋海域的港口，主要是大西洋沿岸如马里兰、特拉华、纽约等州的港口，还包括位于佛罗里达半岛以东，大西洋海域佛罗里达州的港口，如棕榈滩港、迈阿密港、杰克逊维尔港。

（3）墨西哥湾海域港口主要有得克萨斯、路易斯安那以及佛罗里达半岛以西的佛罗里达州的港口，其中主要港口的吞吐量历年均有不同程度增长，此外还有波多黎各的圣胡安港（表 11-8）。

表 11-8　美国三大海域前 10 位港口排序（2015 年）

太平洋海域		大西洋海域		墨西哥湾海域	
港口	集装箱吞吐量/标准箱	港口	集装箱吞吐量/标准箱	港口	集装箱吞吐量/标准箱
洛杉矶	5 473 869	纽约	4 520 199	休斯敦	1 760 852
长滩	4 906 825	佐治亚	2 819 696	新奥尔良	366 130
奥兰治	1 522 899	诺福克	1 965 378	圣胡安	184 433
塔科马	1 334 766	查尔斯顿	1 553 578	莫比尔	182 436
西雅图	810 879	迈阿密	771 489	格尔夫波特	115 175
波特兰	150 699	杰克逊维尔	756 646	费里波特	71 657
圣迭戈	60 175	巴尔的摩	590 452	坦帕	38 406
火奴鲁鲁	58 233	费城	277 419	巴拿马城	26 087
怀尼米港	54 214	威尔明顿	194 529	马纳蒂港	20 461
安克雷奇	2 144	波士顿	190 352	加尔维斯堡	22 128

第四节　美国海关港口区

一、海关港口区的划分

美国海关将美国的港口划分为 15 个海关港口区，每个海关港口区包括的港口数量有多有少，各海关港口区所包含的港口数量如下（U.S. Department of Transportation Maritime Administration，2017）。

（1）哥伦比亚斯内克河（区）主要以俄勒冈州的港口为主，共包括9个港口，其中有两个港口在华盛顿州，该区所包含港口如下：阿斯托里亚港口、博伊西港口、库斯湾港口、卡拉马港口、金斯利菲尔德港口、克拉马斯福尔斯港口、朗维尤港口、纽波特港口、波特兰港口。

（2）达拉斯/沃思堡（区）主要以得克萨斯州的港口为主，其中两个港口在俄克拉何马州，该区共包括7个港口：阿马里洛港口、奥斯汀港口、达拉斯-沃斯堡港口、拉伯克港口、俄克拉何马城港口、圣安东尼奥港口、塔尔萨港口。

（3）底特律（区）主要以密歇根州的港口为主，共包括17个港口：阿尔戈纳克港口、阿尔皮纳港口、巴特尔克里克港口、迪图尔城港口、底特律港口、埃斯卡诺巴港口、费里斯堡港口、格兰德港口、大急流城港口、麦基诺岛港口、马凯特港口、马斯基根港口、休伦港港口、普雷斯克岛港口、罗杰斯市港口、萨吉诺贝市港口、苏圣玛丽港口。

（4）密尔沃基市（区）以威斯康星州的港口为主，共包括6个港口：格林湾港口、马尼托瓦克港口、马里内特港口、密尔沃基港口、拉辛港口、希博伊根港口。

（5）明尼阿波利斯（区）以明尼苏达州的港口为主，共包括6个港口：阿什兰港口、得梅因港口、德卢斯-苏必利尔港口、明尼阿波利斯-保罗港口、奥马哈港口、苏福尔斯港口。

（6）莫比尔（区）以亚拉巴马州的港口为主，有两个港口属于密西西比州，共包括5个港口：伯明翰港口、格尔夫波特港口、亨茨维尔港口、莫比尔港口、帕斯卡古拉港口。

（7）新奥尔良（区）以路易斯安那州的港口为主，共包括19个港口：阿肯色空港布莱斯维尔港口、埃文代尔港口、巴吞鲁日港口、查塔努加港口、特斯特汉港口、古德霍普港口、格拉梅西港口、格林维尔港口、诺克斯维尔港口、莱克查尔斯港口、小石城港口、孟菲斯港口、摩根城港口、纳什维尔港口、新奥尔良港口、萨尔弗港口、什里夫波特博西尔城港口、圣罗斯港口、维克斯堡港口。

（8）波特兰（区）以缅因州的港口为主，个别港口属于新罕布什尔州，共包括20个港口：班戈港口、巴尔港口、巴斯港口、贝尔法斯特港口、布里奇沃特港口、加来港口、伊斯特波特港口、费尔菲尔德堡港口、肯特堡港口、霍尔顿港口、杰克曼港口、琼斯波特港口、莱姆斯通港口、马达沃斯卡港口、波特兰港口、朴次茅斯港口、罗克兰港口、锡斯波特港口、范布伦港口、万斯伯勒港口。

（9）普罗维登斯（区）以罗得岛州的港口为主，共包括 3 个港口：梅尔维尔港口、纽波特港口、普罗维登斯港口。

（10）圣迭戈（区）以加利福尼亚州的港口为主，共包括 7 个港口：安德拉德港口、加利西哥港口、卡莱克西科东港口、奥泰梅萨站港口、圣迭戈港口、圣伊西德罗港口、特卡特港口。

（11）圣路易斯（区）以密歇根州的港口为主，共包括 5 个港口：堪萨斯城港口、斯普林菲尔德港口、圣约瑟夫港口、圣路易斯港口、堪萨斯威奇托港口。

（12）坦帕（区）以佛罗里达州的港口为主，共包括 10 个港口：博卡格兰德港口、费尔南迪纳港口、杰克逊维尔港口、奥兰多港口、巴拿马城港口、彭萨科拉港口、卡纳维拉尔港口、马纳蒂港口、圣彼得堡港口、坦帕港口。

（13）维尔京群岛（区）共包括 5 个港口：夏洛特·阿马里港口、克里斯琴斯特德港口、科勒尔湾港口、克鲁斯贝港口、弗雷德里克斯塔德港口。

（14）华盛顿哥伦比亚特区（区）共包括 2 个港口：亚历山德里亚港口、华盛顿港口。

（15）威尔明顿（区）以北卡罗来纳州的港口为主，共包括 5 个港口：波弗特莫尔黑德城港口、夏洛特港口、达勒姆港口、瑞兹维尔港口、威尔明顿港口。

二、海关港口区的发展

美国海关港口区的水上对外贸易中，进口量大于出口量，但 2006～2013 年进口量在波动中下降。出口量则在 2003～2013 年呈波动增长趋势，占比由 2003 年的 27.3%增长到 2013 年的 46.5%。（表 11-9）。

表 11-9 美国海关港口区的水上对外贸易量（2003～2013 年）

项目	2003 年	2004 年	2005 年	2006 年	2007 年	2008 年	2009 年	2010 年	2011 年	2012 年	2013 年
贸易量总计/t	120 958	130 560	135 098	138 060	137 593	137 653	120 201	130 296	134 309	129 207	125 943
出口量/t	32 973	35 105	35 538	38 015	42 604	48 440	45 206	52 217	57 295	57 268	58 533
占比/%	27.3	26.9	26.3	27.5	31.0	35.2	37.6	40.0	42.7	44.3	46.5
进口量/t	87 985	95 455	99 560	100 045	94 989	89 213	74 995	78 325	77 001	71 939	67 410
占比/%	72.7	73.1	73.7	72.5	69.0	64.8	62.4	60.0	57.3	55.7	53.5

三、海关港口区贸易量

总体而言，海关港口贸易量进口占50%以上，但每个港口进口和出口情况不一。表11-10对部分港口贸易量进行了排序，休斯敦-加尔维斯顿、新奥尔良、洛杉矶、阿瑟港和纽约这前五位港口的贸易量占全部港口贸易量的58.9%左右，反映了美国海关港口贸易量的集聚程度。美国主要海关港口贸易量分布如图11-3所示。

表11-10　美国海关港口贸易量

港口	进出口贸易量/万t	各港口贸易量占比/%	出口量/万t	出口量占比/%	进口量/万t	进口量占比/%
休斯敦-加尔维斯顿	23 650	18.8	10 919	46.2	12 731	53.8
新奥尔良	23 400	18.6	12 266	52.4	11 134	47.6
洛杉矶	12 405	9.9	4 687	37.9	7 718	64.1
阿瑟港	7 617	6.0	2 442	32.1	5 175	67.9
纽约	7 074	5.6	1 874	26.5	5 200	73.5
诺福克	6 757	5.4	5 845	86.5	912	13.5
莫比尔	5 135	4.1	2 413	47.0	2 722	53.0
旧金山	5 113	4.1	1 977	38.7	3 136	61.3
费城	4 811	3.8	723	15.0	4 088	85.0
西雅图	4 477	3.6	2 647	59.1	1 830	40.9
萨凡纳	3 131	2.5	1 786	57.0	1 345	43.0
巴尔的摩	2 769	2.2	1 782	64.4	987	35.6
坦帕	2 520	2.0	945	37.5	1 575	62.5
迈阿密	1 650	1.3	619	37.5	1 031	62.5
查尔斯顿	1 546	1.2	653	42.2	893	57.8
波士顿	1 476	1.2	190	12.9	1 286	87.1
圣胡安	1 300	1.0	96	7.4	1 204	92.6
底特律	1 085	0.9	748	68.9	337	31.1
克利夫兰	1 007	0.8	508	50.4	499	49.6
威尔明顿	757	0.6	281	37.1	476	62.9
波特兰	745	0.6	135	18.1	610	81.9
火奴鲁鲁	696	0.6	47	6.8	649	93.2
普罗维登斯	494	0.4	67	13.6	427	86.4
安克雷奇	468	0.4	380	81.2	88	18.8
明尼阿波利斯	354	0.3	287	80.8	67	19.2
布法罗	321	0.3	245	76.3	76	23.7

续表

港口	进出口贸易量/万 t	各港口贸易量占比/%	出口量/万 t	出口量占比/%	进口量/万 t	进口量占比/%
芝加哥	306	0.2	67	21.9	239	78.1
密尔沃基	189	0.2	5	3.0	184	97.0
维尔京	168	0.1	111	66.1	57	33.9
圣迭戈	107	0.1	4	3.7	103	96.3
拉雷多	100	0.1	33	33.0	67	67.0
德卢斯	41	0.1	28	66.3	13	31.7
华盛顿	0.21	*	*	*	*	*

资料来源：U.S. Department of Transportation Maritime Administration，2017。

*表示数值太小，不显示。

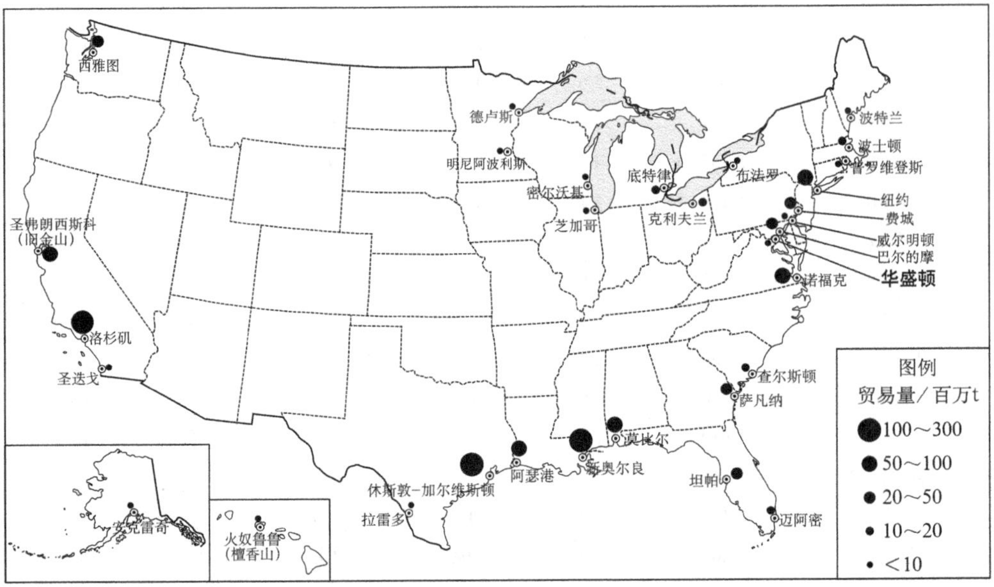

图 11-3　美国主要海关港口贸易量分布图

资料来源：U.S. Department of Transportation Maritime Administration，2017

参 考 文 献

交通部科学技术情报研究所. 1997. 国外公路、水路运输统计（水路运输分册）[Z].

世界银行. 2009. 2009 年世界发展报告——重塑世界经济地理[M]. 胡光宇，等，译. 北京：清华大学出版社.

宋晓丽，王望雄. 2016. 世界主要国家交通运输统计资料（2016 年）[R]. 中国交通运输部综合规划司.

杨静蕾，罗梅丰，吴晓番. 2012.美国集装箱港口体系演进过程研究[J]. 经济地理，(2)：94-100.

中国港口年鉴编辑部. 2009. 中国港口年鉴（2009 年版）[M]. 上海：中国港口杂志社.

中国港口年鉴编辑部. 2012. 中国港口年鉴（2012 年版）[M]. 上海：中国港口杂志社.

中国港口年鉴编辑部. 2016. 中国港口年鉴（2016 年版）[M]. 上海：中国港口杂志社.

中华人民共和国国家统计局. 2018. 国际统计年鉴（2017）[M]. 北京：中国统计出版社.

NOEP. 2018. Ocean Economy Data[EB/OL]. https://www.oceaneconomics.org/Market/ocean/oceanEcon.asp.

U.S. Department of Transportation Maritime Administration. U. S. Waterborne Foreign Trade by Custom District[EB/OL]. [2017-12-25]. https://www.maritime.dot.gov/ data-reports/data-statistics/data-statistics.

第十二章　美国海洋运输业布局

第一节　商船数量及占世界比例变化

一、商船数量发展

1. 1810～2005 年

美国商船的发展已有 200 多年的历史。18 世纪末，美国的商船数不到 1 万总吨，到 19 世纪末达到 300 万总吨，在这 100 年间商船总吨位稳步增长。从 20 世纪起美国商船跨入大发展时期，1910～1940 年，美国商船总吨位规模由 500 万总吨增长至 1000 万总吨，最大曾接近 1500 万总吨。到 20 世纪 50～60 年代，美国商船进入高峰发展时期，商船总吨位达到 2000 万～3000 万总吨，这个高发展阶段一直延续到 20 世纪末期（大体在 1990 年）。这一阶段被认为是美国海上商船发展的顶峰。此后，海上商船数量逐年下降，进入 21 世纪以来美国商船总吨不断下降，商船发展进入衰退期，从 1995 年的 1566.3 万总吨下降到 2015 年的 716.6 万总吨，这个商船吨位数相当于 20 世纪前期 1918 年的水平（747 万总吨）（表 12-1 和表 12-2）。

表 12-1　美国 200 多年海上商船数量发展（1810～2005 年）

年份	数量/万总吨	年份	数量/万总吨	年份	数量/万总吨	年份	数量/万总吨	年份	数量/万总吨
1810	1.1	1850	52.6	1890	185.6	1930	1375.7	1970	1846.0
1815	1.3	1855	77.0	1895	221.3	1935	1253.5	1975	1458.0
1820	2.2	1860	86.8	1900	265.8	1940	1135.3	1980	1840.4
1825	2.3	1865	106.7	1905	374.1	1945	3024.7	1985	1951.8
1830	6.4	1870	107.5	1910	490.0	1950	2832.7	1990	2132.8
1835	12.3	1875	116.9	1915	694.9	1955	2679.2	1995	1566.3
1840	20.2	1880	121.2	1920	1382.3	1960	2355.3	2000	941.9
1845	32.6	1885	149.5	1925	1497.6	1965	1973.0	2005	1076.8

资料来源：交通部科技信息情报研究所，2016。

2. 2005～2015 年

2005～2015 年美国商船拥有量呈波动下降趋势，从 2005 年的 1339.3 万载重吨，下降到 2014 年的 764.4 万载重吨（表 12-2），2015 年较 2014 年稍高。

表 12-2　美国 2005～2015 年的商船拥有量

年份	艘数/艘	总吨位/万总吨	总载重吨/万载重吨
2005	575	1076.8	1339.3
2006	513	991.8	1185.8
2007	515	981.0	1166.9
2008	390	793.9	895.4
2009	388	793.0	900.6
2010	400	834.2	948.2
2011	405	849.2	946.1
2012	379	785.5	846.5
2013	349	698.7	754.3
2014	350	703.2	764.4
2015	349	716.6	803.9

资料来源：交通部科技信息情报研究所，2016。

二、商船占世界比例

1989 年美国商船有 6375 艘，约 2935 万载重吨，占世界商船的比例达到 4.5%（表 12-3），此后不断下降。到 1995 年下降到 2.3%，2005 年下降到 1.1%，2015 年商船总量仅占世界的 0.5%（表 12-4）。

表 12-3　1989 年美国海上商船在世界商船中的比例

项目	艘数	总吨位	总载重吨
美国	6 375 艘	2 058.8 万总吨	2 934.8 万载重吨
世界	76 100 艘	41 048.0 万总吨	64 681.0 万载重吨
美国占世界比例/%	8.4	5.0	4.5

资料来源：交通部科学技术情报研究所，1991。

表 12-4 美国历年商船占世界商船总量比例

年份	占世界比例/%	年份	占世界比例/%	年份	占世界比例/%
1995	2.3	2002	1.4	2009	0.8
1996	2.2	2003	1.5	2010	0.7
1997	1.9	2004	1.5	2011	0.6
1998	1.8	2005	1.1	2012	0.5
1999	1.4	2006	1.2	2013	0.5
2000	1.5	2007	1.1	2014	0.5
2001	1.4	2008	0.8	2015	0.5

资料来源：根据交通部科技信息情报研究所，2016；国家海洋局，中国海洋统计年鉴 2011～2016 年数据整理。按照载重吨计算。

第二节 商船组成发展及其地位

一、商船组成发展

美国商船组成分为两类：一类符合《琼斯法案》；另一类不符合《琼斯法案》。

进入 21 世纪，各类商船按照《琼斯法案》和非《琼斯法案》的组成，不符合《琼斯法案》的商船从 2000 年占总载重吨的 28.9%增长到 2016 年的 41.3%。符合《琼斯法案》的从 2000 年占总载重吨的 71.1%，下降到 2016 年的 58.7%（表 12-5）。

表 12-5 各类商船的发展

项目	2000 年	2002 年	2004 年	2006 年	2008 年	2010 年	2012 年	2014 年	2016 年
总计/万载重吨	12 408	10 913	9 264	9 411	9 457	9 547	8 262	7 862	7 797
不符合《琼斯法案》的商船/万载重吨	3 582	3 738	3 014	3 690	3 810	4 165	4 035	3 676	3 219
比例/%	28.9	34.3	32.5	39.2	40.3	43.6	48.8	46.8	41.3
符合《琼斯法案》的商船/万载重吨	8 826	7 175	6 250	5 721	5 647	5 382	4 227	4 186	4 578
比例/%	71.1	65.7	67.5	60.8	59.7	56.4	51.2	53.2	58.7

资料来源：U.S. Water Transportation Statistical Snapshot。

注：1920 年《琼斯法案》规定，在美国境内航行的船舶必须由美国制造，并在美国登陆；船舶的所有权至少有 75%是美国公民拥有；船员必须是美国公民。如果经美国航运管理局的批准，外国公司可以短期租用美国船舶在美国港口之间从事贸易活动，或外国船舶暂时在美国国内航线从事运输。

1）符合《琼斯法案》的商船组成

符合《琼斯法案》的商船组成以油轮和集装箱船为主，油轮在商船历年组成中占 44%～59%，集装箱船占 24%～39%（表 12-6）。

表 12-6　美国符合《琼斯法案》的商船组成

年份	总计/万载重吨	集装箱船		干散货船		普通货船		滚装船		油轮	
		数量/万载重吨	占比/%	数量/万载重吨	占比/%	数量/万载重吨	占比/%	数量/万载重吨	占比/%	数量/万载重吨	占比/%
2000	12 408	3 004	24.3	685	5.5	555	4.5	847	6.8	7317	58.9
2004	9 264	3 104	33.5	823	8.9	335	3.6	884	9.5	4118	44.5
2010	9 547	3 596	37.7	533	5.6	174	1.8	814	8.5	4430	46.4
2016	7 797	2 998	38.5	260	3.3	179	2.3	577	7.4	3783	48.5

资料来源：U.S. Water Transportation Statistical Snapshot。

2）不符合《琼斯法案》的商船组成

根据非《琼斯法案》商船的历年统计，各类船舶类型中，以集装箱船占主要地位，其比例为 56%～72%。其他类型依次为滚装船、干散货船、普通货船和油轮，其中后三者比例大体相当（表 12-7）。

表 12-7　美国不符合《琼斯法案》标准的私营商船队

年份	总计/万载重吨	集装箱船		干散货船		普通货船		滚装船		油轮	
		数量/万载重吨	占比/%	数量/万载重吨	占比/%	数量/万载重吨	占比/%	数量/万载重吨	占比/%	数量/万载重吨	占比/%
2000	3 582	2 025	56.5	370	10.3	238	6.6	461	12.9	488	13.6
2004	3 915	2 333	59.6	471	12.0	215	5.5	498	12.7	398	10.2
2010	4 165	2 838	68.1	396	9.5	164	3.9	568	13.6	199	4.8
2016	3 219	2 302	71.5	153	4.8	168	5.2	399	12.4	197	6.1

资料来源：U.S. Water Transportation Statistical Snapshot。

非《琼斯法案》的商船类型构成中，集装箱船的比例由 2000 年的 56.5%，上升到 2016 年的 71.5%，上升了 15 个百分点，可见集装箱船的重要作用，尤其当前集装箱船已经发展到第 6 代。油轮运输主要由符合《琼斯法案》中的油轮来完成原油的进出口运输。

二、各类商船在世界上的地位

2000～2015 年集装箱船占世界比例下降，由 2000 年的 9.8%下降到 2015 年的 1.7%，油轮从 2000 年的 10.8%，下降到 2015 年的 5.0%，其他商船占比同样具有下降趋势（表 12-8）（宋晓丽和王望雄，2016）。

表 12-8　美国海上商船拥有量

年份	占世界位序	总计		油轮		散货船		杂货船		集装箱船	
		载重吨/万吨	占比/%	载重吨/万吨	占比/%	载重吨/万吨	占比/%	载重吨/万吨	占比/%	载重吨/万吨	占比/%
2000	4	4 846.8	5.8	3 436.5	10.8	603.1	2.2	234.6	2.5	373.9	9.8
2004	5	4 534.7	5.4	3 264.7	9.5	527.0	4.8	301.6	3.3	373.9	4.4
2010	8	4 486.7	3.7	1 847.3	3.7	1 711.8	2.3	283.7	1.7	180.3	1.8
2013	8	4 696.3	3.1	2 415.7	4.4	393.9	2.6	240.0	1.2	192.3	1.9
2015	7	5 567.7	3.4	2 685.4	5.0	2 065.3	2.8	306.3	1.3	180.5	1.7

资料来源：宋晓丽和王望雄，2016。

注：商船拥有量按船舶母公司统计得到。表中数据按载重吨排序，总计一列的数值为全国所有商船拥有量，包括 1000 总吨以下的船舶，其他数据为 1000 总吨及以上船舶。

第三节　商 船 组 成

一、船舶类型及比例

海上运输可以实现大吨位、大容量和长距离的运输，船舶的载运量大，可满足大载运量运输，目前油轮最大载重量达到 56 万 t，集装箱船达 7 万 t。随着造船技术的进步，当前美国港口运输中的油轮、集装箱船、液化天然气船、滚装船、干散货船和普通货船均有不同程度的发展（表 12-9）。

表 12-9　美国港口、码头和驳运区不同船舶类型的位序及比例

船舶种类	港口数/个	沿海地区载运量/万载重吨	排序前位的港口数/个	排序前位的港口载运量/万载重吨	排序前位的港口载运量占沿海地区载运量比例/%
油轮	74	162 241	15	122 296.8	75.4
集装箱船	34	104 670	14	81 863	79.2
液化天然气船	22	2 813.9	10	2 388	84.9
滚装船	41	10 638	15	8 918	83.8
干散货船	66	58 440.3	15	47 212	80.9
普通货船	64	8 542.1	20	6 684	78.1

资料来源：U.S. Water Transportation Statistical Snapshot。

注：数据来自各类船舶载运量统计汇总。

二、油轮

1. 在世界上的地位

美国的油轮载重量排不上世界前 20 位（2015 年排在 25 位），但按照船舶所

属母公司统计，在世界上可排在第7位。2015年美国邮轮共310艘，2664万t，世界上有11 163艘，57 625万t，占世界4.6%。

2. 主要港口油轮载运量排序

美国油轮载运量全部74个港口共162 241万载重吨，其中，前15位港口油轮载运量为122 296.8万载重吨，占全部载运量的75.4%（表12-10）。

表12-10　美国油轮载运量前15位的港口排序

序号	港口	载运量/万载重吨	占全部油轮港口的比例/%	累计/%
1	休斯敦	23 682.3	14.6	14.6
2	加尔维斯顿	13 391.5	8.3	22.9
3	萨宾内奇斯运河	11 453.1	7.1	30.0
4	圣弗朗西斯科湾区	11 051.4	6.8	36.8
5	长滩	10 282.3	6.3	43.1
6	路易斯安那海上油港	7 399.2	4.6	47.7
7	得克萨斯	6 262.2	3.9	51.6
8	费城	5 932.8	3.7	55.3
9	纽约-新泽西	5 851.8	3.6	58.9
10	南路易斯安那	5 582.3	3.4	62.3
11	科珀斯里克	5 021.7	3.1	65.4
12	加利福尼亚州南部驳运区	5 001.2	3.0	68.4
13	查尔斯顿	4 377.0	2.7	71.1
14	西南通票驳运区	3 701.0	2.3	73.4
15	帕斯卡古拉	3 307.0	2.0	75.4
小计		122 296.8	75.4	
全国		162 241		

资料来源：U.S. Water Transportation Statistical Snapshot。

三、集装箱船

1. 在世界上的地位

目前，世界上集装箱船已经发展到第6代，载重量大于70 000载重吨。集装箱的出现，大大减少了运输成本，降低了延误风险，增强了货物运输的灵活性，美国最早把集装箱用在海上运输中。

2015年美国集装箱载运量（按1000总吨以上船统计）世界排名第14位。世界上集装箱船共 5078 艘，美国有 94 艘；集装箱泊位世界为 1819 万标准箱，美国为 23 万标准箱，占世界 1.3%。

2. 主要港口集装箱船排序

美国共 34 个港口有集装箱运输，集装箱船载运量为 104 670 万载重吨，14 个港口中的集装箱船吨位为 82 863 万载重吨，占全部港口集装箱船载运量的 79.2%，前 4 个港口即约占了全部集装箱船载运量的 40%（表 12-11）。

表 12-11　美国集装箱船载运量前 14 位的港口排序

序号	港口	载运量/万载重吨	占全部集装箱船港口的比例/%	累计/%
1	圣弗朗西斯科湾区	11 645	11.1	11.1
2	萨凡纳	11 006	10.5	21.6
3	汉普顿	10 531	10.1	31.7
4	洛杉矶	9 448	9.0	40.7
5	查尔斯顿	8 034	7.7	48.4
6	长滩	6 485	6.2	54.6
7	休斯敦	4 556	4.4	59.0
8	西雅图	4 489	4.3	63.3
9	迈阿密	3 450	3.3	66.6
10	大沼泽地	3 180	3.0	69.6
11	塔科马	3 006	2.9	72.5
12	巴尔的摩	2 549	2.4	74.9
13	杰克逊	2 314	2.2	77.1
14	新奥尔良	2 170	2.1	79.2
小计		82 863	79.2	
全国		104 670		

四、干散货船

美国干散货船运输在全球运输中比例较低，世界上干散货船为 738 141 载重吨，美国仅 20 653 载重吨，占世界的 2.8%（1000 总吨以上船舶）（2015 年）。

全部 66 个港口载运量有 58 440 万载重吨，前 15 个港口干散货船运输量为 47 212 万载重吨，占全部干散货船载运量的 80.9%（表 12-12）。

表 12-12 美国干散货船载运量前 15 位的港口排序

序号	港口	载运量/万载重吨	占全部干散货船港口的比例/%	序号	港口	载运量/万载重吨	占全部干散货船港口的比例/%
1	哥伦比亚	7 532	12.9	10	塔科马	1 124	1.9
2	汉普顿	6 926	11.9	11	费城	973	1.7
3	南路易斯	6 784	11.6	12	西雅图	906	1.6
4	新奥尔良	4 748	8.1	13	大巴顿	792	1.4
5	巴尔的摩	4 201	7.2	14	科帕	722	1.2
6	休斯敦	4 108	7.0	15	萨凡纳	679	1.2
7	圣弗朗西斯科湾区	3 670	6.3		小计	47 212	80.9
8	莫比尔	2 735	4.7		全国	58 440	
9	萨宾内奇	1 312	2.2				

资料来源：U.S. Water Transportation Statistical Snapshot。

五、液化天然气船和液化石油气船

发展液化天然气船可以充分利用边远地区的、储量小的油气资源，促进边远荒漠地区油气田开发。美国的运输船舶中，还有运输液化天然气和液化石油气（liquefied petroleum gas，LPG）的船舶。其运输量在总的运输船舶中相对较小，在地区分布上以盛产石油的美国南部地区比例较高，南部墨西哥湾地区的液化天然气和液化石油气运输占 74.1%，在墨西哥湾地区中液化天然气船和液化石油气船的港口主要分布在得克萨斯州（48.9%）、佛罗里达州和路易斯安那州，后两者各有 10%左右的比例。

美国有 22 个港口有液化天然气船运输，其总载运量为 2813.9 万载重吨，前 10 个港口的液化天然气船载运量为 2388 万载重吨（占 84.9%），其中休斯敦港即占了 31.2%，前三个港口占比在 50%左右（表 12-13）。

表 12-13 美国液化天然气船载运量前 10 位的港口排序

序号	港口	载运量/万载重吨	占全部液化天然气船港口的比例/%	序号	港口	载运量/万载重吨	占全部液化天然气船港口的比例/%
1	休斯敦	878	31.2	7	南路易斯安那	132	4.7
2	坦帕	295	10.5	8	大巴顿	109	3.9
3	波士顿	253	9.0	9	帕斯卡利	97	3.4
4	萨宾内奇斯运河	186	6.6	10	波因特康福特	87	3.1
5	萨凡纳	179	6.4		小计	2388	84.9
6	自由港	172	6.1		全国	2813.9	

资料来源：U.S. Water Transportation Statistical Snapshot。

六、滚装船

在运输船舶中，美国滚装船载运量为 10 638 万载重吨，以西部地区和墨西哥湾地区占主要地位，分别占全部载运量的 27.9%和 24.6%。

美国具有滚装船的港口共 41 个，按载运量排名前 15 位的港口共有 8918 万载重吨，占全部滚装船载运量的 83.8%（表 12-14）。

表 12-14　美国沿海滚装船载运量前 15 位的港口排序

序号	港口	载运量/万载重吨	占滚装船全部港口的比例/%	序号	港口	载运量/万载重吨	占滚装船全部港口的比例/%
1	杰克逊	1 257	11.8	10	旧金山湾区	387	3.6
2	纽约-新泽西	1 163	11.0	11	威尔明顿	354	3.33
3	汉普顿	864	8.1	12	圣迭戈	354	3.33
4	塔科马	769	7.2	13	休斯敦	354	3.33
5	不伦瑞克	731	6.9	14	圣胡安	335	3.2
6	萨凡纳	620	5.8	15	怀尼米港	300	2.8
7	查尔斯顿	482	4.5		小计	8 918	83.8
8	长滩	479	4.5		全国	10 638	
9	哥伦比亚	469	4.4				

资料来源：U.S. Water Transportation Statistical Snapshot。

七、普通货船

在美国不同类型的船舶运输中，普通货船主要指：普通货物承运船（包括部分集装箱运输船）、冷藏船、游艇、货物运载船。普通货船这类船舶的运量在各类型船舶中较小。美国沿海地区中，普通货船港口主要在墨西哥湾地区、西部地区和大西洋中部地区，墨西哥湾地区占 50%。

美国普通货船的港口载运量均不大，休斯敦港是这种类型船舶运输中载运量最大的港口，其载运量占 14.0%，其次是费城港，载运量占 10.2%，其余港口所占比例均不大，体现了普通货船运输分布比较均匀的特点（表 12-15）。

表 12-15　美国普通货船载运量前 20 位的港口排序

序号	港口	运量/万载重吨	占全部普通货船港口运量的比例/%	序号	港口	运量/万载重吨	占全部普通货船港口运量的比例/%
1	休斯敦	1200	14.0	12	威尔明顿	177	2.1
2	费城	870	10.2	13	长滩	176	2.1
3	莫比尔	478	5.6	14	南路易斯安那	176	2.1
4	哥伦比亚	474	5.5	15	波士顿	175	2.0
5	新奥尔良	463	5.4	16	自由港	165	1.9
6	南萨宾内奇斯运河	388	4.5	17	查尔斯	154	1.8
7	巴尔的摩	342	4.0	18	埃弗里特	154	1.8
8	萨凡纳	304	3.6	19	大沼泽地	142	1.7
9	洛杉矶	255	3.0	20	汉普顿	140	1.6
10	杰克逊	242	2.8		小计	6684	78.1
11	西雅图	209	2.4		全国	8542.1	

资料来源：U.S. Water Transportation Statistical Snapshot。

八、各类运输船舶港口排序

美国各类港口船舶总载运量较大的主要分布在墨西哥湾地区、西部地区和大西洋中部地区，以墨西哥湾地区比例最高。在沿海地区中共统计了美国 90 个港口、码头和驳运区，载运量在 5000 万载重吨以上的 24 个港口，共有 277 879 万载重吨，占全部港口载运量的 79.0%（表 12-16）。

表 12-16　美国 5000 万载重吨以上的港口排序

序号	港口	载运量/万载重吨	占比/%	序号	港口	载运量/万载重吨	占比/%
1	休斯敦	34 866	9.9	14	费城	9 071	2.6
2	旧金山湾区	26 956	7.7	15	路易斯安那海上	7 399	2.1
3	纽约-新泽西	19 887	5.7	16	南路易斯安那	7 092	2.0
4	长滩	19 423	5.5	17	得克萨斯	6 406	1.8
5	汉普顿	18 766	5.3	18	科帕	5 937	1.7
6	萨宾内奇斯运河	13 457	3.8	19	西雅图	5 614	1.6
7	威尔明顿	13 391	3.8	20	塔科马	5 346	1.5
8	萨凡纳	13 307	3.8	21	波士顿	5 401	1.5
9	洛杉矶	11 563	3.3	22	莫比尔	5 304	1.5
10	哥伦比亚	9 896	2.8	23	大沼泽地	5 138	1.5
11	查尔斯顿	9 678	2.8	24	查尔斯湖	5 017	1.4
12	巴尔的摩	9 559	2.7		小计	277 879	79.0
13	新奥尔良	9 405	2.7		全国	351 631	

资料来源：U.S. Water Transportation Statistical Snapshot。

第四节 海洋运输贸易

一、运输贸易发展

美国海运贸易有一定的发展，2006 年进出口贸易总额为 377.13 亿美元，2015 年增长到 553 亿美元，年增长率为 4.34%。2015 年进口占 67.5%，出口占 32.5%（表 12-17）。

表 12-17 美国海运贸易进出口值及占比

年份	进口值/亿美元	进口值占比/%	出口值/亿美元	出口值占比/%	总计/亿美元
2006	342.63	90.9	34.5	9.1	377.13
2010	216.4	63.7	159.0	36.3	375.4
2013	363.0	67.7	173.0	32.3	536
2015	373.0	67.5	180.0	32.5	553

资料来源：UN Comtrade Database. http://www.trademap.org。

二、海运贸易进出口地区差异

1. 各大洲分布

海运进口贸易值大于出口贸易值，其中亚洲进出口占主要地位，占了全部出口贸易值的 50%以上，其次为欧洲，占了全部出口贸易值的近 40%（表 12-18）。

表 12-18 美国海运贸易进出口分布

洲	出口值/万美元	出口值占比/%	进口值/万美元	进口值占比/%
美洲	147 400	8.2	285 600	7.7
欧洲	713 000	39.5	1 588 856	42.6
亚洲	930 900	51.6	1 843 000	49.4
非洲	4 100	0.2	5 600	0.1
大洋洲	9 000	0.5	6 500	0.2
合计	1 804 400	100.0	3 729 500	100.0

资料来源：UN Comtrade Database. http://www.trademap.org。

2. 各大洲海运贸易进口的国家分布

美国海运贸易从美洲进口的进口值前 15 的国家，其进口值达 185 200 万美元，占美国从美洲所有国家进口值 285 600 万美元的 64.8%，以加拿大、智利和委内瑞拉为主，加拿大一国的进口值为 54 001 万美元（图 12-1）。

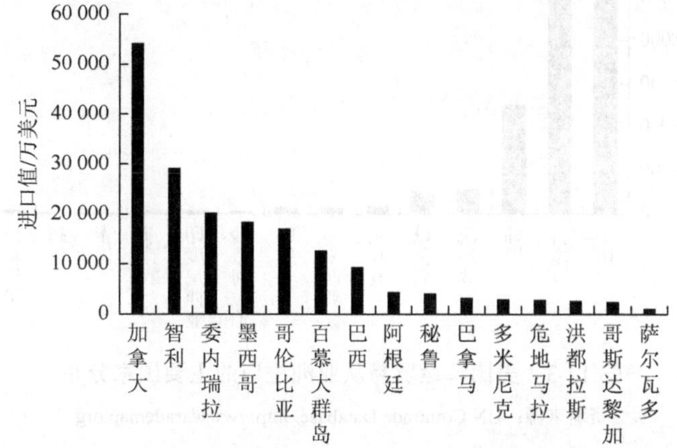

图 12-1 美国海运贸易从美洲进口的主要国家分布

资料来源：UN Comtrade Database. http://www.trademap.org

美国海运贸易从欧洲进口的进口值前 15 的国家，其进口值为 1 588 800 万美元，占美国从欧洲总进口值 1 588 856 万美元的 99.9%，以德国（275 900 万美元）、瑞士（184 000 万美元）和挪威（137 900 万美元）为主（图 12-2）。

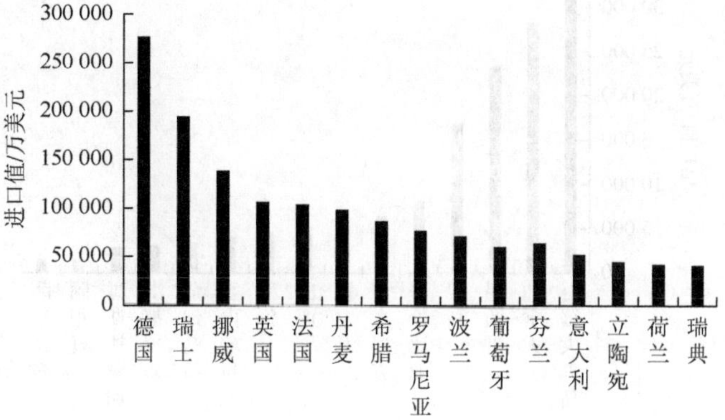

图 12-2 美国海运贸易从欧洲进口的主要国家分布

资料来源：UN Comtrade Database. http://www.trademap.org

美国海运贸易从亚洲进口的进口值前 15 的国家，其进口值为 1 600 600 万美元，占美国从亚洲总进口值 1 843 000 万美元的 86.8%，其主要国家为中国（640 400 万美元）、日本（525 700 万美元）、韩国（251 500 万美元）（图 12-3）。

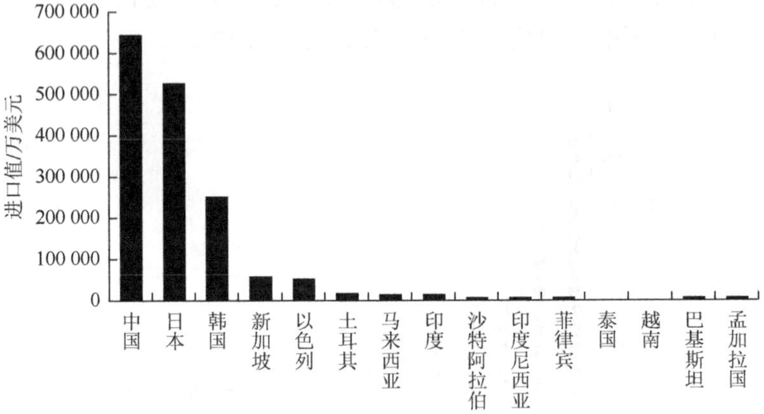

图 12-3　美国海运贸易从亚洲进口的主要国家分布

资料来源：UN Comtrade Database. http://www.trademap.org

3. 海运贸易出口地区差异

美国海运贸易向美洲出口共 147 400 万美元，其主要国家及地区为百慕大群岛、加拿大、墨西哥、智利等，前 15 位的国家及地区的贸易总和为 140 500 万美元，占美洲出口值的 95.3%（图 12-4）。

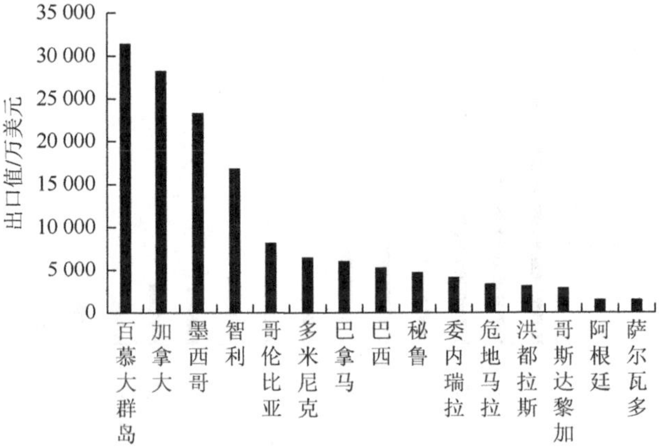

图 12-4　美国海运贸易出口美洲的主要国家及地区

资料来源：UN Comtrade Database. http://www.trademap.org

美国海运贸易向欧洲出口共 713 000 万美元，其主要国家为德国、瑞士、丹麦等，前 15 位国家的贸易总和为 656 440 万美元，占欧洲出口值的 92.1%（图 12-5）。

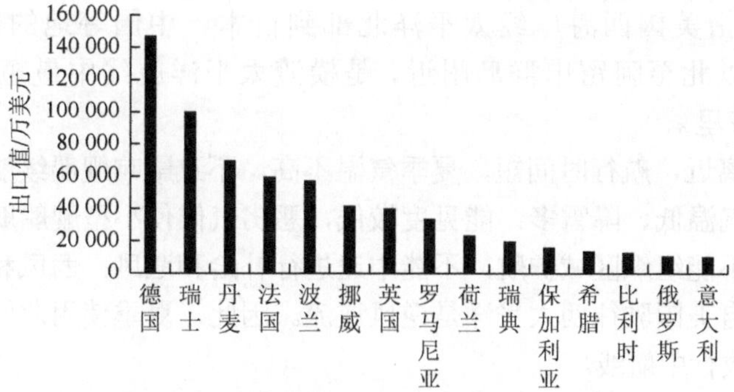

图 12-5　美国海运贸易出口欧洲的主要国家

资料来源：UN Comtrade Database. http://www.trademap.org

美国海运贸易向亚洲出口共 930 900 万美元，其主要国家为中国、日本、韩国等，前 15 位国家的贸易总和为 928 000 万美元，占亚洲出口值的 99.7%（图 12-6）。

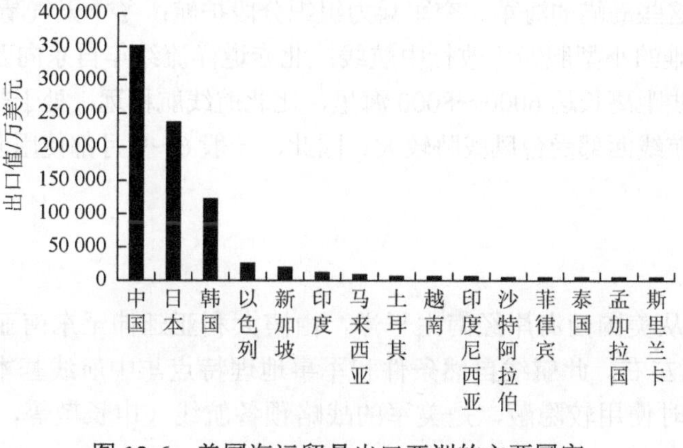

图 12-6　美国海运贸易出口亚洲的主要国家

资料来源：UN Comtrade Database. http://www.trademap.org

第五节　美国太平洋海上交通线

海上交通线对美国经济发展和兵力机动、军事物资补给都有重要作用。美国在西太平洋的航线，归纳起来主要有三条，即北航线、中航线和南航线。

一、北航线

北航线是指美国西海岸经太平洋北部到日本、中国等地的航线，航路多集中在 40°N 以北至阿留申群岛附近，是横渡太平洋航线中最短的一条，航程 4200～4500 海里。

北航线距离近，航行时间短，夏季气温不高，不致影响舰船续航力。但北航线冬季风浪大、气温低、降雪多，能见度较低，恶劣气候使小型舰船航行困难；航途中缺乏岛屿，不能组织区域护航，不能中途进行补给和避风；西风和北太平洋流终年由西向东，自美国驶往西太平洋是逆风逆流。因此，夏季使用北航线较为有利，冬季小型舰船改行中航线。

二、中航线

中航线是从美国西海岸经夏威夷群岛和关岛到日本、中国和东南亚各地的航线，航路多集中在 20°～25°N，航程 6000～8000 海里。

中航线沿途岛屿较多，续航力较小的运输船只和舰艇可以在中途补充燃料和淡水，也可依托这些岛屿的海军、空军兵力组织分段护航；冬季天气晴朗、气候宜人，使用北航线困难的小型舰船可改行中航线；北赤道洋流终年自东向西，西行舰船更有利。但该航线距离长达 6000～8000 海里，比北航线航程远；处于热带和亚热带，夏季气温高，航线西部受台风威胁较大。因此，一般 6～9 月都使用北航线。

三、南航线

南航线是从美国西海岸经南太平洋，由澳大利亚延伸至东南亚的航线，航程在 10 000 海里左右。此航线自然条件和军事地理特点与中航线基本相同，唯地理位置偏僻，战时使用较隐蔽，是美军的战略预备航线（申长敬等，1991）。

第六节　海洋运输分布

一、地区分布

美国西部地区海洋运输产值（增加值）2015 年占沿海地区的首位，其比例在 30%以上，承担了美国西太平洋航线的货物运输。大西洋中部地区的运输产值（增加值）位居沿海地区第二位，其主要承担了美国大西洋的货物运输。墨西哥湾地区主要承担了美国南部墨西哥湾的海运，尤其在运输美国墨西哥湾盛产的油气产品方面发挥了重要的作用（表 12-19）。

表 12-19　美国沿海地区海洋运输业产值（增加值）分布（2015 年）

项目	西部沿海地区	大西洋中部地区	墨西哥湾地区	五大湖地区	东北地区	大西洋东南地区	太平洋地区	东北太平洋地区
产值（增加值）/万美元	2 084 388	1 604 490	1 138 720	588 252	477 858	530 362	55 873	35 196
占比/%	31.7	24.7	17.5	9.1	7.4	8.2	1.0	0.4

资料来源：NOEP. https://www.oceaneconomics.org。

二、各州分布

海洋运输业产值（增加值）地区间存在一定差异，具体体现主要集中在排列前 10 位的州，这 10 个州占了沿海地区的 82%，以加利福尼亚州、佛罗里达州、得克萨斯州、新泽西州、马里兰州、纽约州、华盛顿州等为主（图 12-7）。

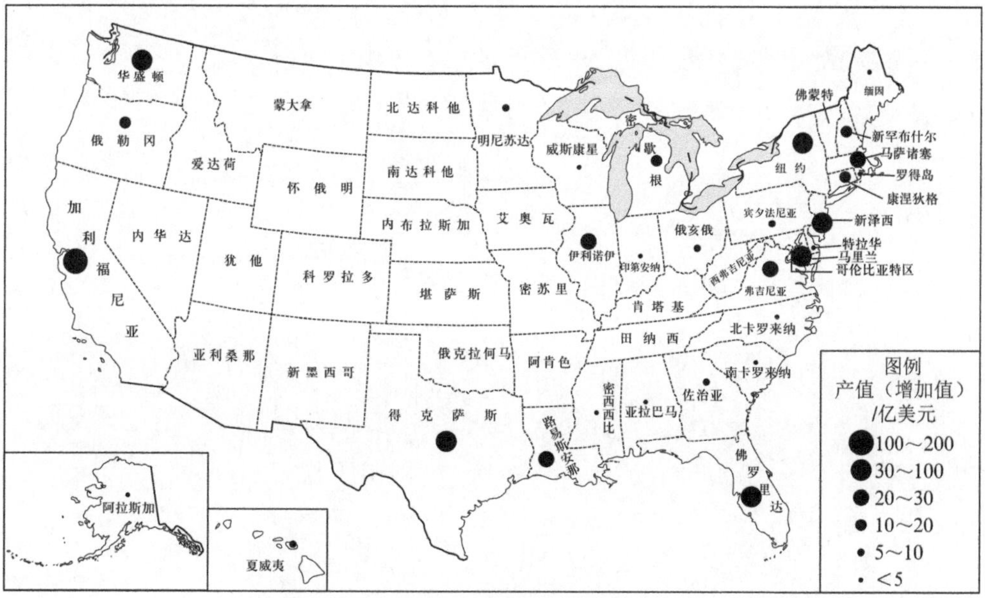

图 12-7　美国海洋运输业产值（增加值）分布图

资料来源：NOEP. https://www.oceaneconomics.org

参 考 文 献

交通部科技信息情报研究所. 1993. 世界主要国家交通统计资料[Z].
交通部科技信息情报研究所. 2016. 世界主要国家交通统计资料[Z].

交通部科学技术情报研究所. 1991. 国外公路、水路运输统计（水路运输分册）[Z].
申长敬，顾浩然，陈至中，等. 1991. 中国海区军事地理（内部资料）[M]. 大连：海军军事学术研究所.
宋晓丽，王望雄. 2016. 世界主要国家交通运输资料（2016）[Z]. 中国交通运输部综合规划司.
中国船舶工业年鉴编辑委员会. 2015. 中国船舶工业年鉴 2016 [Z].
NOEP. 2018. Ocean Economy Data. https://www.oceaneconomics.org/Market/ocean/oceanEcon.asp [2018-06-30].
U.S. Department of Transportation Maritime Administration. 2011. U.S. Water Transportation Statistical Snapshot [R]. Washington，D. C.：U.S. Department of Transportation Maritime Administration
UN Comtrade Database. Trade statistics for international business development. [2018-09-25]. https://www.trademap.org/Index. aspx.

第十三章　美国盐与盐化工产业布局

第一节　盐与盐化工产业

一、概况

盐类可以通过海水蒸发、陆地上咸水泉蒸发以及开采岩盐的方式获得。200 多年前的英属北美殖民地最适于生产海湾盐，当时在詹姆士敦、普利茅斯殖民地都已有了制盐场。1775～1783 年的美国独立战争期间，在大西洋沿岸地区曾出现过一次非常成功的产盐尝试，其方式是利用太阳能蒸发沿海的海水，或者是在铸铁锅中将海水加热熬浓制盐（姚波，1993）。弗吉尼亚和马萨诸塞殖民地刚一建立，就开始了海水制盐。人们在海滩上用木板临时铺成盐田，让海水在里面蒸发，或者用吊锅熬盐。事实上，马萨诸塞议会签发的第一个专利证明，就是 1641 年发给塞缪尔·温斯洛的一项制盐专利，授予他用自己的方法独家制盐 10 年的权利。

到 1820 年，科德角已拥有 442 个盐场，投资 200 万美元，用渠道引来的海水或从沼泽抽上来的水制盐，年产量达 50 万蒲式耳（1 蒲式耳 = 35.233L）。

美国西部从 1847 年初便开始从大盐湖制盐了。在圣弗朗西斯科湾的东海岸，到 1868 年已建立了好几个日晒蒸发盐场。20 年后，圣弗朗西斯科湾沿岸的盐田已扩展了近 32.2km。到 1950 年，莱斯利盐业公司已拥有世界上最大的太阳能晒盐场，在圣弗朗西斯科湾沿岸占地 1035.6km^2，把海水抽到浅池里，有的盐池面积达 32km^2（曼贡，1982）。

二、盐的生产与品种结构

美国是世界上最大的产盐国，20 世纪 80 年代初期，当时通过深度钻探方式发现了盐矿资源。随着盐矿资源的发掘及真空制盐技术的发展，美国原盐产量大幅增加，并逐步成为世界主要生产国，盐产量长期位居世界第一。

近代盐的生产始于 19 世纪 80 年代，年产量在 4000 万 t 左右。2004～2013 年，盐产量在 3700 万～4600 万 t（表 13-1）。美国盐的品种结构以卤水盐和岩盐为主（表 13-2）（崔静和周洪福，2014）。

表 13-1　美国原盐产量　（单位：万 t）

2004 年	2005 年	2006 年	2007 年	2008 年	2009 年	2010 年	2011 年	2012 年	2013 年
4600	4510	4440	4450	4600	4600	4330	4500	3720	4010

表 13-2　美国盐业的品种结构　（单位：%）

卤水盐	岩盐	日晒盐（含海盐）	其他
46	36	7	11

美国有 15 个州生产盐，共有 35 家制盐公司，69 家盐厂。1986 年美国盐业生产中，卤水盐占总产量的 49%，岩盐占 34%。

美国海盐产量少，年产量在 200 万～300 万 t，只占美国盐总产量的 5%（表 13-3）。

表 13-3　美国 20 世纪 80 年代海盐产量　（单位：万 t）

1985 年	1986 年	1987 年	1988 年	1989 年
231.2	243.0	283.0	206.5	284.9

三、盐化工业

1. 海水提溴

美国溴的产量占世界总产量的 60%，主要从海水中提溴。1924 年美国发明用氯和苯胺处理海水，以三溴苯胺的形式提取溴，并以 4000t 的船作为海上浮动工厂，在大西洋上作业，制得几吨三溴苯胺，但因回收率很低，苯胺消耗过多，经济效益较差，停止生产。1928 年以后，溴主要用来制造溴化乙烯（抗爆汽油中的一种化合物）。

美国拥有 5 个制溴公司，9 个制溴工厂。最大的大盐湖化学公司和道化学公司，年生产能力为 10 000t。美国 1982 年产溴 18.2 万 t，1983 年产溴 21.8 万 t。1977 年、1978 年、1979 年、1980 年和 1981 年这 5 年产溴量依次为 19.7 万 t、20.2 万 t、22.6 万 t、17.2 万 t 和 17.2 万 t，分别占世界产量的 55.9%、56.1%、49.9%、50%和 49.4%。

2. 海水提镁

海洋还能提供商用镁（在海水中的储量占第三位）。1910 年以后美国航空工业兴起，特别是 1942 年以后对巨型轰炸机的需求增加，增加了镁合金的需求量。到 1970 年，美国供应的大约 10 万 t 初级镁，几乎全是采用电解法的两家工厂生产的。

菱镁、氧化镁、碳酸镁、溴化镁及其他化合物用于美国的造纸、纸浆、人造纤维、橡胶、肥料及化学等工业。

美国从海水中提取镁砂，美国是世界上应用该项技术的三大国之一（另两国为英国和日本）。20 世纪 80 年代美国海水氧化镁生产公司中，得克萨斯州的道化学公司年产氧化镁 9.07 万 t，价值 9600 万美元（表 13-4）（国家海洋局海洋科技情报研究所和中国海洋年鉴编辑部，1986）。

表 13-4 美国海水氧化镁生产

地点	公司	产量（标准氧化镁）/t
特拉华州	班克罗夫特公司	4 536
福里斯特·乔·弗拉	煅烧氧化镁公司	90 720
帕斯卡古拉	科哈特耐材料煅烧公司	3 628.8
得克萨斯州弗里波特	道化学公司	90 720
新泽西州（开普梅）五月角	哈比森-怀克耐火材料公司	90 720
加利福尼亚州莫斯兰丁	皇家铅化公司	136 080
加利福尼亚州南弗朗西斯科	默克煅烧公司	9 072

第二节 海 水 淡 化

一、概况

自从 1952 年试制成功第一张具有实用价值的离子交换膜后，1954 年美国离子公司的第一台商品化的电渗析装置出现，淡化工厂数和产水量不断增加（表 13-5）（国家海洋局海洋科技情报研究所和中国海洋年鉴编辑部，1986）。

表 13-5 美国 20 世纪 50～60 年代电渗透淡化厂

位置	产水量/(m^3/d)	用途	开始运转年份
亚利桑那	2 460	城市用水	1962
得克萨斯	3 330	工业用水	1969
佛罗里达	5 680	城市用水	1971
怀俄明	5 680	城市用水	1971
佛罗里达萨尼伯尔	4 520	城市用水	1972
新泽西贝尔实验室	11 350	工业用水	1974
俄克拉何马	11 350	工业用水	1970

美国当时建设的大型海水淡化厂，主要解决矿区和海岛用水，如佛罗里达州的基韦斯特，距大陆 200 多千米，通过管路输水费用很高，故采用淡化方法就地解决。再就是在沿海城市建厂，那里人口、工厂集中，耗水量最大，如加利福尼亚州的圣迭戈。

生产淡水主要是解决生活用水，有的用在工业上，少数供军事和游览用（表 13-6）（崔清晨等，1981）。

表 13-6　美国的海水淡化厂

位置	日产量/t	生产方法
佛罗里达基韦斯特	9909	多级闪蒸馏
加利福尼亚圣迭戈	9833	多级闪蒸馏
维尔京群岛	9455	多级闪蒸馏
波多黎各佩努拉斯	9455	多级闪蒸馏

二、海水淡化的发展

美国是北美地区最先开展海水淡化的国家，2003 年美国全国有大约 1200 个海水淡化厂，美国现有海水淡化厂 2560 多家，居世界首位，日产水量 360 万 m^3，（其中，民用占 80%，工业用占 20%），多数海水淡化厂进行地下苦咸水的淡化。1995～2003 年，美国大部分海水淡化厂的规模在 600～5000m^3/d，有 70%的海水淡化厂是在这一时期授权建设的（图 13-1）。20 世纪末到 21 世纪初期，美国建设了几个大型的淡化厂，如在坦帕湾（佛罗里达半岛西侧墨西哥湾沿岸）新建设的海水淡化厂。弗洛斯特和沙利文公司预计中短期内美国大型海水淡化厂的建设仍将继续。1995～2002 年，美国海水淡化厂的平均日淡化能力变化不大，大体保持在 5000～10 000m^3/d 的水平上，2000 年时少数几个大型海水淡化厂的建设明显增强了日淡化能力（图 13-2），5 个授权建设的海水淡化厂具备了日产淡化海水超过 25 000m^3/d 的能力。不难想象，未来，海水淡化将成为一项关键技术应用于众多领域和地区。例如，在加利福尼亚、佛罗里达、佐治亚、马萨诸塞和得克萨斯等州正在积极开展海（咸）水淡化，随着南部坦帕大型海水淡化项目的建设，海水淡化在美国沿海将更广泛地开展起来（栾维新，2010）。

美国白宫科技政策办公室官网报道，美国国家科技委员会发布《以加强水安全为目标的海水淡化统筹战略规划》报告，旨在响应 2016 年美国国会在《水务基础设施改善法》中提出的指导方针。该报告确定了支持美国海水淡化工作的 3 个首要目标：减少风险并简化当地规划，以支持海水淡化；减少技术

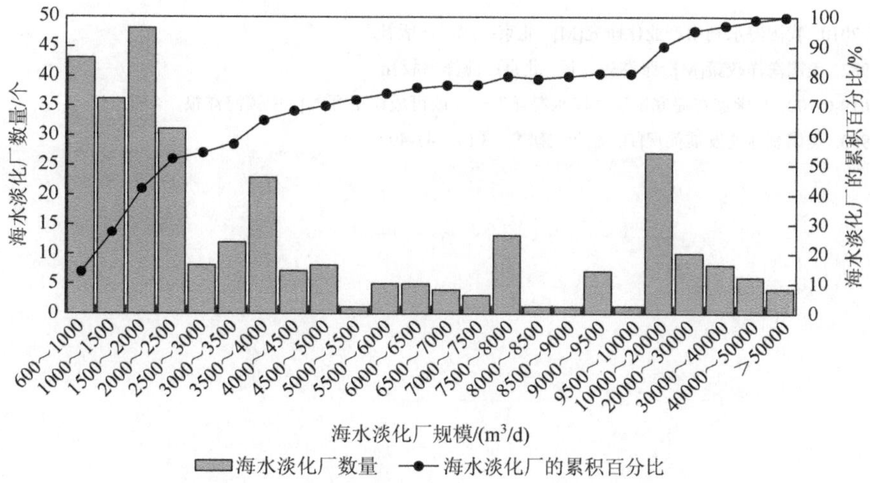

图 13-1　1995～2003 年美国建设海水淡化厂（＞600m³/d）的规模分布

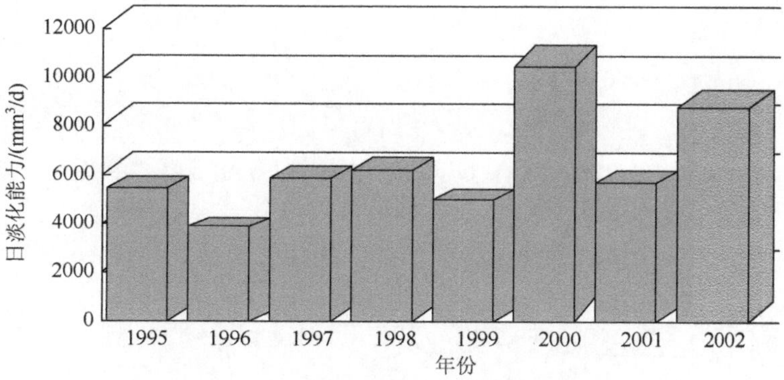

图 13-2　美国海水淡化厂平均日淡化能力

和经济障碍，使海水淡化技术得以应用；鼓励国家和国际合作，发展海水淡化技术。

据《科学报告》杂志报道，20 世纪 70 年代，近海石油钻探工程发现了海底淡水，科学家觉得它们有望成为最新的淡水来源。海底淡水距离美国大西洋海岸至少 80km，主要为大量低盐度地下水，约为安大略湖水量的两倍。它们存在于水下约 183m 处，可延伸数百千米（辛华，2019）。

参 考 文 献

崔静，周洪福. 2014. 美国盐业市场化流通模式及启示[J]. 中国流通经济，(6)：17-22.

崔清晨，陈万青，侍茂崇，等. 1981. 海洋资源[M]. 北京：商务印书馆.

国家海洋局海洋科技情报研究所，中国海洋年鉴编辑部. 1986. 1986 中国海洋年鉴[M]. 北京：海洋出版社.

栾维新. 2010. 我国海水利用产业化研究[M]. 北京：海洋出版社.
曼贡. 1982. 美国海洋政策[M]. 张继先，译. 北京：海洋出版社.
辛华. 2019-07-02. 科学家在海底发现“淡水海洋”——或可成饮用源[N]. 中国海洋报，4 版.
姚波. 1993. 美国制盐业发展简况[J]. 盐业史研究，(1)：47-49.

第十四章　美国海洋能与风能产业布局

第一节　海洋能产业

一、海洋能简介

海洋可再生能源作为一种储量巨大、开发前景广阔的新能源，可为美国沿海经济带走低碳经济发展之路提供基础。为了明确海洋可再生能源开发的发展方向和路径，2010 年 4 月美国能源部下属的可再生能源实验室发布了《美国海水动力可再生能源技术路线图》（The United States Marine Hydrokinetic Renewable Energy Technology Roadmap），阐明了美国未来重点发展的海洋可再生能源包括：波浪能、海流能、潮汐能、海洋风能等（李双建和于保华，2016）。

二、美国的海洋能开发

1. 波浪能

波浪能是海洋能的一种，是指海洋表面波浪所具有的动能和势能。美国在建波浪能电站有 48 个，每年发电 21 亿 kW·h。其最具代表性的点吸收离岸波能发电技术已向规模化和实用化发展。2009 年 2 月，美国海洋动力技术公司开发的点吸收式波能发电浮标（power buoy）阵列投入运行，开始为美国海军的海底水声监听站供电。该装置单机最大功率 150kW，多个浮标可以随意组合成阵列，目前该浮标阵列总装机容量约 1 万 kW，锚泊在距新泽西海岸 120km、水深约 1006m 的海域，发出的电力经波能发电分集器由水下电缆输送到监听站。该技术解决了深海观测和军事设施的长期供电问题，标志着深海水下供电技术取得重大进展。由美国俄勒冈州立大学波浪能研究团队开发的浮筒式永磁直线波能发电装置，用大约 200 个该装置建立一个发电厂就可以满足俄勒冈州波特兰市商务区的电力需求。这种发电装置具有巨大的商业潜力。美国海洋可再生能源的中期开发目标是到 2030 年实现波浪能装机 1.95 万 MW（李双健和于保华，2016）。

美国发明了大功率波力发电装置。这个装置的主要部分是一个直径为 75m 的圆盖状混凝土发电装置，为一个大部分沉在水下的浮游体，根据其外部形状，称之为坝-环礁。环礁在水下接近于海面的部位上，装有呈辐射状的导向翼。操作时，导向翼把平均周期为 10s 的波浪导至中央入口，海水被导向翼卷成涡旋后，在高 18m 的环礁核心结构内部，一边不断增加速度，一边冲到该装置下方，转动涡轮机发电。这样一座环礁发电装置可发电 1000～2000kW·h（崔清晨等，1981）。

2004 年，美国海洋能源技术公司在夏威夷海军基地完成了改进的发电浮标波浪能装置的部署，开始示范运行。另一套示范装置 2005 年安装在新泽西海岸。从图 14-1 可以了解美国波浪能的国际地位。

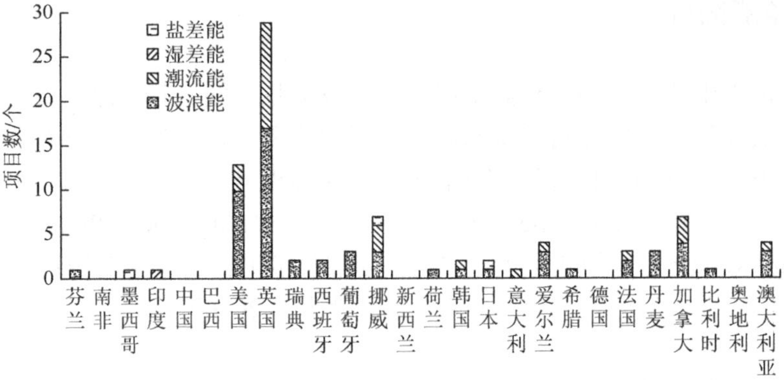

图 14-1　国际海洋能研发与示范项目分布

2. 温差能

美国从事海洋温差发电研究工作的单位非常多，其中，汤普森 • 拉莫 • 伍尔德里奇公司研究的温差发电装备，是依据热带海区设计的，净输出为 10 万 kW。它是漂浮在海面上的一个圆柱形船壳，船壳内部装设着四组 2.5 万 kW 的模式发电装置。船壳的结构为钢筋混凝土。冷水管长 1220m，直径为 15.2m。

为了加速对温差发电的研究，美国还于 1976 年在夏威夷岛的凯莫尔飞机场的海岸上，建立了一个海洋热能转换（海洋温差）研究装置。在离岸 1290m 左右、约 370m 的深层可获得 10℃的冷水，而在 770m 的深层可取得 5℃的冷水。至于海水表层温度，冬季为 24℃，夏季为 28℃，全年都可使用。

1979 年，美国洛克希德 • 马丁公司建造的海洋热能发电船在夏威夷附近进行试验，该装置采用闭式循环系统，获得了大约 15kW 的净输出功率。1980 年，美国能源部在一艘经过改装的海军运油船上成功建成了闭式循环温差能利用试验装置。1993 年，夏威夷一个开式循环温差能电站创造了 50kW 的净输出功率，同时兼具生产淡水、制冷、养殖等综合利用功能（表 14-1）（孙吉亨，2010）。

表 14-1　美国已建成的温差能发电装置

年份	地点	开发方式	装机容量/kW	备注
1979	美国夏威夷海面	漂浮式/闭式	50	发电 500h
1981	美国夏威夷海面	闭式	1 000	试验热交换器
1984	美国夏威夷	岸基和平台/闭式	40 000	设计研究
1993	美国夏威夷海岸	岸基/闭式	210	发电
1994	美国夏威夷西海岸	岸基/闭式	255	发电

从 2007 年开始，洛克希德·马丁公司在美国能源部和国防部的赞助下，在夏威夷和关岛开展了 10MW 的海洋温差发电关键技术开发项目。该项目的目标是在 2015 年建成 35MW 的发电站，到 2030 年建成 365MW 以上规模的发电站。

夏威夷州立自然能源研究所（NELHA）以美国的 OTEC International 公司为平台，在 2011 年 9 月进行了项目的国际公开筹股，2014 年宣布 1MW 的项目已成功完成。OTEC International 公司 25MW 和 100MW 浮体式海洋温差发电站的商用化，已获得了美国船级社认可。

3. 潮汐能

将海洋潮汐用于能量转换的最早实例，可以追溯到公元 900 年左右的英国和法国。很久以后，美国人使用自然形成的潮汐湖，在潮汐湖入口处建造拦水坝，通过涨潮时补水、落潮时蓄水来建造潮汐能工厂（表 14-2）（诸同金，2005）。

表 14-2　美国潮汐能项目的可能选址

城市	平均潮差/m	容量/MW	年度发电量近似值/(TW·h/a)	发电站年度负载系数/%
尼克安	7.5	2 900	7.4	29
特纳盖恩湾	7.5	6 500	16.6	29

4. 海流发电

美国斯麦脱公司研制成功一种行之有效的海流发电装置，其外形完全类似于 19 世纪在密西西比河上航行的驳船。这艘经改装的驳船停泊在著名的加利福尼亚海流中（此处的流速为 22 000m/d，相当于 25cm/s）。驳船的两侧装有水轮机，水轮机转动，其转速为 1r/min，然后通过多级传动增速齿轮系统，使转速提高到 1000r/min。这样的转速足以驱动在船上的一台发电机，发电量为 50MW·h。

这种海流发电装置的显著特点是：其发出的电力可通过海底电缆传输到海岸上，海底电缆靠海的一端可以系在永久性系泊的浮筒上。当预报有风暴来临时，就可以主动把驳船拖回到就近的海港区避风。

鉴于这种海流发电方式的优越性，该公司计划制造 12 艘这种类型的驳船，组成一支在 10 个不同地点工作的船队，其余两艘备用。由于其效果良好，将在初步试验以后，再制造更大规模的发电用驳船。一些学者还提出，可以把这种海上驳船发出的电力，同岸上的风力发电和太阳能发电结合起来使用。

由于世界大洋的海流有其自己的分布规律，海流的流量也不尽相同，加上不同海区的海况也不同，因而对海流能量的利用也存在着地区上的差别。美国佛罗里达的海流具有 3000 万 m^3/s 的流量，特别是表层具有 2.5m/s 以上的流速。根据美国伍兹霍尔海洋研究所一些学者的计算，即使只利用佛罗里达海流 4%的能量，也可获得 1000～2000MW 的能量。

5. 潮流能

美国是世界上最早开展潮流发电研究的国家。1973 年，美国设计了一种名为“科里奥利斯”的海流发电装置，将它安装在佛罗里达海域进行发电。2002 年美国 Verdant Power 公司启动了罗斯福岛潮流能项目，工程历时 10 年，安装了 30 台水下潮流发电机组，向电网输送 10MW 功率的电力。这是美国在潮流能领域最为成功的项目，不仅在美国纽约完成了初期的示范运行，还向其他国家转让出口技术。该公司已在纽约 East 河安装了 6 个全尺寸的试验样机，设备经过了连续 9000h（约 375d）的测试，共计发电量 8000kW·h。美国弗敦电力公司正在进入更大规模的潮流能开发阶段。2012 年 1 月，弗敦电力公司获得了美国联邦能源监管委员会的潮流能商业许可，计划开发 1MW 机组。根据美国海洋可再生能源的中期开发计划目标，到 2030 年将实现潮流能装机 1500MW（李双建和于保华，2016）。

6. 海洋热能发电

OTEC 利用海洋表层温水储存的热量推动蒸汽驱动的涡轮机旋转。与此同时，较冷的深水被抽到海面，再用来冷凝驱动涡轮机的蒸汽。因此，能量来自海水层中的天然温度梯度。这种梯度是一种可自我补给的（self-replenishable）能量来源。

海洋深层冷水和表层温水的温差至少要超过 20℃（68°F），才能有效地维持 OTEC 系统的运行，产生较多的电能。很显然，要获取更高的功率，就需要较高的温度差。OTEC 对周围环境影响不大。OTEC 能源系统的另一个吸引人的特点是，其最终产品和包括淡化水在内的若干其他副产品都含有电力形式的能量（Khaigh and Onar，2013）。

第二节　风 能 产 业

一、海上风能发电概况

美国海上风电蕴藏着巨大的潜力，根据美国国家可再生能源实验室2012年的技术报告，美国海上风电开发技术潜力约42.23亿kW。美国能源部负责系统推进海上风电的发展，为配合海上风电的技术发展需要，刺激技术创新，选择了多个海上风电先进技术示范项目，并予以资助：2012年美国海洋能源管理局选择了7个技术创新示范项目，每个给予400万美元助其完成项目的第一阶段，包括工程设计、选址和项目设计等。2014年5月，美国海洋能源管理局从这7个项目中选择了3个项目助其进入第二阶段，即进入更详细的项目设计阶段。

2014年，美国首个商业规模海上风电场动工。此前，美国海洋能源管理局不断出台新的海上风电招标项目，迄今为止，美国海洋能源管理局已经进行了两轮较大的公开招标，分别是2013年7月的马萨诸塞州罗得岛项目和2013年9月的弗吉尼亚项目。其中，马萨诸塞州罗得岛项目的两个子项目由Deepwater风电公司获得，两个项目的前期选址测风时间为5年，项目运营时间为25年。美国海洋能源管理局与州政府还在努力推进一批项目的招标，其中包括2014年8月刚刚结束的马里兰州海域两个招标项目，覆盖320km^{2}海域。除此之外，美国海洋能源管理局还与沿海各州政府密切合作，协调推动州属海域的海上风电开发。其中，有几个州对海上风电的扶持力度较大，如新泽西州2010年出台的《海上风电经济开发法案》。海上风电产生的电量可以充当当地的可再生能源配额，当地电力公司通过购买海上风电可再生能源配额帮助完成新泽西州可再生能源配额制目标。新泽西州政府进一步要求到2020年实现全州1100MW海上风电装机容量。而马里兰州在2013年也推出了一个类似的扶持计划。目前，美国联邦政府和沿海州政府都在紧锣密鼓地进行海上风电的部署和建设（李双建和于保华，2016）。

二、美国发展海上风能的作用

美国发展海上风电产业始于2009年，美国政府提出应大力开发美国沿海大陆架可再生能源，推动大陆架可再生能源的利用。美国发展海上风电产业有以下作用。

（1）相对于陆路风电场，海上风电场受地域、风速、传输入网和距离的限制较小，同时，海上风电比陆路风电能效高20%～40%。

（2）风电机组运行过程中会产生辐射噪声，由于海上风电场远离居民社区，对其产生的噪声污染较小。

（3）美国最好的陆路风电场坐落在人迹罕至的内陆区，而海上可利用风电资源空间分布相对均衡，人口密集的东西部沿海地区都蕴藏着丰富的风能资源。因此，海上风电的输送距离短、输送效率高，对输电增容的要求相对较低。

（4）海上风力大小的分布时段与城市用电的分布时段相吻合，通常海风一般下午和晚上风力开始变得强劲，正契合了东海岸城市电力高负荷的时段。

（5）海上风电机往往比陆路风电机容量大，这也提高了海上风电的发电能力。一台陆路风电机容量2.5～3MW，可满足1500户家庭的用电；而一台海上风电机装机容量均值为3.6MW，能保证3300多户家庭的用电量（乔黎明，2014）。

三、海上风电项目的建设计划

海上风能作为一种重要的可再生能源，现已被纳入美国国家清洁能源计划。但美国海上风电总体发展较缓慢，目前尚处于前期的示范研究和开发阶段，尚未进入商业化开发阶段。

2016年，美国海上风电项目共14项，重点项目有以下10项。

（1）布洛克岛海上风电场项目已与国家电网签署20年购电协议。项目总耗资3亿美元，建成后可保证1.7万家庭用电。项目采用Haliade型风机，高195.12m，叶片长73.152m，可在9.66km/h的低风速情况下发电，发电量比同代风机高15%。

（2）海角风电项目与国家电网和北星（NStar）电力公司签署了77.5%的购电合同。2014年获6亿美元贷款融资承诺，确保了预期最终成本26亿美元中至少10亿美元的资金能够得到落实。2014年，项目从能源部获得了1.5亿美元的贷款担保。

（3）圣马托斯近海能源公司项目计划在美国圣马托斯近海处女岛海岸建设小型海上风电商业项目。目前，已完成水下调研并形成相关报告，等待美国陆军工程兵部队批准。

（4）渔夫能源有限公司一期项目是美国先进技术示范项目之一，曾获得4700万美元的联邦资金资助。由于税收问题，2014年8月新泽西州的高等法院裁决，新泽西州公用事业委员会必须重新考虑渔夫能源公司的后续申请。

（5）弗吉尼亚海上风电项目也是美国先进技术示范项目之一。

（6）大西洋风电原理示范项目也是美国能源部先进技术示范项目之一，2014年5月起，美国海洋能源管理局听取公众意见，对租赁区域开展环境评估。

（7）加尔维斯顿海上风电项目从得克萨斯州土地办公室获得租用权，采集风能资源数据，2014 年建造非并网式 200kW 试验性风机。

（8）伊利湖项目与俄亥俄州签订租赁合同，完成地理勘探。获得初期批准之后不久，未获得全额部署资金。但是美国海洋能源管理局宣布将提供几百万美元资金帮助团队推动项目进入“部署准备期”。

（9）缅因大学项目接受美国海洋能源管理局先进技术示范项目的初期资助，建造两台 6MW 风机。但是，2014 年在竞争先进技术示范项目中落选，但美国海洋能源管理局仍继续给予 300 万美元资助以使其完成风电机组设计。

（10）新泽西州项目于 2009 年开始调研海上风电项目的可行性，并获得临时有限租约。2014 年，布洛克岛海上风电场和其他开发商鼓动美国海洋能源管理局推迟新泽西州的计划租赁销售，直到州公共事业委员会澄清哪些开发商可以使用海上可再生能源许可证，帮助海上风电项目融资。项目租约至 2014 年期满。

四、海上风电产业发展的示范性项目

2012 年，美国能源部选择了 4 个海上风能先进技术示范性项目，为每个项目投入 400 万美元资助其先完成项目的第一阶段（即工程、场址评估和规划等）。示范性项目的开展有助于促进商业规模海上风力发电机组的建立，解决海上风机并网发电以及审批程序等相关问题。2014 年 5 月，美国海洋能源管理局在试点项目中，选择 3 个风能计划，将其中项目推进到第二阶段（即高级阶段），由国会额外拨给约 4700 万美元，力争 2017 年实现商业化运行（表 14-3）（林香红等，2014）。

表 14-3　美国海洋能源管理局 3 个风能先进技术示范性项目

项目名称	实施机构	具体内容
弗吉尼亚州海上风力发电先进技术示范项目	弗吉尼亚电力公司	建立两台 6MW 直驱式风电机组，距离弗吉尼亚海岸 43.5km。项目的实施有助于掌握远离海岸风电场址的风力发电机组安装、运行和维护的方法，如采用国产的扭曲导管架基座，结合抗风暴弹性设计，确保设置在风暴易发海域的海上风电设备的可靠性、安全性和经济性
渔夫能源有限公司（大西洋城风电场）一期项目	新泽西州渔夫能源有限公司	建立 5MW 直驱式风力发电机组，距离大西洋海岸 4.83km。该示范区风电场应用了扭曲套管支架基座，比传统基座生产和安装更简便，有助于降低海上风力系统的能源生产成本。该项目作为一个海上实验室，研究风电机组之间的相互作用，对新型控制系统进行了试验，提供了海上风电潜在的环境影响分析，同时还降低了海上风电成本
大西洋风电示范项目	普林西珀电力公司	建立 5 台 6MW 直驱式风电机组，距离科斯湾海岸 28.97km，示范性开发半潜式漂浮基座，Principle 电力公司的风力漂浮系统在陆上组装，再运至海上，减少了在海中组装和建造风电系统用船舶的成本

参 考 文 献

崔清晨，陈万青，侍茂崇，等. 1981. 海洋资源[M]. 北京：商务印书馆.

李双建，于保华. 2016. 美国海洋战略研究[M]. 北京：时事出版社.

林香红，高健，刘彬，等. 2014. 全球海上风电产业发展现状及对我国的启示[J]. 生态经济，(10)：82-86.

乔黎明. 2014. 美国海上风电发展现状分析[J]. 风能，(12)：44-47.

孙吉亭. 2010. 海洋产业资源与经济研究[M]. 北京：海洋出版社.

中国船舶报讯. 2015-03-23. 海洋皆是宝，温差也能发电[N]. 中国船舶报，4 版.

诸同金. 2005. 海洋能源开发利用[M]. 北京：化学工业出版社.

Khaigh A，Onar O C. 2013. 环境能源发电：太阳能、风能和海洋能[M]. 闫怀志，卢道英，闫振民，等，译. 北京：机械工业出版社.

第十五章　美国海洋矿业与海洋生物制药业

第一节　海洋矿业

一、滨海砂矿开采

1. 概况

近 50 年来美国海岸的贝壳、砂和砾石，已获得很大商业价值。从海滨取用这些原料已经引起公众对环境的关心，因而给生产增加了新的约束。成百万吨的牡蛎壳和蛤壳可用来烧制石灰，其中加入了硅石和矾土，是波特兰水泥的主要配料。此外，海滩沙含有多种贵重矿物，尤其是宝石，美国已在商业上挖掘海滩沉积物，用以提炼锆、钛等金属。

然而，对美国更有价值的是砂砾工业。19 世纪末，在路旁或农家后院挖些坑洞，就足以供给铺路、筑堤、盖房或其他建筑工程所需的砂砾了。砂可以用作研磨料、过滤介质和玻璃原料，而实际上 90%以上的碎石、砾石和砂（自 1949 年以来总产量年增长 5%）都用作了建筑材料。近年来所有沿海州都采取了某种行动保护滨岸，以防止因海滨游乐及工业的经济发展造成环境退化。各州和地方立法都逐渐缩小了允许采掘丰富砂、砾资源的范围。

在陆地和近岸砂石料日益紧张之时，采砂业正转向外大陆架，开辟重要建筑材料的新来源。此外，美国外大陆架还蕴藏着如金、钛等战略资源以及可以替代或弥补日益稀缺的陆地矿藏的其他重要金属（曼贡，1982）。

2. 金矿

世界上最早从海滨砂中取金的地方是美国的俄勒冈州沿岸，1852 年人们就曾在那里的海滨开采金和铂。而历史悠久、世界闻名的阿拉斯加诺姆砂金，已有 160 多年的开采历史。海滨砂金矿沿诺姆海岸延伸 5km，矿层宽达 90m，厚 0.3～0.9m，岸上也有两层砂矿，一层厚 0.15m，另一层厚 1.5～3m。金含于粗砂和砾石中，呈不均匀的巢状分布，平均含量高达 5.2～50g/t。美国阿拉斯加近海金矿也有所开采。之后在白令海陆架上又发现了好几条沉没河床和古海滩的含金沉积物，从俄勒冈到加利福尼亚岸外，也有含金的重砂矿物。

铂砂的主要产地是白令海和阿拉斯加近海。阿拉斯加的萨尔蒙河冲积物中原有铂砂沉积，后来海平面上升，河谷中的砂矿就被沉没到克斯科查姆湾的海底，并向海延伸达数百千米远（崔清晨等，1981）。

3. 重矿物砂矿

重矿物砂矿包括锆石、金红石、钛铁矿和独居石等，它是滨海砂矿中最普遍、最重要的类型。美国大西洋陆架区分布着丰富的重矿物砂矿，年产钛铁矿 20 万～25 万 t、锆 3 万～3.5 万 t、金红石 5000t、独居石 0.2 万～0.25 万 t（表 15-1）。

表 15-1　20 世纪 80 年代美国主要滨海砂矿开发状况

主要产地	类型	矿物组合	开采情况	生产能力	备注
佛罗里达州大西洋沿岸	滨海和古冲积型砂丘	重矿物铬铁矿	—	年产钛铁矿 20 万～25 万 t、锆石 3 万～3.5 万 t、独居石 0.2 万～0.25 万 t	1961 年前曾开采过铬铁矿
阿拉斯加州、俄勒冈州	滨海河谷冲积	金、砂铂	滨岸地下 14m，海区水下 10m	1936～1977 年共产铂金 180t，1792～1977 年共采金 304.6t	

资料来源：《1986 中国海洋年鉴》。

美国的卡罗来纳和佛罗里达海滩富集大量的钛铁矿，占全国已探明储量的 50%。这些钛铁矿最先在变质岩中生成。在白垩纪～始新世（距今 6000 万～4000 万年）时，变质岩遭受风化侵蚀，重矿物被搬运到盆地中沉积并形成砂岩，以后由于砂岩上升风化，钛铁矿再次被搬运到现代海滨，在海岸线附近富集成钛铁矿-独居石-金红石-锆石砂矿。据估计，美国大西洋陆架的钛铁矿远景储藏量有 10 亿 t，相当于美国陆上钛铁矿储藏量的 10 倍，已开采出锆石 550 万 t，钛铁矿 2000 多万吨，金红石 300 万～350 万 t。美国西北太平洋沿岸及大陆架在 40°～50°N 分布着铁矿、铬铁矿和锆石等（辛仁臣等，2013）。

4. 锰结核

美国已设计出特制的冶金炉，用电解法提取铜、钴、镍、锰，纯度达到 90%以上。在太平洋夏威夷东南水深 5000m 的深海底，采出了 300 多吨锰结核，从而转入了即将开发阶段。

二、海底非金属矿产资源——海底磷矿

1. 西大西洋区

海底磷矿在西大西洋区分为北美和南美两个亚区。北美的磷块岩分布由美国

东海岸南端的佛罗里达向北延伸到佐治亚滩，包括布莱克海台、普尔特里斯沉没阶地、佐治亚和北卡罗来纳陆架。这些地区磷块岩的时代属新近纪。佐治亚海台磷块岩的五氧化二磷含量为 20%～23%，氧化钙含量为 33%～52%，不溶性残留物为 0.52%～15%，部分地区已经开采。

2. 加利福尼亚海区

加利福尼亚海区的磷块岩分布在美国西海岸上，北起圣弗朗西斯科以北的雷耶斯角，南达下加利福尼亚的南端，其时代均为新近纪。美国加利福尼亚陆架和陆坡区的磷块岩研究较详细，其五氧化二磷含量为 20%～30%；墨西哥下加利福尼亚西部陆架区的磷块岩平均含量为 30.2%，分布面积估计有 1800km^2，厚度约 20m，五氧化二磷的储量为 5 亿～40 亿 t（辛仁臣等，2013）。

三、大洋矿产资源勘探开发

大洋矿产资源包括多金属结核、富钴结壳、热液多金属硫化物等，广泛分布在各大洋海域的海底沉积物表层。美国多金属结核开采系统技术已基本成熟，并进行了实海试验。热液多金属硫化物矿是目前美国大洋矿产资源勘探的热点。美国的深海矿产资源政策的目标是占有资源，基点是确保金属资源的供应稳定和保持海洋高新技术方面的领导地位。

美国主要研发的深海矿产开发设备包括作业深度达 9000m 的缆控作业型深潜系统、作业深度达 5000m 的深海岩心机、可用于 7000m 水深作业的海底机器人、1000m 水深机器人通信控制系统、远距离声源传播高精度测时和实时传输技术的水下声成像系统的图像声呐产品等。热液矿床有块状和软泥状两种。块状矿体分布集中，矿石硬度高、密度大，需用海底钻机钻孔和内爆炸方法使矿体碎裂，然后用集矿机和扬矿机将矿石输送到水面。美国正在用这种技术试开采 3000m 水深的海底热液矿，系统由爆破装置、矿石破碎机、吸矿管以及采矿船、运输船、钻探供应船组成。对于软泥状热液矿，需要在采矿船下拖一根 2000 多米长装有抽吸装置的钢管柱，先将黏稠的软泥变稀，再通过真空抽吸装置和吸矿管将金属软泥吸到采矿船上。该方法现已进入商业性试开采阶段。深海热液中生存有耐高温的热液微生物，美国研制的深海热液保压取样器，最大工作水深为 4000m，采用耐腐蚀的钛合金制作，可采集最高温度达 400℃的热液样品。该取样器内置气体室用于压力补偿，采用浸油电机主动取样，设计有样品转移接口以便于二次取样（高艳波和李慧青，2010）。

第二节　海洋生物制药业

一、概况

海洋生物制药是近年来生物产业的发展趋势，有着广阔的研究前景和市场前景。目前，国际上已经发现的海洋生物活性物质达 2 万多种，进入临床研究的海洋药物近百种，有望在癌症、艾滋病等重大疾病的防治领域取得重大进展。

美国是当今世界的海洋大国，其拥有丰富的海洋生物资源，这些生物资源为美国提供了丰富的食物和医疗保健新药的工业原料。

1967 年，美国率先提出“向海洋要药物”的口号，而现代海洋药物研究的历史只有 100 多年，美国与世界其他有关国家投入大量资金，开展海洋生物活性成分方面的研究，在研究的 400 多种海洋天然产物中发现了 100 多种产物具有生物药理活性。

美国是现代生物技术的发源地，又是应用现代生物技术研制新型药物的第一个国家。多数基因工程药物都首创于美国。自 1971 年第一家生物制药公司 Cetus 公司成立开始试生产生物药品至今，美国已有 1300 多家生物技术公司（占世界生物技术公司的 2/3），生物技术市场资本总额超过 400 亿美元，年研究经费达 50 亿美元以上。生物技术的发展为海洋生物医药业的发展提供了良好的技术基础。

美国对生物技术产业的重视程度不断加强，刺激了企业研究与投资生物技术产业的积极性，各州也相继制定了生物技术产业发展战略。联邦和州有关法案中，特别体现了偏重生物医药产业发展、关注中小型制药企业及注重人力资源等方面，对包括海洋生物医药技术企业在内的生物高技术企业提供优惠的税收政策。

美国近年来不断加强海洋药物研究经费投入。美国国家科学研究委员会和美国国家癌症研究所每年用于海洋药物研究的经费各为 5000 多万美元；美国国立卫生研究院用于海洋药物研究的基金占比近年来已增加到 15%，与合成药、植物药基本持平。

美国许多研究机构及大学都相继开展了海洋生物制药研究工作，已在海洋抗肿瘤药物、海洋生物抗菌活性物质提取、抗心血管病及放射性药物研发、海洋生物酶研究等方面取得了巨大成绩。

随着船载和实验室深海环境模拟保藏/培养系统，深海环境基因组克隆、表达技术等逐渐成熟，海洋生物资源的挖掘正逐步从近海、浅海向远海、深海发展，为药用海洋生物资源的开发利用提供了新的机遇。美国伍兹霍尔海洋研究所、斯克里普斯海洋学研究所以及国家癌症研究所也有类似的深海极端环境微生物研究计划。

二、发展趋势

为进一步促进海洋生物制药的发展，近年来，美国通过制定《生物技术未来投资与发展方案》和《国家生物技术行动》来提升企业研究和投资生物技术的积极性，刺激联邦和各州生物制药技术产业发展。联邦和州有关法案中特别体现了对生物医药发展的偏重，联邦和州对包括海洋生物医药技术企业在内的生物高技术企业提供了优惠的税收政策，为产业发展提供了良好的政策支持与保障。在使用资金方面，用于海洋生物药物开发研究的经费每年至少达到 1 亿美元，海洋药物在资金使用方面每年的增长幅度已达 11%以上，而且政府对其资金投入呈现出逐年递增的趋势。2009 年，奥巴马政府签署了 8880 亿美元的《美国复苏与再投资法案》，进一步加大了对海洋生物医药业的投入。

当前，美国海洋生物医药业领先的主要企业有辉瑞、百时美施贵宝、礼来（Eli Lilly）、眼力健（Allergan）等。美国每年用于海洋药物科研经费为 5000 多万美元，每年有 1500 个海洋产物被分离出来，1%具有抗癌活性，已有 10 种以上海洋抗癌药物进入临床或临床前研究阶段（宋军继，2013）。

参 考 文 献

崔清晨，陈万青，侍茂崇，等. 1981. 海洋资源[M]. 北京：商务印书馆.
高艳波，李慧青. 2010. 深海高技术发展现状及趋势[J]. 海洋技术，(3)：119-124.
曼贡. 1982. 美国海洋政策[M]. 张继先，译. 北京：海洋出版社.
宋军继. 2013. 美国海洋高新技术产业发展经验及启示[J]. 东岳论丛，(4)：176-179.
辛仁臣，刘豪，关翔宇. 2013. 海洋资源[M]. 北京：化学工业出版社.

第三篇　海洋经济区

第十六章　美国海洋经济区划分

对经济区系统而言，海洋经济区是经济地域系统中的重要地域组织形式之一。海洋经济区是以沿海中心城市为核心，以海洋海（地）域专门化为主要标志，以海洋区域综合发展为基本特征，以广泛的内外经济联系为纽带的开放型经济地域系统。

海洋经济区系统是经济地域系统中的重要子系统，海洋国家经济区是一级海洋经济区系统。一些地域辽阔的海洋大国如美国、中国等，还有二级的海洋经济区系统，下一个层次为沿海州级海洋经济区系统，进而为沿海州内经济区系统。

各级海洋经济区不仅反映海洋地域范围的大小、海洋经济实力的强弱和层次的高低，也反映它们在海洋经济区系统中的地位与作用。即便是同一个层次的海洋经济区，其生产力发展水平与海洋产业结构的层次也有高低之分。

第一节　海洋经济区与海洋经济区划

一、海洋经济区

海洋经济区就是海洋经济区域，是在一定海洋地理空间范围内，一组不同层次和各具特色的海洋经济活动海（地）域单元。海洋经济活动在海（地）域之间的差异和联系是构成各种海洋经济海（地）域单元的基本要素。海洋经济区同陆域经济区同样是在劳动地域分工基础上形成的，以沿岸港口中心城市为核心，具有全国性意义的专门化和发达的内部及国际经济联系的海（地）域生产综合体。海洋经济区是在商品经济发展到一定阶段以后，社会生产地域分工的表现形式。

海洋生产（产业）部门是海洋自然再生产过程与海洋经济再生产过程相结合的物质生产部门，海洋产业的生产既受到海水的温度、波浪、潮汐和天空中的光、热等自然要素的直接影响，又受到不同经济社会发展条件下海洋生产力水平、海洋产业政策与市场需求的综合影响。因此，海洋生产（产业）在海域空间上呈现出明显的海（地）域分异规律，具有海（地）域性、季节性、周期性和相对稳定性。

二、海洋经济区划

海洋经济区划是根据社会劳动地域分工的特点对海洋经济空间（海洋国土）进行战略性划分，以揭示各海（地）域专业化发展方向和海洋经济结构的特征。开展海洋经济区划：一方面有助于揭示各海洋区域的发展条件与区域海洋经济的运行特点，客观分析区域海洋经济存在的问题并调整区域海洋经济未来的发展方向；另一方面有助于政府统筹规划、制定宏观调控政策，在发挥地区比较优势的基础上，因海（地）制宜布局生产。海洋经济区划对促进海（地）域经济增长和协调发展具有重要的战略意义，是研究区域海洋经济发展的重要领域。

海洋经济区划本质上是在充分考虑海洋地域生产条件的相似性与差异性，综合分析海洋产品生产与消费的关系、海洋地区主体功能与人海（地）关系海（地）域特点的基础上，按照海洋经济地（海）域系统演化机制与分异规律进行分区划片的综合技术过程，它是优化海洋国土空间利用的核心问题之一，也是现代海洋经济地理学研究的领域之一。

三、海洋经济区划类型

社会劳动海（地）域分工的发展，是海洋经济区形成的客观基础。根据不同的标准，可以划分出多种海洋经济区类型。从海洋经济区划的目的和依据出发，海洋经济区可以划分为综合海洋经济区划、部门海洋经济区划和行政海洋经济区划三类。

1. 综合海洋经济区划

综合海洋经济区划，主要是根据海（地）域比较优势与全国生产合理分工的原则，将全国的海洋国土划分为主导海洋产业不同、专业化方向各异，但彼此间优势互补、横向经济联系密切的海洋经济区。综合海洋经济区划可以为充分开发海洋资源、发挥地区优势、优化海洋产业布局、开展海洋区域规划提供依据。

2. 部门海洋经济区划

部门海洋经济区划是指由某个海洋经济部门的相关组织，在一定海洋地理空间范围内集聚所形成的部门海洋经济区。部门海洋经济区的特点是区内的海洋经济活动具有生产、经营特征的一致性，而且相互之间存在生产和经营方面的联系或相似。一般来讲，部门海洋经济区的资源基础和发展条件基本相同，内部面临的发展问题也大体相似，根据某些海洋产业部门在一定的海（地）域分布相对集中程度或有利的发展条件，可分为海洋农业区（或海洋农牧化区）、海洋工业区、海洋旅游区等。另外，部门海洋经济区也可以按其内部行业的数量分为综合性部门海洋经济区和单一部门海洋经济区。

3. *海洋行政经济区划*

以行政区域为单元组织的经济活动，即形成了行政区经济。行政区经济是指由于行政区划对区域经济的刚性约束而产生的一种特殊区域经济现象，行政区经济是美国具有的一种经济现象。

美国的行政区域划分有着十分悠久的历史，各级行政区基本上形成了较为完整的经济体系。长期以来，行政区行使经济管理职能的模式导致并加快了行政经济区的发展。在可能条件下将行政区与经济区结合在一起，兼具行政区和经济区的双重职能，有利于加强对区域经济的规划、调控、组织和管理。虽然行政区和经济区并不是一回事，但也不能否认行政区划的长期作用和干预下，对某些经济区的形成和发展有着深刻影响（张耀光，2015）。

目前，美国的海洋行政经济区，是由沿海地区、州、县（群）的行政单位所组成的，都有各自的海岸带和海洋资源，形成各自的海洋经济体系。美国海洋经济数据库中所统计的有关海洋经济总产值（增加值）、海洋产业部门、劳动就业人数等，基本上是以海洋地区、州、县为单位进行统计的。

第二节　海洋经济区划分的依据

一、理论依据

美国现代地理学家爱德华·塔弗（Edward Taaffe）所强调的空间组织（spatial organization），已经为观察社会不同层次的地理区划问题提供了有用观点。地理区划（或类型区划）是以内在一致性作为划分基础的（Hanson，1997）。

地理区划是地理学对区域分异规律理论认识的反映，在考虑海洋经济类型（区）划分时，要考虑地理区划中“类型区划与区域区划的区别”。地理区划分为类型区划和区域区划，类型区划和区域区划的结果都体现为地理空间单元系统，通过地理空间信息单元理论则可以将类型单元和区划单元联系起来。关于区域区划，每一单位在地域上是相邻的，具有空间不可重复性。类型区划的每一单位允许相互分离，空间上可以重复。海洋区域同陆域区域同样为空间单元，同样可划分出区域海洋经济类型。为此在划分美国海洋经济类型区时，需要考虑上述思想（张耀光，2015）。

二、具体依据

1. 以美国联邦统计局的区划为基础

美国地域辽阔，各地区的经济条件和特点不同，在美国发展过程中又处于不同地位，习惯上把美国 50 个州划分为四大区域，即东北部、中西部、南部和西部（杜德斌，2009）。在此基础上，根据美国海洋区域特点将美国全国划分为东部、南部和西部三大海洋经济区。

2. 海洋地区的划分

为加强对海洋经济的统计研究，美国国家海洋和大气局，将美国 50 个州中的沿海 30 个州划分为 8 个地区。

（1）五大湖地区：包括伊利诺伊州、印第安纳州、密歇根州、明尼苏达州、俄亥俄州、宾夕法尼亚州、威斯康星州和纽约州在五大湖地区的一部分。

（2）东北地区：包括康涅狄格州、缅因州、马萨诸塞州、新罕布什尔州、罗得岛 5 个州。

（3）大西洋中部地区：主要包括特拉华州、马里兰州、新泽西州、弗吉尼亚州、宾夕法尼亚州及纽约州大西洋沿岸地区。

（4）大西洋东南地区：主要包括佐治亚州、北卡罗来纳州、南卡罗来纳州和佛罗里达州沿大西洋沿岸地区。

（5）墨西哥湾地区：主要包括路易斯安那州、得克萨斯州、密西西比州、亚拉巴马州和佛罗里达州的墨西哥湾地区。

（6）西部沿海地区：主要包括加利福尼亚州、俄勒冈州和华盛顿州。

（7）东北太平洋地区：阿拉斯加州。

（8）太平洋地区：夏威夷州。

美国国家海洋和大气局于 2000 年启动了《国家海洋经济计划》。采用《国家海洋经济计划》数据库中的“国家海洋经济监测”来源数据（2005～2015 年），按照《国家海洋经济计划》惯例，本书所研究的海洋经济包括美国海洋和五大湖沿岸地区。

三、海洋经济区划分的指导思想、原则与指标

1. 指导思想

（1）海陆共同组成经济区域体系，海洋需以陆地为依托，陆海统筹。地球由

海陆两大系统组成，海洋经济区与陆域经济区两者是完整的系统单元，因而在划分全国沿海地区或沿海州（市）经济区时，从陆海统筹角度，海域与陆域应作为一个完整的经济系统来考虑。

经济区是占有一定国土范围的地域生产综合体，是社会劳动地域分工不断发展而逐步形成的，而海域与陆域这两个空间范围内，海洋在经济发展程度与水平上低于陆域。但海洋经济的发展必须以陆域为后盾，陆海要协调发展，因而海洋经济区应以陆域经济区为依托。

（2）海洋经济区的划分，由海岸带逐渐向远海推进。海岸带是海陆衔接的过渡地带，既有陆域又有海洋水域，自然环境特殊，自然资源丰富。由于海岸带兼有海陆之利，是人类活动频繁、经济较发达的地区，工业、农业、交通运输业、商业以及沿海中心城市等，都在这里发展起来，成为海陆经济联系纽带。海洋经济首先在海岸带地区形成，随着科技进步，海洋开发深入，海洋经济的发展逐渐由海岸带向浅海、远海、深海推进。

（3）海岸带上的中心城市或经济中心，既是陆域经济区的核心，也可能是海洋经济区的中心。各个海洋经济区都必须有一个相应规模的中心地，起到联结海陆经济的枢纽作用，作为组织与协调全区发展的核心，依靠它把整个区域内的经济活动凝聚成一个整体。沿海不同等级的港口城市将起到这一作用。

2. 分区原则

（1）充分重视海洋经济区形成的自然基础，每一个海洋经济区的海域自然地理条件有较强的类似性，海洋资源的种类、开发与海洋空间的地域组合具有一定的特点，或者本身就是一级海洋资源的组合单元。

（2）海域的社会经济条件，海洋经济发展程度与水平，海洋产业政策的区域化以及发展方向具有一定程度的类似性。

（3）每个海洋综合经济区都具有相应规模的沿海城镇中心作为核心，这些城镇中心，既可能是陆域经济区的中心，也可能是海洋经济区的中心，具有兼顾性。

（4）不同层次海洋经济区的划分，要适当照顾一定级别的行政区界的完整性。既要保持沿海（如海岸带）陆域行政界线的完整，又要维持海上传统管辖范围的完整，如保持海洋地区、州级行政界线的完整。

3. 分区指标

在进行分区研究中，分析并确定一系列的指标，这些指标应能反映海洋经济的特征，比较重要的包括以下 5 个指标。

（1）反映海洋资源丰度与组成特点的指标，如海岸线长度、港址资源种类和数量、海域或滨海区石油与天然气储量、海洋生物资源量、滨海旅游景点等。

（2）反映海洋经济发展水平与地位的指标，如海洋经济总产值（增加值），海洋产业部门产值与构成，海洋产业产出（如港口吞吐量、海水养殖产量、海盐总产量等）在全国、省内的地位等。

（3）反映海洋产业的部门构成与部门间变化的指标，包括海洋产业产值构成、海洋产出构成、全国与分区构成、捕捞与养殖构成变化等。

（4）反映海洋产业生产能力与资源潜力的指标，如海域初级生产力、盐田面积与海盐生产能力，接待旅游人数状况、海运总吨位、渔船总吨位数等。

（5）反映海洋经济区内外联系的指标，如海运线路、海运货流密度、货物流向与经济中心海洋产出运量、区内外经济联系指数等。

第三节　海洋经济区分区体系及特征

一、分区体系

1. 一级区划分

按不同海域划分出一级海洋经济区，对美国全国而言，一级区共划分为三大海洋经济区。

Ⅰ西部海洋经济区：位于西部临太平洋海域，区内有太平洋沿岸地区、阿拉斯加半岛区和夏威夷群岛区。

Ⅱ东部海洋经济区：位于北大西洋西部海域以及五大湖地区。

Ⅲ南部海洋经济区：位于墨西哥湾海域和北大西洋西南海域。

2. 二级区划分

在一级海洋经济区下划分下一级海洋经济区，基本上保持海洋地区范围的界线完整。

1）西部海洋经济区中二级区划分

Ⅰ-1 海岸海洋经济区：主要为太平洋沿岸海洋经济区，其行政区主要包括加利福尼亚州、华盛顿州、俄勒冈州。

Ⅰ-2 半岛海洋经济区：主要包括阿拉斯加州。

Ⅰ-3 海岛海洋经济区：主要包括夏威夷州。

2）东部海洋经济区二级区划分

Ⅱ-1 五大湖地区海洋经济区：主要包括伊利诺伊州、印第安纳州、密歇根州、威斯康星州、明尼苏达州、宾夕法尼亚州（部分）和纽约州（部分）。

Ⅱ-2 东北地区海洋经济区（原英格兰地区，不包括佛蒙特州）：主要包括康涅狄格州、缅因州、马萨诸塞州、新罕布什尔州和罗得岛州。

Ⅱ-3 大西洋中部地区海洋经济区：主要包括大西洋海域的特拉华州、马里兰州、新泽西州、弗吉尼亚州和宾夕法尼亚州（大部分）以及纽约州（大部分）属于大西洋海域的地区。

3）南部海洋经济区中二级区划分

Ⅲ-1 东南地区海洋经济区：主要包括大西洋南部海域南卡罗来纳州、北卡罗来纳州、佐治亚州和佛罗里达州东部地区（佛罗里达半岛东部属于大西洋海域）。

Ⅲ-2 墨西哥湾地区海洋经济区：主要包括墨西哥湾海域的路易斯安那州、得克萨斯州、密西西比州、亚拉巴马州和佛罗里达州西部地区（佛罗里达半岛西部属于墨西哥湾海域）。美国海洋经济分区体系见表 16-1。

表 16-1　美国海洋经济分区体系

分级	一级	二级
美国海洋经济区	Ⅰ西部海洋经济区	Ⅰ-1 海岸海洋经济区（太平洋沿岸地区）
		Ⅰ-2 半岛海洋经济区（东北太平洋地区）
		Ⅰ-3 海岛海洋经济区（太平洋地区）
	Ⅱ东部海洋经济区	Ⅱ-1 五大湖地区海洋经济区
		Ⅱ-2 东北地区海洋经济区
		Ⅱ-3 大西洋中部地区海洋经济区
	Ⅲ南部海洋经济区	Ⅲ-1 东南地区海洋经济区
		Ⅲ-2 墨西哥湾地区海洋经济区

根据以上分区体系将美国划分为东、南、西三大海洋经济区（图 16-1）。西部海洋经济区，包括太平洋沿岸地区、东北太平洋地区、太平洋地区 3 个地区；东部海洋经济区，包括五大湖地区、东北地区、大西洋中部地区 3 个地区；南部海洋经济区，包括东南地区、墨西哥湾地区（表 16-2）。美国的海洋经济区在一定程度上具有行政区海洋经济区的性质。

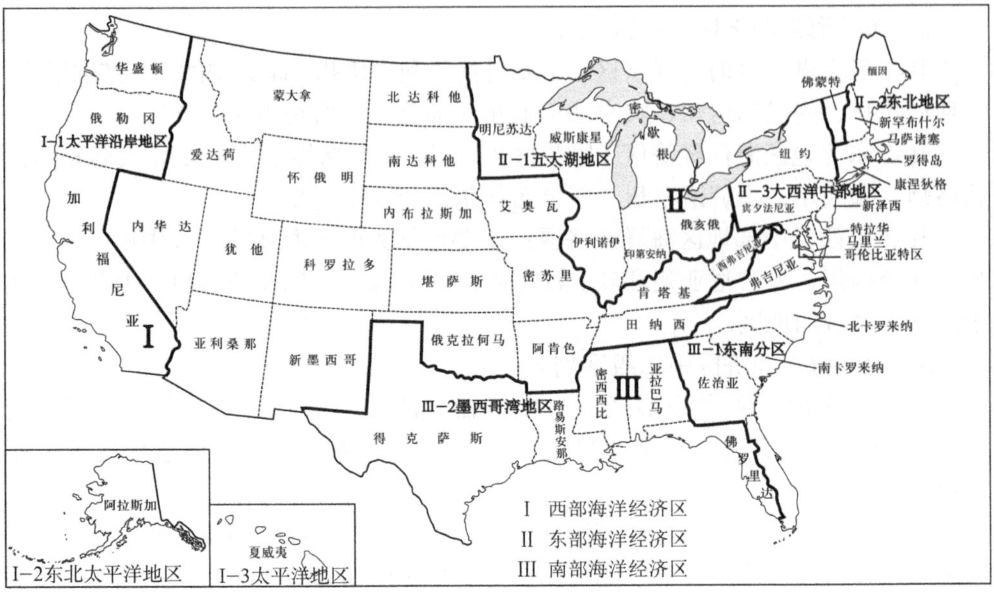

图 16-1　美国海洋经济区

表 16-2　美国海洋经济区发展方向

一级区	二级区	所在区域（州）	海洋产业发展方向
I 西部海洋经济区	I -1 太平洋沿岸地区	加利福尼亚州、华盛顿州、俄勒冈州	旅游、运输、油气产业为主，其次为造船和工程
	I -2 东北太平洋地区	阿拉斯加州	油气产业为主，适当发展旅游业
	I -3 太平洋地区	夏威夷州	以旅游业为主，适当发展客运业
II 东部海洋经济区	II -1 五大湖地区	明尼苏达、威斯康星、伊利诺伊、印第安纳、俄亥俄、密歇根	以旅游、运输业为主，适当发展造船业
	II -2 东北地区	康涅狄格、缅因、马萨诸塞、新罕布什尔、罗得岛	旅游、运输、造船为主，适当发展生物产业
	II -3 大西洋中部地区	新泽西、宾夕法尼亚、马里兰、弗吉尼亚、纽约州的一部分	以旅游为主，其次为运输业
III南部海洋经济区	III-1 东南地区	南卡罗来纳、北卡罗来纳、佐治亚、佛罗里达州东部	以旅游为主，其次为运输业
	III-2 墨西哥湾地区	得克萨斯、路易斯安那、密西西比、亚拉巴马、佛罗里达州西部	石油天然气产业为主，其他产业适当发展

3. 三级区划分

美国三级区划分以沿海各州为基本单元，如东部海洋经济区二级区为太平洋沿岸地区，三级区为加利福尼亚海洋经济区、华盛顿海洋经济区和俄勒冈海洋经济区。由于各州海洋资源禀赋、开发程度与水平、海洋经济发展水平与海洋产业的完备程度不一，不一定都具备海洋经济三级区划分的条件，如夏威夷属于海洋经济二级区，不划三级区。

为了能划出海洋经济三级区，在西部海洋经济区中，以加利福尼亚州和阿拉斯加州以及东部海洋经济区中的纽约州划分海洋经济三级区，在南部海洋经济区中以佛罗里达州划分海洋经济三级区。

二、海洋经济区特征

美国三大海洋经济区区际海洋经济产值和海洋产业存在一定差异，2015 年南部海洋经济区的海洋经济产值（增加值）达 1720 亿美元，占全国海洋经济总值的 51.9%（超过 50%），而西部和东部海洋经济区的海洋经济总值分别占 23%和 25.1%。南部海洋经济区的海洋经济产值（增加值）比东部和西部两个经济区之和还多（表 16-3）。

表 16-3　美国三大海洋经济区历年海洋经济发展

项目	2005 年	2006 年	2007 年	2008 年	2009 年	2010 年	2011 年	2012 年	2013 年	2014 年	2015 年
全国海洋产值（增加值）/亿美元	2365	2572	2675	2646	2789	2699	2777	3070	3109	3134	3314
东部海洋经济区/亿美元	672	693	721	725	699	731	762	790	824	815	831
占全国比例/%	28.4	26.9	27	27.4	25.1	27.1	27.4	25.7	26.5	26	25.1
南部海洋经济区/亿美元	1038	1175	1220	1195	1348	1252	1291	1510	1531	1594	1720
占全国比例/%	43.9	45.7	45.6	45.2	48.3	46.4	46.5	49.2	49.2	50.9	51.9
西部海洋经济区/亿美元	655	704	734	726	742	716	724	770	754	725	763
占全国比例/%	27.7	27.4	27.4	27.4	26.6	26.5	26.1	25.1	24.3	23.1	23

资料来源：NOEP. https://www.oceaneconomics.org。

在美国海洋经济区中，2015 年有 7 个州的海洋经济产值（增加值）共计超过 2500 亿美元，占全国海洋经济产值（增加值）的 75.4%。其中，南部海洋经济区中的得克萨斯、佛罗里达、路易斯安那 3 个州，海洋经济产值（增加值）占全国海洋经济产值（增加值）的比例高达 48.5%；西部海洋经济区内的加利福尼亚州、华盛顿州和阿拉斯加州 3 个州，海洋经济产值（增加值）占全国海洋经济产值（增加值）的比例为 20.2%；东部海洋经济区内纽约州的海洋经济产值（增加值），占全国海洋经济产值（增加值）的比例为 7.0%。在一级区的基础上，根据分区原则和指标划分二级区。

表 16-3 和表 16-4 反映了美国一级和二级海洋经济区的海洋经济历年发展和海洋经济区的特征。

表 16-4　2015 年美国海洋经济区特征及海洋产业构成

海洋经济区	海洋 GDP/亿美元	占全国海洋 GDP 比例/%	占各区海洋 GDP 比例/%	海洋产业构成占比/%					
				工程建筑业	生物产业	矿业	造船业	旅游业	运输业
东部海洋经济区	831	25.1	100.0	2.1	3.1	1.0	5.1	56.7	32.0
五大湖地区	168	5.1	20.2	1.6	1.5	1.7	6.1	53.4	35.7
东北地区	168	5.0	20.2	1.0	6.5	0.7	16.7	44.3	30.8
大西洋中部地区	495	15.0	59.6	2.6	2.6	0.9	0.8	61.0	32.1
南部海洋经济区	1720	51.9	100.0	1.3	1.4	70.8	2.6	14.9	9.0
东南地区	226	6.8	13.1	2.4	1.6	0.4	4.1	65.7	25.8
墨西哥湾地区	1494	45.1	86.9	1.1	1.3	81.4	2.3	7.3	6.6
西部海洋经济区	763	23	100.0	2.5	3.9	24.2	6.8	48.2	14.4
太平洋沿岸地区	559	16.9	73.3	2.4	2.8	7.7	7.6	42.4	37.1
东北太平洋地区	134	4.0	17.6	0.4	6.4	83.7	0.2	6.7	2.6
太平洋地区	70	2.1	9.1	2.7	1.1	0.6	0.9	86.7	8.0

资料来源：NOEP. https://www.oceaneconomics.org。

西部海洋经济区包括太平洋沿岸地区、东北太平洋地区和太平洋地区，这 3 个地区分别为海岸型、半岛型和海岛型海洋经济类型，由于西部海洋经济区的海洋经济产值（增加值）位居全国第三位，区内各二级区海洋经济产值（增加值）比例依次为 16.9%、4.0%和 2.1%。而东北太平洋地区（阿拉斯加）和太平洋地区（夏威夷）的海洋经济产值（增加值）又处于全国沿海 30 个州的最后两位，西部海洋经济区内部差距较大。

东部海洋经济区包括五大湖地区、东北地区和大西洋中部地区。美国习惯上把五大湖地区的湖区经济统计在美国海洋经济总产值之内，如果扣除五大湖地区经济产值（增加值），则东部海洋经济区是全国海洋经济产值（增加值）最小的海洋经济区。

南部海洋经济区与其他两个经济区相比，其内部差距更大，东南地区的海洋经济产值（增加值）占全国海洋 GDP 的 6.8%，而墨西哥湾地区的海洋经济产值（增加值）占全国海洋 GDP 的 45.1%，是全国海洋经济产值（增加值）最高的地区。

参考文献

杜德斌. 2009. 世界经济地理[M]. 北京：高等教育出版社.

张耀光. 2015. 中国海洋经济地理学[M]. 南京：东南大学出版社.

张耀光，王国力，刘锴，等. 2015. 中国区域海洋经济差异特征及海洋经济类型区划分研究[J]. 经济地理，35（9）：87-95.

张耀光，刘锴，王圣云，等. 2016. 中国和美国海洋经济和海洋产业结构特征对比——基于海洋 GDP 中国超过美国的实证分析[J]. 地理科学，36（11）：1614-1621.

张耀光，王涌，胡伟，等. 2017. 美国海洋经济现状特征与区域海洋经济差异分析[J]. 世界地理研究，26（3）：39-45.

Hanson S. 1997. 10 Geographic Ideas that Changed the World[M]. New Brunswick：Rutgers University Press.

NOEP. 2018. Ocean Economy Data[EB/OL]. https://www.oceaneconomics.org/Market/ocean/oceanEcon.asp.

第十七章 美国西部海洋经济区

第一节 西部海洋经济区概况

一、海岸类型

美国西部地区面临太平洋，有广阔的海域、漫长的海岸线，分布着众多海岛，为开发海洋资源、发展海洋经济提供了优越的条件。

美国西部地区海岸类型多样，既有沿太平洋沿岸海岸类型，又有东西阿留申群岛和亚历山大群岛组成的半岛海岸类型，同时还有在广阔的西太平洋海域中的夏威夷群岛类型。

二、经济与资源

西部地区的经济活动主要集中在太平洋沿岸区，特别是加利福尼亚州和华盛顿州，北起普吉特湾的西雅图，南至墨西哥边界的圣地亚哥，目前已经成为继波士顿—华盛顿地区之后的美国第二大经济带。

西部地区海洋资源丰富，除了渔、港、景资源外，还有阿拉斯加州和加利福尼亚州丰富的油气资源。西部地区有洛杉矶、西雅图、圣弗朗西斯科、安克雷奇等海港城市，为海洋经济发展起到了积极的作用。

阿拉斯加蕴藏有丰富的石油和天然气，北部的普拉德霍湾油田是目前开采的重点，现在已成为美国最大的油田之一。原油经过纵贯阿拉斯加的输油管道（全长 13 000km），输到南部的瓦尔迪兹港，之后由油轮运往美国本土的炼油厂加工。开发阿拉斯加的石油和天然气对缓和美国能源危机有重要意义。

夏威夷群岛对美国来说，最重要的是它所处的战略位置。它位于太平洋的中心，为美国和加拿大同亚洲远东地区海空联系的要冲，被称为“太平洋的十字路口”。瓦胡岛上的珍珠港是美国在太平洋上的重要海军基地（陈才等，1993）。

第二节 西部海洋经济区发展特征

美国西部海洋经济区由 3 个二级海洋经济区组成：一是太平洋沿岸地区；二

是由阿留申半岛组成的东北太平洋地区（阿拉斯加）；三是太平洋海域中的岛屿组成的太平洋地区（夏威夷州）。

一、海洋经济增长

美国太平洋沿岸地区（加利福尼亚州、华盛顿州、俄勒冈州），其海洋经济产值（增加值），由 2005 年的 4 894 062 万美元，增长到 2015 年的 5 587 618 万美元，年均增长率为 1.3%。

二、主要海洋产业构成

太平洋沿岸地区海洋经济二级区（Ⅰ-1）海洋产业以旅游业、运输业、矿业和造船业为主。东北太平洋地区（阿拉斯加）（Ⅰ-2）和太平洋地区（夏威夷）（Ⅰ-3）两个海洋经济区则以一个海洋产业为主。夏威夷海洋经济区旅游业在海洋产业构成中占 86.7%，阿拉斯加的矿业在海洋产业构成中占 83.7%。太平洋沿岸地区的加利福尼亚州以旅游业、运输业、矿业为主，华盛顿州则以旅游业、造船业、运输业、生物产业为主，俄勒冈州以运输业（48.2%）为主，旅游业占 1/3 多，造船业和生物产业也有一定比例（表 17-1）。

表 17-1　美国西部海洋经济区海洋产业构成（2015 年）（单位：%）

地区	工程建筑	生物产业	矿业	造船业	旅游业	运输业
加利福尼亚	2.1	0.7	9.6	2.1	45.8	39.7
华盛顿	3.6	10.3	1.7	29.4	32.0	23.0
俄勒冈	2.0	5.4	2.6	5.6	36.2	48.2
阿拉斯加	0.4	6.5	83.7	0.1	6.7	2.6
夏威夷	2.7	1.1	0.6	0.9	86.7	8.0

资料来源：NOEP. https://www.oceaneconomics.org。

三、海洋经济特点

加利福尼亚州是西部地区海洋经济实力最强的州，海洋经济产值（增加值）达 4 236 122 万美元，占整个西部海洋经济区的 55.6%。在西部海洋经济区中，阿拉斯加州的海洋经济产值（增加值）达 1 339 021 万美元，占西部海洋经济区的 17.5%，人均海洋经济产值（增加值）达 16 948 美元，在全区中最高。夏威夷州由夏威夷群岛组成，其海洋经济密度最高，每平方千米土地面积达 246 837 美元（表 17-2）。

表 17-2　美国西部海洋经济区特征（2015 年）

地区	面积/km²	海岸带/km	人口/人	海洋经济产值（增加值）/万美元	州经济总值/万美元	海洋经济产值（增加值）占州经济总值比例/%	人均海洋经济产值（增加值）/(美元/人)	海洋经济密度/(美元/km²)	各州海洋经济产值（增加值）构成比例/%
加利福尼亚	423 970	5 525	43 618 114	4 236 122	245 853 500	1.72	971	99 916	55.6
华盛顿	184 665	4 870	8 007 960	1 107 518	44 366 500	2.50	1 383	59 974	14.5
俄勒冈	254 805	2 270	4 351 704	243 976	21 533 100	1.13	561	9 575	3.2
小计	863 440	12 665	55 977 778	5 587 616	311 753 100	1.79	998	64 713	73.3
阿拉斯加	1 717 854	54 563	790 065	1 339 021	5 280 400	25.36	16 948	7 795	17.5
夏威夷	28 311	1 693	1 611 694	698 820	7 974 500	8.76	4 336	246 837	9.2
合计	2 609 605	68 921	58 379 537	7 625 457	325 008 000	2.35	1 306	29 221	100.0

资料来源：NOEP. https://www.oceaneconomics.org。

注：“小计”行为加利福尼亚、华盛顿、俄勒冈所在行的计算值。

第三节　加利福尼亚州海洋经济区

一、概况

加利福尼亚州（California）是美国西部太平洋沿岸的一个州。北接俄勒冈州，东接内华达州和亚利桑那州，南邻墨西哥，西濒太平洋。面积 423 970km²，在美国 50 个州中名列第三，仅次于阿拉斯加州和得克萨斯州。人口 43 618 114（2015 年）。首府萨克拉门托（Sacramento）。1850 年 9 月 9 日加利福尼亚州成为美国第 31 个州。

加利福尼亚州主要矿产为石油，在美国大陆居前列，仅次于得克萨斯及路易斯安那两州，年产量超过 3 亿桶。此外，还产天然气、金、石棉、钨、硼、硅藻及砂、砾等。加利福尼亚州工业发达，航天工业、电子工业、计算机工业和油气开采均占显著地位（陈才等，1993）。

由于加利福尼亚州的经济实力具有一定代表性，为此，以加利福尼亚州作为西部海洋经济区三级区的代表。

二、海洋经济增长

加利福尼亚州海洋经济产值（增加值）在沿海 30 个州中位居第二。海洋经济产值（增加值）逐年有所增长，2005 年海洋经济产值（增加值）为 3 747 383 万美元，2015 年增长到 4 236 122 万美元，年均增长率为 1.23%。

三、主要海洋产业特点

加利福尼亚州海洋产业比较齐全，按照《国家海洋经济计划》的海洋产业部门分类，六大类中每个海洋产业均有分布，其结构特征如下。

（1）生物产业中海鲜加工占36.8%、海鲜市场占34.8%，是生物产业的主体。

（2）海洋矿业中，石油、天然气勘探和生产占矿业的91.1%，占加利福尼亚州全部海洋产业比例的8.8%，反映了加利福尼亚州石油资源丰富的特点。

（3）造船业中以游艇船建造和修理为主，占造船业的92.9%，主要为旅游业服务。

（4）旅游业中，饮食和住宿两项共占旅游业的90.1%，同时，这两项产值占全加利福尼亚州海洋产业的41.2%。

（5）海洋运输业是仅次于旅游业的产业，其中，搜索和导航占运输业的52.4%，占全州海洋产业的20.8%。运输服务占运输业的15.6%，仓储占22.8%，这两项占海运业的38.4%，占全州的15.4%。

以上海洋产业状况，说明加利福尼亚州海洋产业中第三产业是主体部门，整个第三产业占全部海洋产业产值（增加值）的75.3%（表17-3）。

表17-3　美国加利福尼亚海洋产业构成

海洋产业	产值（增加值）/万美元	比例/%
工程建筑业	87 190	2.0
生物产业	30 446	0.7
矿业	408 980	9.7
造船业	87 164	2.1
旅游业	1 939 985	45.8
运输业	1 682 358	39.7
总计	4 236 123	100.0

资料来源：NOEP. https://www.oceaneconomics.org。

四、海洋经济分区

1. 经济区划分

根据加利福尼亚州各县所在区位、海洋经济产值（增加值）大小，将加利福尼亚州分为3个海洋经济区：Ⅰ北部海洋经济薄弱区、Ⅱ中部海洋经济集聚区、Ⅲ南部海洋经济优势区。

2. 各海洋经济区结构特点

（1）北部海洋经济薄弱区：由加利福尼亚州北部的洪堡等三个县组成，海洋经济产值（增加值）为 26 276 万美元，占全州海洋经济产值（增加值）的 0.6%，该区海洋产业以旅游业为主，旅游业产值（增加值）占该区海洋经济产值（增加值）的 72.1%，其次为生物产业，其占该区海洋经济产值（增加值）的 16.6%，两个产业占全区海洋经济产值（增加值）的 88.7%。

（2）中部海洋经济集聚区：位于加利福尼亚州中部河流三角洲地区，以圣弗朗西斯科等 13 个县区组成，海洋经济产值（增加值）为 1 427 234 万美元，占全州海洋经济产值（增加值）的 33.7%。该区海洋产业以旅游业为主，旅游业产值（增加值）占该区海洋经济产值（增加值）的 77.1%，其次为矿业，其占该区海洋经济产值（增加值）的 11.1%，两个产业占全区海洋经济产值（增加值）的 88.2%。

（3）南部海洋经济优势区：由加利福尼亚州南部的洛杉矶等 7 个县组成，海洋经济产值（增加值）为 2 782 613 万美元，占全州海洋经济产值（增加值）的 65.7%。该区海洋产业以运输业、旅游业为主，海洋运输业产值（增加值）占该区海洋经济产值（增加值）的 46.4%，旅游业产值（增加值）占该区海洋经济产值（增加值）的 40.2%，两个产业占全区海洋经济产值（增加值）的 86.6%（表 17-4 和图 17-1）。

表 17-4　加利福尼亚州海洋经济区

海洋经济区	海洋经济产值/万美元	主要海洋产业占比/%
北部海洋经济薄弱区	26 276	旅游业（72.1）、生物产业（16.6）、矿业（3.8）、运输业（3.7）、造船业（2.8）、工程建筑业（1.0）
中部海洋经济集聚区	1 427 234	旅游业（77.1）、矿业（11.1）、生物产业（4.6）、运输业（3.9）、工程建筑业（1.8）、造船业（1.5）
南部海洋经济优势区	2 782 613	运输业（46.4）、旅游业（40.2）、造船业（5.3）、矿业（5.1）、生物产业（1.8）、工程建筑业（1.2）

资料来源：NOEP. https://www.oceaneconomics.org。

第四节　阿拉斯加半岛海洋经济区

一、阿拉斯加的由来

“阿拉斯加”来源于 Aleut（阿留申语），意思是“大陆”。1867 年，美国利用俄国在克里米亚战争中被削弱，以及俄国与英国之间的紧张关系，用 720 万美元从俄国手中购得了阿拉斯加全部领土。

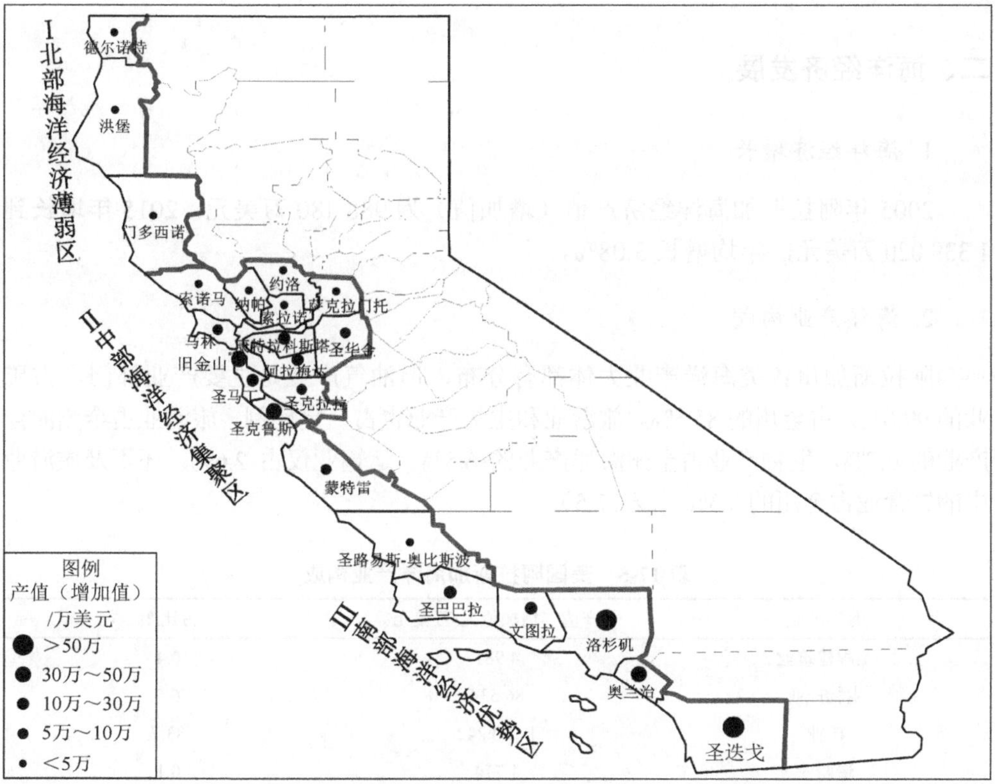

图 17-1　美国加利福尼亚州海洋经济区及产值（增加值）分布图

资料来源：NOEP. https://www.oceaneconomics.org

阿拉斯加州（Alaska）位于北美大陆西北端，东与加拿大接壤，另三面环北冰洋、白令海和北太平洋。

全州面积 1 717 854km^2，占全国面积的 1/5，是美国面积最大的州。广袤的地域赋予了阿拉斯加丰富的自然资源、渔业资源和旅游资源。石油和天然气部门是阿拉斯加州重要的经济基础。该州拥有北美最大的油田，纵贯南北长达 1287km 的输油管连通了普鲁德霍湾和不冻港瓦尔迪兹，石油被源源不断地运送到美国本土和世界其他地区，每天的输油量高达 1800 万桶，石油产值占全州总收入的 80%。

渔业产值名列全美之首，占全美水产 60%，渔业从业人员占全州人口的 1/4。主要产品是三文鱼、蟹、虾、大比目鱼、鲱鱼和鳕鱼。冷冻和罐装鱼是食品加工的主要产品，也是该州最大的制造业，其加工业规模居北美之冠。

该州拥有独一无二的旅游资源，随着交通、航空状况的不断改善，旅游业迅速崛起，每年吸引世界各地的旅游者近 300 万人。

二、海洋经济发展

1. 海洋经济增长

2005 年阿拉斯加海洋经济产值（增加值）为 988 480 万美元，2015 年增长到 1 339 020 万美元，年均增长 3.08%。

2. 海洋产业构成

阿拉斯加州各类海洋产业大体都有分布，但油气产业是主要产业部门，占矿业的 99.6%，占全州的 85.5%。旅游业和生物产业也占一定比例，旅游业占全州海洋产业的 6.7%，生物产业占全州海洋产业的 6.5%。运输业仅占 2.6%，还不及旅游业中的饮食业占全州的 3.3%（表 17-5）。

表 17-5 美国阿拉斯加海洋产业构成

海洋产业	产值（增加值）/万美元	占比/%
工程建筑业	4 981	0.4
生物产业	86 534	6.5
矿业	1 120 242	83.7
造船业	1 774	0.1
旅游业	90 293	6.7
运输业	35 196	2.6
总计	1 339 020	100.0

资料来源：NOEP. https://www.oceaneconomics.org。

三、海洋经济分区

（1）极北海洋经济区包括北极自治市镇等 3 个县，其海洋经济产值（增加值）为 570 765 万美元，占全州海洋经济产值（增加值）的 42.6%。

（2）西南海洋经济区由东、西阿留申群岛等 7 个县组成，其海洋经济产值（增加值）为 38 855 万美元，占全州海洋经济产值（增加值）的 2.9%。

（3）中南海洋经济区由安克雷奇等 6 个县组成，其海洋经济产值（增加值）为 716 044 万美元，占全州海洋经济产值（增加值）的 53.5%，是各区中海洋经济产值（增加值）最高的，尤其是安克雷奇港，其在美国港口中占有一定地位。

（4）东南海洋经济区位于东南部的亚历山大半岛上，由朱诺等 6 个县组成，其海洋经济产值（增加值）为 13 356 万美元，占全州海洋经济产值（增加值）的 1.0%（表 17-6 和图 17-2）。

表 17-6 美国阿拉斯加海洋经济区

海洋经济区	海洋经济产值（增加值）/万美元	比例/%
极北海洋经济区	570 765	42.6
西南海洋经济区	38 855	2.9
中南海洋经济区	716 044	53.5
东南海洋经济区	13 356	1.0
总计	1 339 020	100.0

资料来源：NOEP. https://www.oceaneconomics.org。

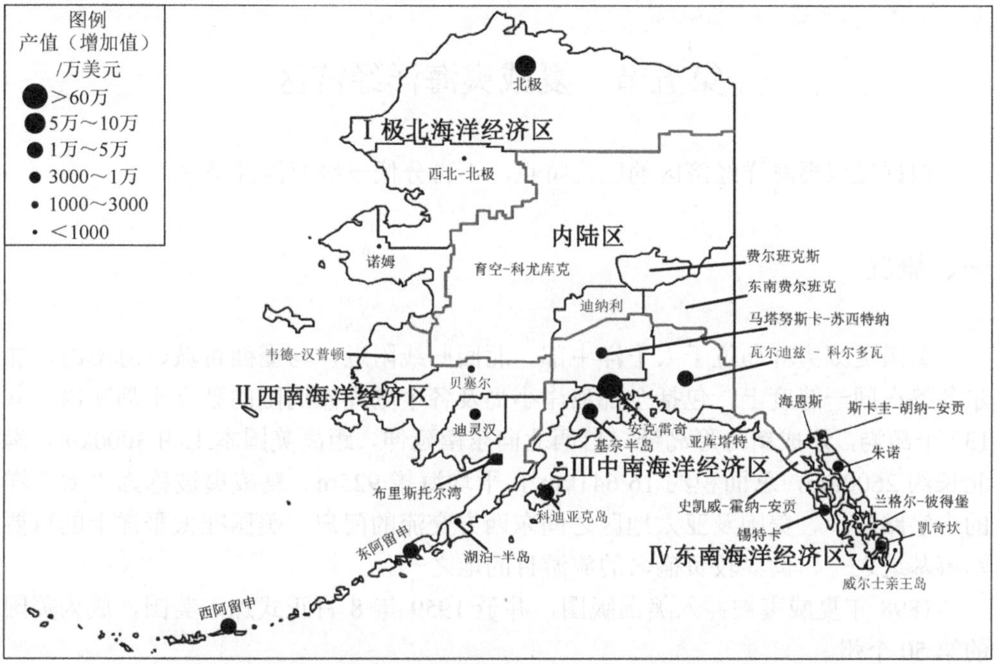

图 17-2 阿拉斯加海洋经济区及产值（增加值）分布图

资料来源：NOEP. https://www.oceaneconomics.org

每个海洋经济区有各自的海洋产业结构，极北海洋经济区以旅游业、矿业为主。西南海洋经济区以生物产业、旅游业为主。中南海洋经济区以矿业、旅游业为主。东南海洋经济区以旅游业、生物产业为主（表 17-7）。

表 17-7 阿拉斯加海洋经济区构成

海洋经济区	海洋经济产值（增加值）/万美元	主要海洋产业占比/%
极北海洋经济区	570 765	旅游业（75.6）、矿业（15.8）、生物产业（5.3）、工程建筑业（3.2）、运输业（0.1）

续表

海洋经济区	海洋经济产值（增加值）/万美元	主要海洋产业占比/%
西南海洋经济区	38 855	生物产业（74.0）、旅游业（20.4）、矿业（3.9）、工程建筑业（1.1）、运输业（0.6）
中南海洋经济区	716 044	矿业（83.4）、旅游业（9.3）、生物产业（2.2）、运输业（1.9）、工程建筑业（1.8）、造船业（1.4）
东南海洋经济区	13 356	旅游业（62.3）、生物产业（32.2）、运输业（3.3）、造船业（1.7）、工程建筑业（0.5）

资料来源：NOEP. https://www.oceaneconomics.org。

第五节 夏威夷海洋经济区

根据夏威夷海洋经济区的区位特点，不再分低一级海洋经济区。

一、概况

美国夏威夷群岛位于太平洋中部、北回归线附近，与墨西哥城、海南岛、加尔各答在同一纬度上，包括全部离岸小岛及各个珊瑚礁周围的独立小岛在内，共132个岛屿，形成新月形岛链，自西北向东南延伸，距离美国本土约3000km，南北长约2600km，总面积约16 641km^2，平均海拔925m。夏威夷被称为“太平洋的十字路口”、美国及亚太地区之间东西方交流的门户、美国在太平洋上的重要军事基地之一、世界较负盛名的旅游目的地之一。

1898年夏威夷被并入美国版图，并于1959年8月正式加入美国，成为美国的第50个州。

二、海洋经济发展

1. 海洋经济增长

夏威夷海洋经济产值（增加值）从2005年的615 920万美元，增长到2015年的698 820万美元，年均增长1.27%。

2. 海洋产业构成

夏威夷海洋产业以旅游业占绝对优势，旅游业占海洋产业构成的86.8%，旅游业中以餐饮业和酒店业占主要地位（表17-8）。

表 17-8　美国夏威夷海洋产业分布

海洋产业	产值（增加值）/万美元	占比/%
工程建筑业	18 996	2.7
生物产业	7 444	1.1
矿业	3 871	0.5
造船业	6 183	0.9
旅游业	606 454	86.8
运输业	55 872	8.0
总计	698 820	100.0

资料来源：NOEP. https://www.oceaneconomics.org。

三、各县（岛）海洋经济发展

夏威夷州是美国唯一的（海外）群岛州，由太平洋中部的 132 个岛屿组成。夏威夷州下设行政县，一般都以大岛名来命名。各县（岛）海洋经济有所发展，夏威夷县和毛伊县海洋经济产值（增加值）在 2015 年稍有下降，而瓦胡岛和考爱县则有所增长（表 17-9）。

表 17-9　夏威夷州各县（岛）海洋经济产值（增加值）（单位：万美元）

县（岛）	2005 年	2006 年	2007 年	2008 年	2009 年	2010 年	2011 年	2012 年	2013 年	2014 年	2015 年
夏威夷	90 518	65 771	83 052	76 506	64 240	66 660	70 549	72 697	74 188	70 839	70 688
瓦胡	193 558	194 150	188 558	190 158	1 831 046	184 923	192 988	190 160	202 850	214 943	249 233
考爱	14 964	13 560	1 551 891	151 791	13 070	12 118	14 410	13 037	16 313	16 390	16 929
毛伊	172 964	165 615	165 498	155 010	124 075	130 454	143 976	143 976	162 096	159 396	160 857

资料来源：NOEP. https://www.oceaneconomics.org。

从各县（岛）海洋产业构成中可见，旅游业是主要产业（表 17-10）。瓦胡岛（火奴鲁鲁）是夏威夷海洋产业部门最多的岛，而考爱县则仅发展旅游业。瓦胡岛海洋经济产值（增加值）最多，其次为毛伊县（图 17-3）。

表 17-10　夏威夷州各县（岛）主要海洋产业构成（2015 年）

县（岛）	产值（增加值）/万美元	主要海洋产业占比/%
夏威夷	70 688	旅游业（99.3）、生物产业（0.7）
瓦胡	249 233	旅游业（74.9）、运输业（15.8）、工程建筑业（5.3）、造船业（2.9）、生物产业（1.1）
考爱	16 929	旅游业（100.0）
毛伊	160 857	旅游业（98.9）、工程建筑业（1.1）

资料来源：NOEP. https://www.oceaneconomics.org。

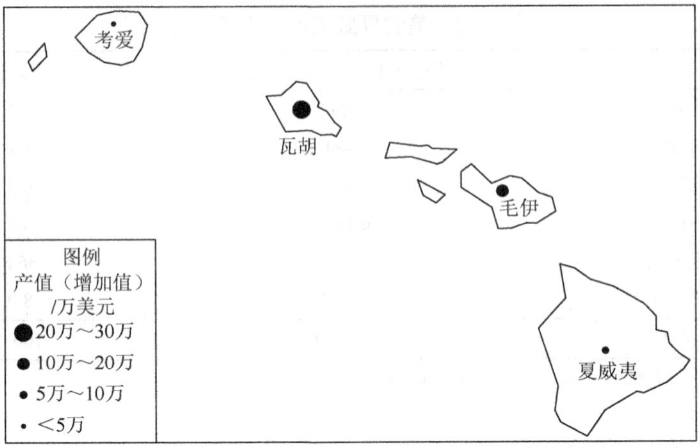

图 17-3　夏威夷海洋经济产值（增加值）分布图

资料来源：NOEP. https://www.oceaneconomics.org

全球最大的旅游网站猫途鹰公布了 2016 世界十大最美岛屿及欧洲十大最美岛屿名单。其中，美国夏威夷州毛伊岛摘得桂冠，第二名与第三名分别为希腊圣托里尼岛、牙买加岛。

这些海岛都拥有美丽的海滩、丰富的娱乐活动和设施完善的酒店和饭店，而且全年都可以接待游客。夏威夷州的第二大岛毛伊岛最受游客喜爱。毛伊岛以其数量众多的海滩和形式多样的活动闻名，在这里游客可体验冲浪、潜水、帆板运动等。漫步在海拔约 3000m 的海勒卡拉火山，寻找这座神秘岛屿的宝藏，是徒步爱好者的不二选择。得益于多样的地形外貌，毛伊岛风景独特，令人流连忘返（钟荷，2016）。

参 考 文 献

陈才，李文华，张善余，等. 1993. 世界经济地理（修订版）[M]. 北京：北京师范大学出版社.

胡焕庸. 1942. 美国经济地理[M]. 重庆：正中书局.

鹿守本，艾万铸. 2001. 海岸带综合管理——体制和运行机制研究[M]. 北京：海洋出版社.

石莉，林绍花，吴克勤. 2011. 美国海洋问题研究[M]. 北京：海洋出版社.

钟荷. 2016-05-11. 夏威夷州毛伊岛在 2016 年评为世界最美十大岛屿之首[N]. 中国海洋报，4 版.

NOEP. 2018. Ocean Economy Data[EB/OL]. https://www.oceaneconomics.org/Market/ocean/oceanEcon.asp.

第十八章　美国东部海洋经济区

第一节　东部海洋经济区概况

按照美国政区和海洋地区的划分，美国东部海洋经济区主要包括东北地区、大西洋中部地区和五大湖地区。这 3 个地区内共有 17 个沿海州，是美国三大海洋经济区中包含美国行政州最多、范围相对最小的海洋经济区。

一、五大湖地区

五大湖位于北美大陆中部，是 5 个彼此相连、相互沟通的湖泊的总称，它们自西向东依次是：苏必利尔湖、密歇根湖、休伦湖、伊利湖和安大略湖。

五大湖地区划分在中央东北区中，该区包括位于五大湖、密西西比河、俄亥俄河以及阿巴拉契亚山之间的俄亥俄、威斯康星等 5 个州。该区处河湖之间，地势平坦，土地肥沃，气候温和，降水充足，煤、铁资源丰富，又有五大湖方便的水运以及俄亥俄河和密西西比河的河运，同南部和西部的联系都很便捷。底特律、芝加哥、克利夫兰等城市在发展经济方面起着重要的作用（陈才等，1993）。

二、大西洋中部地区

大西洋中部地区包括纽约、宾夕法尼亚、新泽西、特拉华和弗吉尼亚等州，该区位于美国大西洋沿岸的中部，海岸曲折，多优良港湾。伊利运河的开通，为内地大宗货物外运提供了经济而有效的出路，降低了从布法罗到纽约每吨货物的运费。纽约人口增加了一倍，超过费城，纽约港成为美国第一大港。同时，伊利运河两岸也陆续繁荣起来。

从纽约向南经费城、巴尔的摩，直到华盛顿的几个大城市，以及它们附近的一些卫星城镇，形成一个大的城市带。这个城市带向北同波士顿为中心的工业带连成一片，被称作“美国经济地理的枢轴”。纽约则是这个枢轴上的中心。城市带中的主要城市有纽约、费城、巴尔的摩和华盛顿等。

三、东北地区

东北地区（原新英格兰区）包括美国东北角 6 个州，占全国面积的近 2%。这里距欧洲最近，当 1825 年伊利运河开通后，纽约及其附近（即大西洋沿岸中部区）便成了美国对外联系和向西部供应工业品的基地。

波士顿为该区最大城市，位于马萨诸塞州东岸优良的天然港上，是美国最早建立的城市。现在，波士顿已成为重要港口与工业及金融贸易中心。

第二节　东部海洋经济发展特征

东部海洋经济区中的五大湖地区、大西洋中部地区和东北地区的海洋产业构成也存在一定差异，基本上是以旅游业、运输业为主，仅在所占比例上有所差异，大西洋中部地区旅游业占 61.0%。东北地区的造船业占有一定比例（16.7%），生物产业占比为 6.5%。五大湖地区的造船业也占有一定比例（6.1%）。3 个地区的运输业比例均在 30%以上（表 18-1）。

表 18-1　2015 年美国东部海洋经济区海洋产业构成（增加值）

海洋经济地区	工程建筑业	生物产业	矿业	造船业	旅游业	运输业
东北地区/万美元	16 771	109 010	11 740	280 071	742 943	516 538
占比/%	1.0	6.5	0.7	16.7	44.3	30.8
大西洋中部地区/万美元	128 672	128 672	44 540	39 591	3 018 833	1 588 599
占比/%	2.6	2.6	0.9	0.8	61.0	32.1
五大湖地区/万美元	26 950	25 266	28 634	102 746	899 453	601 319
占比/%	1.6	1.5	1.7	6.1	53.4	35.7
小计/万美元	172 393	262 948	84 914	422 408	4 661 229	2 706 456
占比/%	2.1	3.1	1.0	5.1	56.1	32.6

资料来源：由《国家海洋经济计划》数据计算得出。

东部海洋经济区包括五大湖地区海洋经济区（Ⅱ-1）、东北地区海洋经济区（Ⅱ-2）和大西洋中部地区海洋经济区（Ⅱ-3）。

习惯上把美国国家经济区划分为四大区域：东北部区、中西部区、南部区和西部区。而把五大湖地区划分在中西部区内，但是美国国家海洋和大气管理局把五大湖的湖区经济作为海洋经济对待。

一、海洋经济发展与海洋产业构成

该区海洋经济产值（增加值）有所增长，由 2005 年的 671.7 亿美元增长到 2015 年的 831.0 亿美元，年均增长 2.15%。

但 2015 年大西洋中部地区的海洋经济产值（增加值）为东北地区和五大湖地区之和的近 1.5（1.472）倍，大西洋中部地区的海洋经济产值（增加值）在东部海洋经济区中占主要地位（表 18-2）（NOEP，2018）。

表 18-2 美国东部海洋经济区海洋经济产值（增加值）（单位：亿美元）

地区	2005 年	2006 年	2007 年	2008 年	2009 年	2010 年	2011 年	2012 年	2013 年	2014 年	2015 年
五大湖地区	153.0	158.9	163.3	158.3	145.7	146.6	150.6	159.0	164.4	169.4	168.4
大西洋中部地区	389.2	399.0	417.1	428.0	418.3	440.3	455.3	468.3	497.8	487.4	494.9
东北地区	129.5	135.3	140.6	139.1	135.1	143.7	156.2	162.4	161.8	158.1	167.7
小计	671.7	693.2	721.0	725.4	699.1	730.6	762.1	789.7	824.0	814.9	831.0

资料来源：NOEP. https://www.oceaneconomics.org。

二、五大湖地区海洋经济区

1. 概况

五大湖地区在美国全国的地理分区中属中西部地区。由于五大湖水域辽阔，水量巨大，又位于北美大陆的中部，因此，素有“北美大陆地中海”或“淡水海”之称。五大湖地区与海洋有密切联系，为此，美国国家海洋和大气管理局将五大湖地区作为美国海洋经济区域对待。

2. 海洋经济发展

五大湖地区海洋经济发展相对滞缓，2005 年海洋经济产值（增加值）为 153 亿美元，2015 年增长到 168.4 亿美元，年均增长 0.96%。

3. 海洋经济特点

五大湖地区海洋经济区包括伊利诺伊州、印第安纳州、密歇根州、明尼苏达州、俄亥俄州、威斯康星州、纽约州和宾夕法尼亚州，其中，纽约州和宾夕法尼亚州的海洋经济总值分为两部分，约有 30%在五大湖地区，70%在大西洋中部地区。因此，在五大湖地区海洋经济区中纽约-五大湖地区海洋经济总值为 101 462 万美元，宾夕-五大湖地区海洋经济总值为 11 767 万美元。由于五大湖地区海洋经济实际上是湖区经济，其海洋经济产值（增加值）在全国各地区中是最小的，海洋经济产值（增加值）占该地区 GDP 的比例较低，一般在 0.1%以下。从人均海洋经济产值（增加值）看，伊利诺伊州最高，为 462 美元/人，印第安纳州最低，仅 133 美元/人，海洋经济密度伊利诺伊州为 44 514 美元/km²。从各州海洋经济产值（增加值）占比看，伊利诺伊州占 39.6%，密歇根州占 15.3%，宾夕-五大湖地区仅占 0.7%，纽约-五大湖地区的海洋经济产值（增加值）在五大湖地区海洋经济区中占 6.0%（表 18-3）。

表 18-3　美国五大湖地区海洋经济区特征（2015 年）

地区	面积/km²	海岸带/km	人口/人	海洋经济产值（增加值）/万美元	州经济总值/万美元	海洋经济产值（增加值）占州经济总值的比例/%	人均海洋经济产值（增加值）/(美元/人)	海洋经济密度/(美元/km²)	各州海洋经济产值（增加值）占比/%
伊利诺伊	149 998	101	14 448 304	667 698	77 500 700	0.86	462	44 514	39.6
印第安纳	94 321	72	7 453 275	99 138	33 641 100	0.29	133	10 511	5.9
密歇根	250 494	5189	11 048 548	257 753	46 653 500	0.55	233	10 290	15.3
明尼苏达	225 171	304	6 122 743	121 539	33 326 700	0.36	199	5398	7.2
俄亥俄	116 096	502	12 975 206	234 977	60 810 900	0.39	181	20 240	14.0
威斯康星	169 639	1320	6 449 466	189 677	30 579 500	0.62	294	11 181	11.3
纽约-五大湖				101 462					6.0
宾夕-五大湖				11 767					0.7
小计				1 684 011					100.0

资料来源：由《国家海洋经济计划》数据计算得出。

4. 五大湖海洋经济产业分布

五大湖海洋经济区内各州的海洋经济结构均存在差异，但多数州以旅游业为主，其次是运输业，造船业在五大湖海洋产业中占有一定地位（表 18-4）。

表 18-4　美国五大湖地区海洋经济区产业构成

地区	产值（增加值）/万美元	主要海洋产业占比/%
伊利诺伊	667 698	旅游业（60.4）、运输业（35.0）、造船业（1.6）、矿业（1.4）、生物产业（1.2）、工程建筑业（0.4）
印第安纳	99 138	运输业（39.2）、造船业（27.0）、旅游业（18.6）、工程建筑业（8.0）、矿业（5.7）、生物产业（1.5）
密歇根	257 753	旅游业（50.7）、运输业（39.8）、造船业（4.5）、矿业（2.2）、工程建筑业（1.7）、生物产业（1.1）
明尼苏达	121 539	运输业（49.1）、造船业（26.3）、旅游业（17.8）、生物产业（5.4）、工程建筑业（0.9）、矿业（0.5）

续表

地区	产值（增加值）/万美元	主要海洋产业占比/%
俄亥俄	234 977	旅游业（56.1）、运输业（38.6）、矿业（1.6）、生物产业（1.5）、工程建筑业（1.5）、造船业（0.7）
威斯康星	189 677	旅游业（53.3）、造船业（24.6）、运输业（18.5）、矿业（1.3）、生物产业（1.3）、工程建筑业（1.0）
纽约-五大湖	101 462	旅游业（62.5）、运输业（26.3）、矿业（5.5）、工程建筑业（3.5）、生物产业（2.2）
宾夕-五大湖	11 767	旅游业（97.3）、矿业（2.7）

资料来源：NOEP. https://www.oceaneconomics.org。

三、东北地区海洋经济区

1. 海洋经济增长

东北地区海洋经济区海洋经济产值（增加值）从2005年的129.5亿美元，增长到2015年的167.7亿美元，年均增长2.62%。

2. 海洋经济特征

东北地区海洋经济产值（增加值）为167.7亿美元，占东北地区经济总值的2.07%，人均海洋经济产值（增加值）为1064美元/人，海洋经济密度为103 803美元/km^2。东北地区中缅因州海洋经济产值（增加值）占该州经济总值的4.08%，在东北地区中最高，罗得岛州次之，为3.88%。人均海洋经济产值（增加值）罗得岛州为1955美元/人，缅因州为1547美元/人，海洋经济密度罗得岛州最高，达576 672美元/km^2，缅因州仅25 172美元/km^2（表18-5）。

表18-5 东北地区海洋经济区特征

地区	面积/km^2	海岸带/km	人口/人	海洋经济产值（增加值）/万美元	州经济总值/万美元	海洋经济产值（增加值）占州经济总值的比例/%	人均海洋经济产值（增加值）/(美元/人)	海洋经济密度/(美元/km^2)	各州海洋经济产值（增加值）占比/%
康涅狄格	14 357	995	4 032 317	406 478	25 853 200	1.57	1 008	283 122	24.2
缅因	91 646	5 597	1 491 122	230 690	5 660 000	4.08	1 547	25 172	13.8
马萨诸塞	27 336	2 445	7 577 212	659 770	36 384 500	1.81	871	241 356	39.3
新罕布什尔	24 216	211	1 474 312	149 294	7 257 300	2.06	1 013	61 651	8.9
罗得岛	4 002	618	1 180 430	230 784	5 944 100	3.88	1 955	576 672	13.8
小计	161 557	9 866	15 755 393	1 677 016	81 099 100	2.07	1 064	103 803	100.0

资料来源：NOEP. https://www.oceaneconomics.org。

3. 海洋产业分布

东北地区海洋经济区受原有经济的影响较大，由于工业基础好，造船业占前位的有康涅狄格州、缅因州，旅游业和运输业则在罗得岛、新罕布什尔州和马萨诸塞州中占主要地位。总体而言，该海洋经济区是以二、三产业占有一定地位的海洋经济区（表 18-6）。

表 18-6　东北地区海洋经济区海洋产业构成

地区	产值（增加值）/万美元	主要海洋产业占比/%
康涅狄格	406 478	造船业（37.0）、旅游业（34.4）、运输业（24.3）、矿业（2.2）、生物产业（1.1）、工程建筑业（1.0）
缅因	230 690	旅游业（47.5）、造船业（34.9）、运输业（8.5）、生物产业（8.1）、工程建筑业（1.0）
马萨诸塞	659 770	旅游业（48.6）、运输业（38.3）、生物产业（11.2）、工程建筑业（1.3）、造船业（0.6）
新罕布什尔	149 294	运输业（77.3）、旅游业（18.7）、生物产业（2.8）、矿业（0.8）、工程建筑业（0.4）
罗得岛	230 784	旅游业（67.4）、运输业（14.9）、造船业（13.2）、生物产业（3.8）、工程建筑业（0.7）

资料来源：NOEP. https://www.oceaneconomics.org。

四、大西洋中部地区海洋经济区

1. 海洋经济发展

大西洋中部地区海洋经济区，是东部海洋经济区中最大的一个区，其海洋经济产值（增加值）是五大湖地区和东北地区两个海洋经济区总和的 1.5 倍。2005 年海洋经济产值（增加值）约 390 亿美元，2015 年增长到约 494 亿美元，年均增长率约为 2.41%。

2. 海洋经济特征

大西洋中部地区海洋经济区包括特拉华、马里兰、新泽西、弗吉尼亚 4 个完整的州，还包括了纽约州和宾夕法尼亚州属于大西洋海域的部分。尤其纽约-大西洋部分的海洋经济产值（增加值），占到整个大西洋中部地区海洋经济区的 45.0%，为整个大西洋海洋经济区各州之首，马里兰、新泽西、弗吉尼亚三州的海洋经济产值（增加值）接近，但马里兰州的海洋经济产值（增加值）占全州经济总值的比例约 2.0%，在该区处于高水平（表 18-7）。

表 18-7　美国大西洋中部地区海洋经济区特征

地区	面积/km^2	海岸带/km	人口/人	海洋经济产值（增加值）/万美元	州经济总值/万美元	海洋经济产值（增加值）占州经济总值的比例/%	人均海洋经济产值（增加值）/(美元/人)	海洋经济密度/(美元/km^2)	各州海洋经济产值（增加值）占比/%
特拉华	6 447	613	1 072 609	106 421	6 807 100	1.56	992	165 071	2.2
马里兰	32 133	5 130	6 689 803	725 764	36 384 500	1.99	1 085	225 863	14.7
新泽西	22 588	2 884	10 016 660	843 590	56 815 500	1.48	842	373 468	17.1
弗吉尼亚	110 785	5 335	9 320 299	790 070	47 980 700	1.60	848	71 316	15.6
纽约-大西洋				2 230 841					45.0
宾夕-大西洋				266 540					5.4
合计				4 943 226					100.0

资料来源：NOEP. https://www.oceaneconomics.org。

3. 海洋产业分布

各州的海洋产业多数以旅游业和运输业为主。弗吉尼亚州则呈旅游业、造船业和运输业为主的产业结构类型（表 18-8）。

表 18-8　美国大西洋中部海洋经济区海洋产业构成

地区	海洋经济产值（增加值）/万美元	主要海洋产业占比/%
特拉华	106 421	旅游业（72.1）、运输业（24.2）、生物产业（2.0）、造船业（1.1）、工程建筑业（0.6）
马里兰	725 764	运输业（55.0）、旅游业（39.6）、工程建筑业（1.8）、生物产业（1.6）、造船业（0.6）、矿业（1.4）
新泽西	843 590	运输业（54.1）、旅游业（38.6）、工程建筑业（3.8）、生物产业（1.4）、矿业（1.1）、造船业（1.0）
弗吉尼亚	790 070	旅游业（39.2）、造船业（28.1）、运输业（27.2）、生物产业（2.4）、工程建筑业（1.5）、矿业（1.6）
纽约-大西洋	2 230 841	旅游业（90.0）、运输业（6.7）、工程建筑业（1.8）、生物产业（1.2）、造船业（0.2）、矿业（0.1）
宾夕-大西洋	266 540	旅游业（58.1）、运输业（32.3）、造船业（5.1）、生物产业（2.2）、矿业（1.4）、工程建筑业（0.9）

资料来源：NOEP. https://www.oceaneconomics.org。

第三节　纽约州海洋经济区

在大西洋中部海洋经济区中，基层海洋经济区——纽约州的海洋经济具有重要意义。

一、纽约州概况

纽约州是美国中大西洋地区面积最大的一州，美国最初的 13 个州之一。东南滨大西洋，东邻康涅狄格州、马萨诸塞州及佛蒙特州，北接加拿大魁北克省，西北滨安大略湖及圣劳伦斯河，湖、河与加拿大安大略省遥遥相对，西临伊利湖并以尼亚加拉河与加拿大分界，南接宾夕法尼亚州及新泽西州。面积 128 401km^2，在 50 州内列第 30 位。人口 22 540 678 人（2015 年），首府奥尔巴尼（Albany）。全州人口集中在纽约州东南角滨大西洋地区，其次是沿哈得孙河谷及伊利运河的两岸。

纽约州有 204km 的海岸线，沿伊利湖和安大略湖有 600km 的湖岸线。全州有 8000 个湖泊，9 条主要河流。尼亚加拉瀑布是东北部主要的风景胜地，水电资源丰富。

纽约州是美国经济最发达的州，对外贸易、海运、金融业均居全国首位。主要国际港口有纽约港、罗切斯特港、布法罗港及奥尔巴尼港。国际机场有 8 座，其中纽约市、布法罗、锡拉丘兹的 3 个机场较繁忙。此外，还有普通机场 470 多个。公路网四通八达（陈才等，1993）。

二、纽约州海洋经济发展

2005 年纽约州海洋经济产值（增加值）为 1 740 239 万美元，2015 年增长到 2 332 302 万美元，年均增长约 2.97%。

三、主要海洋产业

1. 纽约州海洋产业构成

纽约州的海洋产业以第三产业为主，旅游业占特大比例，占全部海洋经济总值的 80.2%，加上运输业的比例，第三产业比例达到 96.7%。在旅游业中饮食、酒店和住宿则占了 77.3%。其他海洋产业占比极小（表 18-9）。

表 18-9　纽约州海洋产业构成

海洋产业	产值（增加值）/万美元	占比/%
工程建筑业	39 510	1.7
生物产业	23 386	1.0
矿业	5 415	0.2

续表

海洋产业	产值（增加值）/万美元	占比/%
造船业	9 689	0.4
旅游业	1 870 304	80.2
运输业	383 998	16.5
总计	2 332 302	100.0

资料来源：NOEP. https://www.oceaneconomics.org。

2. 纽约州各县域海洋产业构成

全州有 20 个县区靠近海域，由于所处区位和海洋资源蕴藏与开发程度的差异，各县区海洋经济发展具有以下特点。

（1）各县区海洋经济产值（增加值）相差悬殊，产值（增加值）最大的是曼哈顿（纽约县），海洋经济产值（增加值）为 1 427 300 万美元，卡尤加县海洋经济产值（增加值）最小，仅为 160 万美元，相差 8 920 倍，极差为 1 427 140 万美元。

（2）全州南部长岛等海域的县区，海洋经济产值（增加值）高于西部地区，南部地区占 80%以上。长岛的海洋经济产值（增加值）约占纽约州的 50%。

（3）以旅游业为主的产业结构类型。多数县区以旅游业和运输业为主要产业类型，这种结构类型约占 50%。

四、纽约州海洋经济区分区

纽约州面临大西洋和五大湖，西为五大湖，东临大西洋，纽约州分为两个海洋经济区：纽约-五大湖海洋经济区，纽约-大西洋海洋经济区（图 18-1）。

纽约-五大湖海洋经济区海洋经济产值（增加值）为 101 461 万美元，占纽约州海洋经济产值（增加值）的 4.3%；纽约-大西洋海洋经济区海洋经济产值（增加值）为 2 230 840 万美元，占纽约州海洋经济产值（增加值）的 95.7%（表 18-10）。

表 18-10　纽约州海洋经济分区与产业构成（2015 年）

海洋经济区	产值（增加值）/万美元	主要海洋产业占比/%
Ⅰ纽约-五大湖	101 461	旅游业（72.6）、运输业（20.0）、矿业（4.0）、工程建筑业（3.0）、生物产业（0.4）
Ⅱ纽约-大西洋	2 230 840	旅游业（90.0）、运输业（6.7）、工程建筑业（1.8）、生物产业（1.2）、造船业（0.2）、矿业（0.1）

资料来源：NOEP. https://www.oceaneconomics.org。

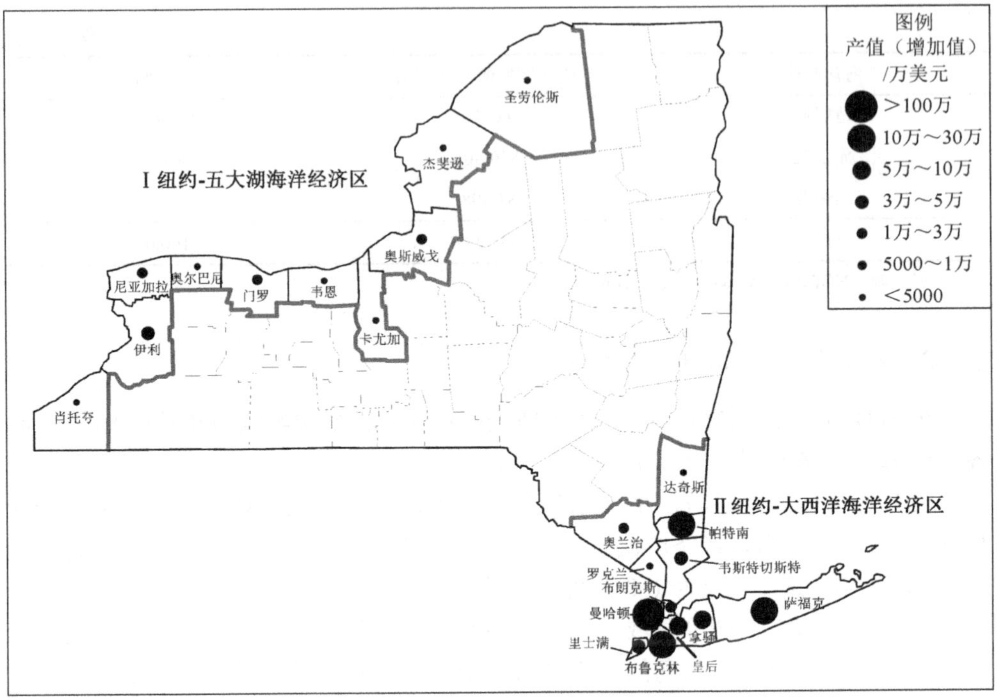

图 18-1　美国纽约州海洋经济区及产值（增加值）分布图

资料来源：NOEP. https://www.oceaneconomics.org

第四节　纽约长岛海洋经济

长岛位于纽约市以东，横卧在哈得孙河口。北面的长岛海峡将其与大陆分离，西面以东河为界与曼哈顿岛隔河相望，东面与南面便是浩瀚的大西洋。长岛的总面积约 3462.83km^2，海岸线总长约 2186.54km。长岛包括布鲁克林、皇后、拿骚和萨福克 4 个郡。在经济上，长岛常被称为“拥有沙滩的曼哈顿”（张耀光，2012）。

一、长岛海洋经济发展

长岛县海洋经济产值（增加值），2005 年约为 156.7 亿美元，2015 年增长到 193.5 亿美元，年平均递增 2.13%。长岛的海洋经济产值（增加值）占纽约州海洋经济产值（增加值）的 80%以上（表 18-11）。

表 18-11 美国长岛海洋经济发展

项目	2005 年	2006 年	2007 年	2008 年	2009 年	2010 年	2011 年	2012 年	2013 年	2014 年	2015 年
长岛县/亿美元	156.7	158.3	164.4	167.1	156.1	165.5	178.3	180.1	200.4	194.0	193.5
纽约州/亿美元	176.5	177.9	182.8	192.4	185.4	196.7	211.1	220.8	236.9	232.0	233.2
占比/%	88.8	89.0	89.9	86.9	84.2	84.1	84.5	81.6	84.6	83.6	83.0

资料来源：NOEP. https://www.oceaneconomics.org。

二、长岛各县区海洋产业构成

旅游业是长岛的主业，其产值（增加值）2015 年达 1 870 304 万美元，占全县产值（增加值）的 80.2%。从各县区海洋产业结构看，旅游业占 91.8%。多数县区如曼哈顿、萨福克、布鲁克林和皇后等均以旅游业为主，其中曼哈顿的旅游业占 98.1%（表 18-12）。

表 18-12 美国纽约长岛及各县海洋产业产值（增加值）构成（2015 年）

	工程建筑业	生物产业	矿业	造船业	旅游业	运输业	合计
产值（增加值）/万美元	39 510	23 386	5 415	9 689	1 870 304	383 998	233 302
占比/%	1.7	1.0	0.2	0.4	80.2	16.5	100.0
部分县区							
曼哈顿/万美元	10 921	1 608	2 029	0	1 428 360	13 995	1 456 913
占比/%	0.7	0.1	0.1	0	98.1	1.0	100.0
里士满/万美元	4 209	230	0	0	24 265	3 976	32 680
占比/%	12.9	0.7	0	—	74.2	12.2	100.0
布鲁克林/万美元	1 806	12 044	0	9	100 338	4 157	118 354
占比/%	1.5	10.2	0	—	84.8	3.5	100.0
萨福克/万美元	—	2 387	218	503	116 450	60 178	179 736
占比/%	—	1.3	0.1	0.3	64.8	33.5	100.0
皇后/万美元	—	686	1 143	0	36 637	15 925	54 391
占比/%	0	1.3	2.1	0	67.3	29.3	100.0
布朗克斯/万美元	3 055	1 918	—	—	15 540	4 288	24 801
占比/%	12.3	7.7	—	—	62.7	17.3	100.0
拿骚/万美元	2 389	1 009	132	—	55 046	9 348	67 924
占比/%	3.5	1.5	0.2		81.0	13.8	100.0
合计/万美元	22 380	19 882	3 522	512	1 776 636	111 867	1 934 799
占比/%	1.2	1.0	0.2	—	91.8	5.8	100.0

资料来源：NOEP. https://www.oceaneconomics.org。

参 考 文 献

陈才，李文华，张善余，等. 1993. 世界经济地理（修订版）[M]. 北京：北京师范大学出版社.

叶山. 2016. 北美大湖串起一段冰消水涨地质[J]. 中国国家地理，(3)：116-121.

张耀光. 2012. 中国海岛开发与保护——地理学视角[M]. 北京：海洋出版社.

NOEP. 2018. Ocean Economy Data[EB/OL]. https://www.oceaneconomics.org/Market/ocean/oceanEcon.asp.

第十九章　美国南部海洋经济区

第一节　南部海洋经济区概况

一、自然条件与资源概况

1. 自然条件

南部海洋经济区位于东南大西洋海域及墨西哥湾海域，墨西哥湾是美国大陆东南沿海水域，部分为陆地环绕。通过佛罗里达半岛和古巴岛之间的佛罗里达海峡与大西洋相连，墨西哥湾东西向和南北向的最远距离分别为大约1800km和1300km，总面积约155万km^2。其西北、北和东北面为美国南部海岸，西、南和东南面为墨西哥东部海岸。

墨西哥的尤卡坦半岛和美国的佛罗里达半岛环抱海湾口，古巴岛伸居湾口中部，把湾口分为佛罗里达海峡和尤卡坦海峡，成为墨西哥湾连接大西洋和加勒比海的水道，在航运贸易、战略上具有重要意义。北部和西北部大陆架蕴藏着丰富的石油和天然气资源，也已开采。墨西哥湾沿岸有休斯敦、新奥尔良、坦帕等重要港口。

2. 资源概况

墨西哥湾海域的水中有大量鱼类，特别是沿大陆棚一带。商业性捕鱼具有极强的经济重要性，该海域的渔获量约占美国总渔获量的1/5。虾、鲆鲽、红鲷、鲻鱼、牡蛎和蟹是较重要的商业性渔获物。此外，捕捞的渔获物中很大一部分用来制成鱼蛋白浓缩物，用作动物饲料；油鲱是供应这种渔获物的大宗。

墨西哥湾的浅大陆棚区蕴藏着大量的石油和天然气。20世纪40年代以来，这些矿藏已经被大量开发，占美国国内需求的很大一部分。近海油井的钻探主要集中在得克萨斯州和路易斯安那州沿岸，以及墨西哥坎佩切湾（Bay of Campeche）的水域。路易斯安那州岸外的大陆棚油井中还提取出硫。得克萨斯州的墨西哥湾以及附近海湾和三角洲的浅海中还有大量牡蛎壳，可用作化学工业中碳酸钙的原料和筑路的材料。

墨西哥湾的沿岸水域被广泛用作游钓之地，尤其是钓红鲷、比目鱼等。划船、游泳和潜水也都是很流行的娱乐活动。海湾沿岸已成为极受欢迎的旅游地，尤其是在冬季。旅游业已成为地区经济重要的一部分。此外，沿海地区（特别是佛罗里达）已发展出一些大型退休社区（陈才等，1993）。

二、经济概况

美国南部由东向西自然条件和社会经济等差异明显，大体分为以下 3 个区域。

1. 大西洋沿岸南部区

东南沿海的诺福克，是世界较大的煤出口港和全国较大的造船工业中心之一。美国大西洋地区的重要海军基地也设在这里。

该区东南端的佛罗里达半岛，是一个重要的旅游区。半岛东南端的迈阿密，是美国最南部的大城市和旅游商业中心。

2. 中央东南区

位于密西西比三角洲的新奥尔良，是一个历史悠久的大港市，阿巴拉契亚山脉南端的伯明翰，是钢铁和机械制造工业中心。

3. 中央西南区

这里是南部开发最晚和目前发展较快的地区，它包括得克萨斯和俄克拉何马等 4 个州。该区富藏石油和天然气，第二次世界大战后发展很快，目前已经成为南部最发达的地区，主要经济部门是采矿业（石油、天然气、硫磺、盐等）以及以主要为石油服务的机械制造业、造船业和地方性的钢铁工业。

该区有许多铁路和油气管道通向北方，并利用密西西比河和沿海航线向北转运。区内工业和城市主要集中在墨西哥湾沿岸。得克萨斯州首府休斯敦的发展同石油有密切关系。休斯敦位于墨西哥湾沿岸石油产区的中心，是全国最大的石油加工、石油化学和基本化学工业（主要产硫酸）中心，并享有“世界石油之都”或“世界能源之都”的称号。美国 30 多家大型石油公司有 29 家在休斯敦设有总部或分公司。此外，还有石油设备制造、造船、钢铁和炼锡等工业。长达 40km 的休斯敦深水运河与海洋直通，休斯敦港是美国的一个重要贸易港，有 120 多条航线，连接着世界各地的 250 个港埠。休斯敦已成为国际金融中心，是国际性的城市（陈才等，1993）。

第二节　南部海洋经济区发展特征

一、海洋经济发展

1. 海洋经济增长

南部海洋经济区跨大西洋和墨西哥湾两大海域，佛罗里达州跨大西洋和墨西哥湾两大海域的独特的区位，使其东部划入大西洋海域，西部则保留在墨西哥湾地区。

南部海洋经济区的海洋经济产值（增加值）在美国海洋经济区中，具有数量大、增长速率快的特点。2005 年海洋经济产值（增加值）为 1038.5 亿美元，2015 年增长到 1719.7 亿美元，其年均增长率为 5.17%，超过西部和东部两大海洋经济区海洋经济产值（增加值）之和。

2. 海洋产业构成

南部海洋经济区海洋产业构成中，矿业是主要海洋产业，其产值（增加值）占 70.8%（主要是油气），反映了资源优势；其次是旅游业，占产业构成的 14.9%（表 19-1）。

表 19-1　美国南部海洋经济区海洋产业构成（2015 年）

项目	工程建筑业	生物产业	矿业	造船业	旅游业	运输业	合计
总产值（增加值）/万美元	220 966	236 523	12 169 774	441 018	2 567 301	1 561 320	17 196 902
占比/%	1.3	1.4	70.8	2.6	14.9	9.0	100.0
东南地区产值（增加值）/万美元	54 203	36 680	9 872	92 447	1 483 332	582 406	2 258 940
占比/%	2.4	1.6	0.4	4.1	65.7	25.8	100.0
墨西哥湾地区产值（增加值）/万美元	166 763	199 843	12 159 902	348 571	1 083 969	978 914	14 937 962
占比/%	1.1	1.3	81.4	2.3	7.3	6.6	100.0

资料来源：NOEP. https://www.oceaneconomics.org。

二、东南地区海洋经济特征及海洋产业构成

1. 特征

东南地区海洋经济区是佛罗里达半岛以东的佛罗里达州和大西洋沿岸的美国东南地区（包括佐治亚州、北卡罗来纳州和南卡罗来纳州），其海洋经济特征如下。

南部海洋经济区东南地区海洋经济产值（增加值）达 2 258 940 万美元，主要集中在佛罗里达大西洋海域，其海洋经济产值（增加值）为 1 556 722 万美元，占该区海洋经济产值（增加值）的 68.9%，其次是东南地区的南卡罗来纳州，海洋经济产值（增加值）占该区海洋经济产值（增加值）的 16.5%。海洋经济产值（增加值）占所属州的经济总值以南卡罗来纳州最高，达 1.87%。人均海洋经济产值（增加值）南卡罗来纳州为 669 美元/人，海洋经济密度为 44 945 美元/km^2，佐治亚州的海洋经济密度仅 8040 美元/km^2（表 19-2）。

表 19-2 南部海洋经济区东南地区海洋经济特征

地区	面积/km^2	海岸带/km	人口/人	海洋经济产值（增加值）/万美元	州经济总值/万美元	海洋经济产值（增加值）占州经济总值的比例/%	人均海洋经济产值（增加值）/(美元/人)	海洋经济密度/(美元/km^2)	各州海洋经济产值（增加值）占比/%
佐治亚	1 539 909	3 772	11 448 396	123 743	49 572 700	0.25	108	8 040	5.5
北卡罗来纳	139 389	5 432	11 337 200	205 734	49 944 900	0.41	181	14 760	9.1
南卡罗来纳	82 932	4 629	5 493 282	372 741	19 873 400	1.87	679	44 945	16.5
佛罗里达大西洋海域				1 556 722					68.9
合计				2 258 940					100.0

资料来源：由《国家海洋经济计划》数据计算得出。

2. 海洋产业构成

海洋产业构成中，该区除北卡罗来纳州外，其余都以旅游业、运输业为主，反映了旅游业在该区经济发展中的重要性（表 19-3）。

表 19-3 南部海洋经济区东南地区海洋产业构成

地区	产值（增加值）/万美元	主要海洋产业占比/%
佐治亚	123 743	旅游业（47.7）、运输业（31.4）、生物产业（8.9）、造船业（6.1）、矿业（5.1）、工程建筑业（0.8）
北卡罗来纳	205 734	旅游业（58.3）、造船业（24.3）、生物产业（8.0）、运输业（7.4）、工程建筑业（2.0）
南卡罗来纳	372 741	旅游业（83.9）、运输业（10.6）、造船业（3.1）、工程建筑业（1.5）、生物产业（0.8）、矿业（0.1）
佛罗里达大西洋海域	1 556 722	旅游业（63.7）、运输业（31.3）、矿业（2.9）、造船业（1.5）、生物产业（0.4）、工程建筑业（0.2）

资料来源：NOEP. https://www.oceaneconomics.org。

三、墨西哥湾地区海洋经济特征及海洋产业构成

1. 特征

该区中，得克萨斯州海洋经济产值（增加值）高达 11 932 500 万美元，是该区海洋经济产值（增加值）最高的也是全国最高的，得克萨斯海洋经济产值（增加值）占州经济总值的 7.52%，高于所有地区，人均海洋经济产值（增加值）达 4040 美元/人，海洋经济密度达 171 537 美元/km^2，其海洋经济产值（增加值）占该海洋经济区的近 80.0%（表 19-4）。

表 19-4　南部海洋经济区墨西哥湾地区海洋经济特征

地区	面积/km^2	海岸带/km	人口/人	海洋经济产值（增加值）/万美元	州经济总值/万美元	海洋经济产值（增加值）占州经济总值的比例/%	人均海洋经济产值（增加值）/（美元/人）	海洋经济密度/（美元/km^2）	各州海洋经济产值（增加值）占比/%
亚拉巴马	153 909	977	5 432 215	199 735	20 423 500	0.98	368	12 977	1.3
路易斯安那	134 264	12 426	5 335 197	1 570 004	24 331 700	6.45	2 943	116 934	10.5
密西西比	125 434	578	3 357 998	186 532	10 710 000	1.74	555	14 871	1.3
得克萨斯	695 621	5 406	29 539 315	11 932 500	158 645 800	7.52	4 040	171 537	79.9
佛罗里达墨西哥湾海域				1 049 191					7.1
合计				14 937 962					100.0

资料来源：NOEP. https://www.oceaneconomics.org。

2. 海洋产业构成

该区海洋产业构成与其他海洋经济区有一定差别，其他海洋经济区的海洋产业多数以旅游业占首要地位，该区则以矿业和造船业为主，反映了该区以油气资源开发与生产及运输为主的产业结构特点（表 19-5）。

表 19-5　南部海洋经济区墨西哥湾地区海洋产业构成

地区	产值（增加值）/万美元	主要海洋产业占比/%
亚拉巴马	199 735	造船业（29.7）、旅游业（26.7）、运输业（19.4）、矿业（15.2）、生物产业（7.2）、工程建筑业（1.8）
路易斯安那	1 570 004	矿业（58.3）、运输业（13.1）、旅游业（12.8）、生物产业（7.9）、造船业（5.0）、工程建筑业（2.9）
密西西比	186 532	造船业（54.0）、旅游业（20.0）、生物产业（13.6）、运输业（9.0）、工程建筑业（3.1）、矿业（0.3）
得克萨斯	11 932 500	矿业（93.8）、运输业（3.5）、旅游业（1.4）、工程建筑业（0.7）、造船业（0.5）、生物产业（0.1）
佛罗里达墨西哥湾海域	1 049 191	旅游业（59.6）、运输业（28.5）、造船业（4.8）、生物产业（2.3）、工程建筑业（2.7）、矿业（2.1）

资料来源：NOEP. https://www.oceaneconomics.org。

第三节　佛罗里达州海洋经济区

按《国家海洋经济计划》统计，佛罗里达州海洋经济产值（增加值）分为佛罗里达半岛以东和以西两部分，以东部分划入东南地区，以西部分属墨西哥湾海域。以下的佛罗里达海洋经济按全州分析。

佛罗里达州位于一个狭长的半岛上，总面积约 151 670km^2，从北向南延伸 724km，东至西 756km（NOEP，2018）。

一、佛罗里达州海洋经济发展

1. 历年发展

佛罗里达州 2005 年海洋经济产值（增加值）为 2 274 838 万美元，2015 年增长到 2 613 975 万美元，年增长 1.4%。

2. 产业构成

在六大海洋产业中，旅游业是该州主要产业，占全部产业的 60%以上，其次是运输业，占全部产业的 30%，在海洋产业中占比处于第三的是造船业，其占比仅为 3.1%。因此，佛罗里达州是以旅游业、运输业为主导产业的州（表 19-6）。

表 19-6　佛罗里达州海洋产业（2015 年）

海洋产业	产值（增加值）/万美元	占比/%
工程建筑业	71 449	2.7
生物产业	34 958	1.4
矿业	28 456	1.1
造船业	80 622	3.1
旅游业	1 613 584	61.7
运输业	784 905	30.0
总计	2 613 974	100.0

资料来源：NOEP. https://www.oceaneconomics.org。

二、佛罗里达主要海洋产业分布

1. 生物产业

1）商业渔业

佛罗里达州的大量财富来自海洋和 3661km 的潮间带。在佛罗里达，渔业是主要产业。佛罗里达州因创下了捕捞记录而被称为“世界捕鱼之都”。

佛罗里达州的商业渔业在美国占有重要地位，销售额全国排名第二，提供的工作岗位数量排名第三。商业渔业提供了 64 744 个工作岗位、130 亿美元的销售额、24 亿美元的收入，以及 43 亿美元的附加值。全州的总上市收入为 1.56 亿美元，其中，西佛罗里达 1.16 亿美元，东佛罗里达 0.4 亿美元。

2）海洋水产养殖业

佛罗里达的水产养殖业在全国排名第七，469 个海洋牧场提供了 6130 万美元的收入。观赏鱼是最大的一部分，收入为3210万美元，其次是软体/硬壳蛤蜊，收入1520万美元。其他水产养殖（短吻鳄、蜗牛、青蛙等）收入620万美元，食用鱼类（罗非鱼、鳕鱼等）收入 340 万美元，甲壳纲动物（小虾、小龙虾、对虾）收入250万美元。

3）休闲渔业

该州的海上休闲垂钓者在 2011 年钓鱼次数超过 3600 万次，游艇收入超过168亿美元，提供了20.3万个工作岗位。

2. 造船业

佛罗里达州的造船业是主要产业部门，造船业中的修造船业是最大部门，占区域海洋收入的36.9%，船舶经销收入44 680万美元，占区域海洋收入的25.1%，海洋基础设施建设收入占比超过20%，小艇船坞收入28 590万美元，占到16.1%（表19-7）。

表 19-7　海洋造船业对地区生产总值的贡献

造船业	收入总额/万美元	占比/%
海洋基础设施建设	38 820	21.9
修造船业	65 480	36.9
船舶经销	44 680	25.1
小艇船坞	28 590	16.1
总计	177 570	100.0

资料来源：NOEP. https://www.oceaneconomics.org。

3. 运输业

（1）海运业。海运部门涵盖从深海货运到搜索和航行设备的各种海洋相关行业。佛罗里达州拥有约 2171km 的海岸线，凸显了海港运营对佛罗里达的重要性。沿海水路运输为2011年地区生产总值贡献了531 050万美元，占海洋运输业总收入的84.1%。水路运输服务业贡献了额外的92 820万美元，其他仓储业贡献了7530万美元（表19-8）。

表 19-8　运输业对地区生产总值的贡献（2011 年）

产业	收入总额/万美元	占比/%
沿海水路运输	531 050	84.1
水路运输服务业	92 820	14.7
其他仓储业	7 530	1.2
总计	631 400	100.0

资料来源：NOEP. https://www.oceaneconomics.org。

（2）港口生产。佛罗里达州三大集装箱港口继续经营着美国最大的集装箱运输量，其中包括大沼泽地港、迈阿密港和杰克逊维尔港。一些代表佛罗里达州小型集装箱企业的港口在 2007 财年实现增长，其中包括坦帕港（63.5%）、彭萨科拉港（123.3%）和皮尔斯堡港（35.9%）。佛罗里达其他小型港口的集装箱运输量都有下降。总体而言，佛罗里达州从事集装箱业务的 11 个港口在全美排名第四，位于加利福尼亚州、华盛顿州和纽约-新泽西州之后。

（3）港口类型。佛罗里达州的 15 个深水港口是该州经济的重要组成部分。2012 年，佛罗里达州的出口量在美国排名第六，佛罗里达港口运送了 1.06 亿 t 货物，国际水运贸易价值 856 亿美元。国际水运贸易中进口贸易为 710 亿美元，出口贸易为 900 亿美元，进出口贸易顺差为 190 亿美元。货运活动创造了佛罗里达州超过 55 万个直接和间接就业岗位及 903 亿美元的经济价值，重要的货运港口包括迈阿密港、大沼泽地港、杰克逊维尔港和棕榈滩港，均为美国排名前 20 的集装箱港。与坦帕港一起，这些港口在 2012 财年处理了 8780 万 t 货物，其中包括国际货物和国内货物，这占了所有佛罗里达港口货物运输量的 87%。佛罗里达州的港口类型及分布见图 19-1。

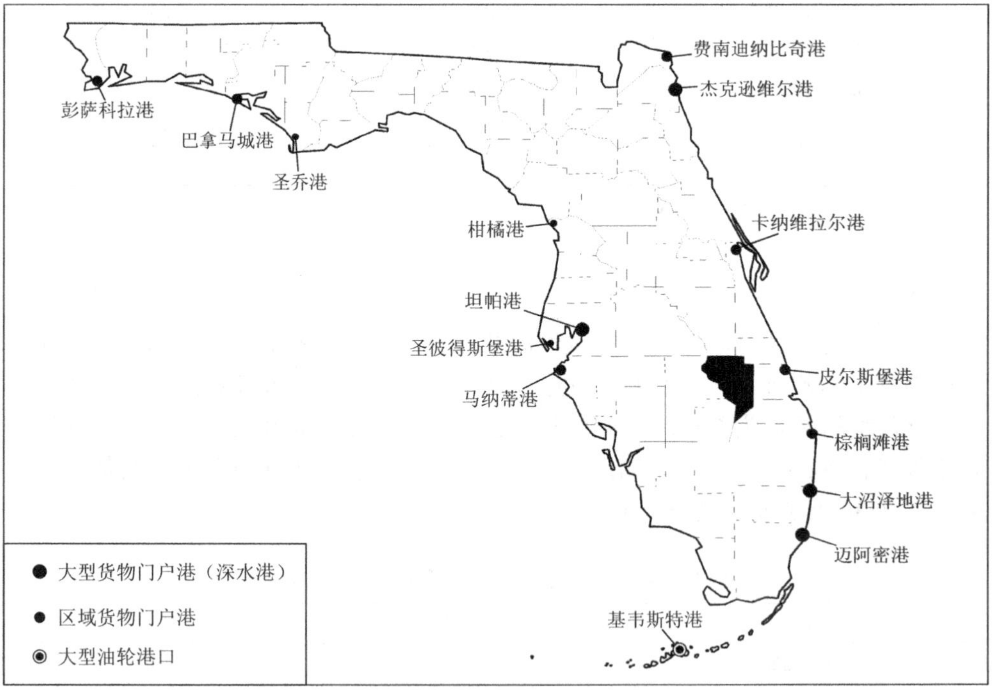

图 19-1　佛罗里达州的港口类型及分布

资料来源：NOEP. https://www.oceaneconomics.org

（4）佛罗里达航运贸易额。2007 年，佛罗里达州的海运进口额为 4 511 508.772 8 万美元（55.1%）（表 19-9），出口额为 3 296 838.631 5 万美元（44.9%），佛罗里达海运出口额较 2005 年有所增长。

佛罗里达州的进口贸易港中以卡纳维拉尔港、马纳蒂港、棕榈滩港、巴拿马城港和圣彼得斯堡港为主，其进口贸易值均占 80.0%以上。出口贸易港以皮尔斯堡港、基韦斯特港、费南迪纳比奇港为主，其出口贸易值均占 70.0%以上。

表 19-9　佛罗里达港口进出口贸易额（2007 年）

海港	进口额/万美元	进口额占比/%	出口额/万美元	出口额占比/%	进出口总额/万美元
卡纳维拉尔港	48 427.911 9	82.2	10 495.804 7	17.8	58 923.716 6
大沼泽地港	1 085 020.937 3	53.5	944 787.427 1	46.5	2 029 808.364 4
费南迪纳比奇港	8 700.409 1	23.5	28 303.843 6	76.5	37 004.252 7
皮尔斯堡港	704.407 4	5.8	11 346.775 7	94.2	12 051.183 1
杰克逊维尔港	1 193 833.443 8	57.0	899 768.842 5	43.0	2 093 602.286 3
基韦斯特港	76.720 0	12.6	532.919 1	87.4	609.639 1
马纳蒂港	76 626.331 3	85.0	13 496.439 0	15.0	90 122.770 3
迈阿密港	1 037 704.546 3	51.7	968 639.158 4	48.3	2 006 343.704 7
棕榈滩港	556 597.296 7	81.7	124 463.528 6	18.3	181 060.825 3
巴拿马城港	309 999.904 3	84.4	57 277.565 8	15.6	367 277.470 1
彭萨科拉港	355.463 2	33.0	724.802 1	67.0	1 080.265 3
圣彼得斯堡港	7 948.199 0	95.6	370.043 8	4.4	8 318.242 8
坦帕港	185 513.202 5	43.9	236 631.481 1	56.1	422 144.683 6
总计	4 511 508.772 8	55.1	3 296 838.631 5	44.9	7 808 347.404 3

资料来源：NOEP. https://www.oceaneconomics.org。

4. 邮轮业

佛罗里达州被称为“美国邮轮之都”，邮轮业的直接支出始终位列第一，约 6.67 亿美元。邮轮运营量占到美国邮轮客运量的 60%（或将近 600 万），2011 财年有将近 1400 万乘客在该州的海港登船或离船。迈阿密港、大沼泽地港、卡纳维拉尔港都是美国排名前列的邮轮港口，坦帕港排名第六位。2011 年，佛罗里达州的邮轮经济总产出为 13.8 亿美元，占到全国邮轮经济收入的约 1/3。邮轮业为佛罗里达州经济贡献了 5.76 亿美元的工资和 130 950 个工作岗位（表 19-10）。

表 19-10　佛罗里达州邮轮业经济影响（2011 年）

经济影响	指标	数值	占全国的比例/%
直接经济影响	直接邮轮业支出/亿美元	6.67	35.8
	从业人员/人	56 425	38.7
	工资/亿美元	2.47	39.7
总体经济影响	总产出/亿美元	13.80	34.1
	从业人员/人	130 950	37.7
	工资/亿美元	5.76	34.9

资料来源：NOEP. https://www.oceaneconomics.org。

南佛罗里达是该州游艇行业销售额最高的区域，为 17 亿美元，其次是佛罗里达西南部、坦帕湾地区和佛罗里达东南部。游艇行业给这 4 个地区带来了 56 000 个工作岗位，几乎占到工业岗位的 60%。在佛罗里达州沿海岸划分游艇分布区，除了南部内陆以外，共划分出 9 个游艇分布区，各游艇分布区均有港口分布（图 19-2）。

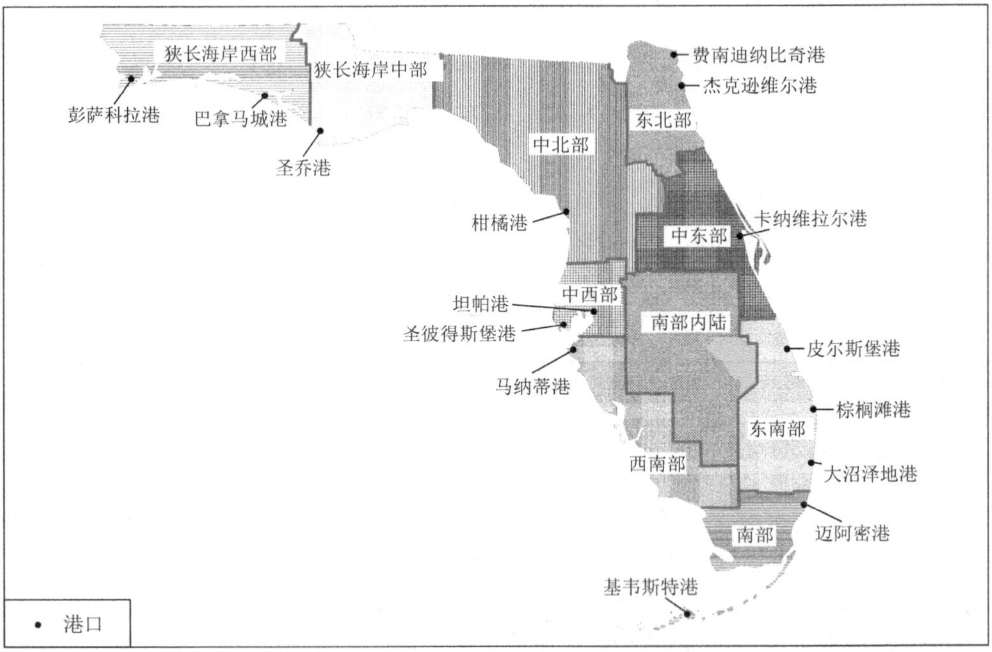

图 19-2　佛罗里达州游艇分布区及港口

资料来源：NOEP. https://www.oceaneconomics.org

三、佛罗里达海洋经济区划分

佛罗里达州处于半岛，佛罗里达半岛东部位于大西洋，西南部位于墨西哥湾，该区可分为3个海洋经济区（图19-3）。

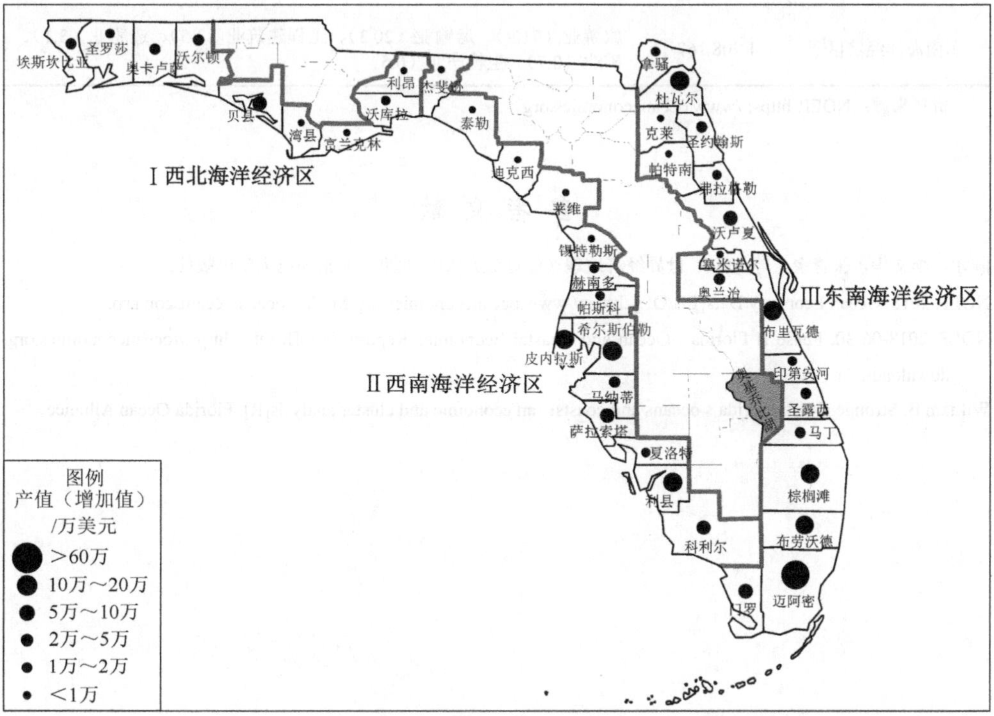

图19-3　佛罗里达州海洋经济区及产值（增加值）分布图

资料来源：NOEP. https://www.oceaneconomics.org

（1）东南海洋经济区由迈阿密等17个沿海县组成，海洋经济产值（增加值）为1 708 167万美元，占全州海洋经济总值的65.4%，海洋产业构成以旅游业和运输业为主，旅游业占比71.9%，运输业占比20.3%。

（2）西南海洋经济区由位于墨西哥湾的皮尼拉斯、马纳蒂等13个县组成，海洋经济产值（增加值）为708 815万美元，占全州海洋经济总值的27.1%，海洋产业构成同样以旅游业和运输业为主，其构成有所差别，旅游业占比73.5%，运输业占比18.1%。

（3）西北海洋经济区位于狭长地带，由奥卡卢萨、湾县等7个县区组成，海洋经济产值（增加值）为196 993万美元，占全州海洋经济总值的7.5%，主要海洋产业为旅游业，占比为84.5%，造船业占8.3%（表19-11）。

表 19-11　佛罗里达海洋经济区产业构成

海洋经济区	产值（增加值）/万美元	海洋产业占比/%
西北海洋经济区	196 993	旅游业（84.5）、造船业（8.3）、生物产业（3.1）运输业（2.4）、工程建筑业（0.8）、矿业（0.9）
西南海洋经济区	708 815	旅游业（73.5）、运输业（18.1）、工程建筑业（4.3）、生物产业（2.5）、矿业（0.7）、造船业（0.9）
东南海洋经济区	1 708 167	旅游业（71.9）、运输业（20.3）、工程建筑业（3.5）、造船业（3.1）、矿业（0.7）、生物产业（0.5）

资料来源：NOEP. https://www.oceaneconomics.org。

参 考 文 献

陈才，李文华，张善余，等. 1993. 世界经济地理（修订版）[M]. 北京：北京师范大学出版社.

NOEP. 2018. Ocean Economy Data[EB/OL]. https://www.oceaneconomics.org/Market/ocean/oceanEcon.asp.

NOEP. 2018-06-30. Phase II Florida's Ocean and Coastal Economies Report(2008)[R/OL]. https://oceaneconomics.org/download/.

William B. Stronge. 2018. Florida's oceans and coasts：an economic and cluster analysis[R]. Florida Ocean Alliance.